天

Borderless

下

博稽古今 融汇天下

天
Borderless
下

[美] 詹姆斯·戈德雷 著
James Gordley

张家勇 译

现代合同理论的哲学起源

THE
PHILOSOPHICAL
ORIGINS
OF
MODERN
CONTRACT
DOCTRINE

法律出版社 | LAW PRESS
——北京——

著作权合同登记号
图字：01-2024-3006

仑的基础是道德(虽然他们没有解释为什么),即法律是“善良和公正的艺术”。(D.1.1.1)

在中世纪,西方的大学同时讲授罗马法和亚里士多德的哲学,没有想过把他们整合在一起。随后,到了16世纪,一群被称为“后期经院哲学家”(late scholastics)的学者尝试通过亚里士多德的哲学原则来解释罗马法。本书描绘了他们是如何依靠亚里士多德的德性(尤其是慷慨与正义)来解释罗马合同法的。在这一过程中,他们首次建立了一个体系化的罗马合同法的理论结构。

在本书中,我们会看到,19世纪西方法学家改变了那一理论,因为他们认为合同法不能再依靠德性思想了。他们认为,合同仅仅是当事人意思的表示。他们的观点带来了一些难题,西方法学家至今还为此争论不休。

从某种意义上说,后期经院哲学家的教义更接近于孔子的教义,而不是其后的西方法学家的观点。后期经院哲学家与孔子一样,都关注德性,但其后的法学家并非如此。虽然本书论述的是西方合同法,但它关涉的问题,在中国同样很容易被提出来:德性像孔子所说的那样重要吗?还是微不足道?

实际上,这个问题在中国也存在。法家认为,法律与德性无关;他们把所有的法律看成是实现国家目的的一种手段。从某种意义上说,他们的观点与19世纪的法学家的看法相似,因为后者也认为,法律取决于意志,独立于任何规范意志的道德标准。他们的区别在于,对于法家而言,国家意志起决定作用,而对于19世纪的法学家而言,个人意志起决定作用。

那么,什么应当起决定作用?是意志呢,还是被德性引导的意志?即使在合同法中,我们也会认为,应当起决定作用的

作 者 简 介

詹姆斯·戈德雷 James Gordley

比较法、合同法及法律史领域极具声望的学者，美国艺术与科学院院士、不列颠学会通讯会员。

先后就读于芝加哥大学与哈佛大学；1978年至2007年任教于加州大学伯克利分校，曾任Shannon Cecil Turner法理学讲席教授，于2007年荣休；此后转至杜兰大学法学院，担任W.R.Irby杰出大学讲席教授；2022年，获美国比较法学会“终身成就奖”。

译 者 简 介

张家勇

法学博士，苏州大学王健法学院教授、博士生导师。在《中国社会科学》《法学研究》《中国法学》等期刊发表专业学术论文数十篇；在法律出版社、北京大学出版社等出版《为第三人利益的合同的制度构造》《合同法与侵权法中间领域调整模式研究》《私法的基础》等专著或译著十余部。

中文版序*

从传统上看，中国文化
益于对典籍研究训练有素
数世纪来，学术研究的基础
子）对孔子教义的重述和诠
纪来，法学研究的基本典
（*Corpus iuris civilis*），它是
在公元 6 世纪组织编撰的
集。哲学研究的基础则是
里士多德的作品。

这些古代的作者虽然
点是相同的：他们都关注
为。孔子希望人们有德；
哲学上理解德性，承认对
罗马法学家则讨论，一个
律上的救济。他们认为

---

* 本文由徐雨衡翻译，谨此致

是被德性引导的意志。一旦西方法学家放弃了这种观念,他们甚至不能解释合同法——一个意志似乎发挥着最重要作用的法律领域。

这个问题在西方存在,在中国也同样存在。

詹姆斯·戈德雷

2006年5月

目录

第一章 导 论

随着中国民法典(Chinese Civil Code)[*]的 1
颁行,形成于西方的私法制度几乎完成了对整个世界的统治。而且,西方法律制度基本相似。英国和美国等国家的“普通法”(common law)制度,以及法国、意大利和德国等国家的“民法”(civil law)制度,都有着建立在共同法律概念基础上的相似理论结构。它们把私法分为某些较大的领域,如财产法、侵权法和合同法,并以类似的方式分析这些领域。财产法问题从区分所有和占有开始。侵权责任的讨论要区分过错和严格责任,并要求被告的行为是原告损害的近因或充分原因。合同的成立则使用错误、欺诈、胁迫以及要约和

---

* 这里是指《中华人民共和国民法通则》,本书原著出版于1991年,我国《民法通则》彼时施行到了第五个年头。——译者注

承诺的学说加以分析。合同当事人的义务,通过使用一般解释标准来确定;而在当事人订立买卖、租赁或任何其他类型的合同时,也让他们受有关此等合同的法律所规定的一系列“默示条款”的约束。此外,合同是否可强制执行,尤其(*inter alia*)要通过区分赠与和交换来判定。即使具体的规则有所不同,但法律的组成和较大的法律观念仍是相似的。相应地,对于一个幼童是否要对伤害其玩伴的行为承担责任,或者卖方是否应对其商品瑕疵承担责任,这类问题尽管答案可能不同,但在汉堡、蒙彼利埃、曼彻斯特和图森几乎都以相同的方式加以分析,在新德里、特拉维夫、东京和雅加达同样如此。

目前,这一共同理论结构的起源还神秘未解。据称,普通法是通过英国法庭的判决发展起来的,民法则建立在优士丁尼皇帝的《民法大全》罗马法文本之上。在18、19世纪,欧洲大陆几乎所有地方都制定了民法典,而在此之前,优士丁尼《民法大全》仍施行于大部分地区。然而,人们不可能在19世纪之前的英国法庭判决或罗马法文本中发现前述理论结构。19世纪以前,英国法并非依财产法、侵权法和合同法的一般概念来
2 建构,而是以侵害行为(trespass)、违约赔偿(assumpsit)* 之类的“诉讼形式”组成。《民法大全》包含很多具体规则和若干一

---

* 《牛津法律大辞典》将之翻译为“违反口头合同的赔偿之诉”。按照《布莱克法律词典》(第八版)的解释,“assumpsit”有两个义项:一是指非密封形式的明示或默示允诺,一方当事人负有实施某行为或向他人偿付某物的义务(如偿还债务的允诺);二是违反这种允诺或违反合同所引起的普通法诉讼(如违约赔偿之诉)。考虑到这一诉讼形式的出现远远早于英美19世纪合同理论体系化之后所称的“合同”概念,以及英美法合同和允诺之间的区分,将其译为“非密封形式的允诺”和“违反允诺的赔偿之诉”可能更为准确,但显得过于冗长。故本书仍然采纳杨桢所著《英美契约法论》的用法,在大多数场合译为“违约赔偿之诉”(请读者留意这个概念的历史性),但有时也根据情况译为“非密封允诺”。特此说明。——译者注

般性的格言（maxims），但几乎没有任何系统性的学说。

当一个人头脑中已经有了现代的学说结构时，他确实会以其中的术语去描述19世纪以前的英国法庭规则或古罗马法。然而，英国法庭和罗马法学家自己并不是这样做的。例如，今天全世界的法律人都围绕合同因同意而成立的原则组织他们关于合同法的大部分讨论。诚然，当事人是否同意，对英国法官和罗马法学家常常具有重要意义。在英国法中，违反诺言的人在违约赔偿诉讼中要承担责任。在罗马法中，对标的和价格的同意构成一项买卖合同。一个人因此可以把英国法中的违约赔偿规则和罗马法买卖规则看成是当事人必须同意接受合同约束这一原则的例子。但是，英国人和罗马人自己并不用这种一般术语来表述他们的法律。与之相似，当合同当事人存在错误或者受到欺诈、强制时，今天的法庭会适用有关错误、欺诈和胁迫的一般理论给予其法律救济。19世纪以前的英国法官和罗马法学家在类似情形下也会给予法律救济，但他们并不构造一般性的理论。

迟至20世纪，这些较宽泛的理论和概念跟罗马法文本或英国判例法之间存在的差别才被认识到。在1900年之后，罗马法随着《德国民法典》的颁行而不再有效，大陆法史学家才获得了这种认知。在此之前，学者似乎并没有意识到，声称罗马法可以被引用来解释某个具体理论和声称古代罗马人已经形成了该理论，这两种说法之间存在差异。英国法史学家梅特兰则看出了这一差异。他注意到，创造了英国诉讼形式的法官们头脑中显然没有“所有权、占有、合同、侵权及类似的基本概念”。他的结论是，这些概念由于某种原因是从英国的诉讼形式中逐渐发展起来的——尽管他承认，它们究竟是如何发展起

来的,这段历史并无文字记载。[1] 查理斯·多纳胡(Charles
Donahue)认为:“比起梅特兰所处的时代,今天我们知道的已
3 经相当多了……但是,我们的所知仍然是让人费解的。跟所有
权、占有、侵权和合同一样,相对来说,几乎没有什么处理‘最
基本概念’的诉讼形式的历史。”[2]由此,便产生了一个问题:

> 无论是在英国法中还是在作出某些限定后的大陆法中,毫无疑问存在最基本的概念,并且,如果它们的演化只能在诉讼形式中的某个部分(或许是很小的部分)中找到,那么,其演化史究竟能在哪儿找到呢?[3]

本书将提供一个答案,尽管这不是一个很容易与许多法律史的流行观念合拍的答案。在16世纪和17世纪早期,一小群聚集在西班牙的神学家和法学家,自觉地试图以托马斯·阿奎那的道德神学综合罗马法文本。我们所熟悉的私法基本观念和学说,就是他们这番综合的简化。本书将表明,这就是当今合同法理论的起源,我相信现代财产法和侵权法也可以作类似推断。

托马斯·阿奎那是13世纪多明我会的托钵修士。在他出生前不久,亚里士多德的形而上学、物理学、政治学和伦理学著作在西方才第一次可资利用。它们引起一阵风潮,就像牛顿或

---

〔1〕 F. W. Maitland, “Why the History of English Law is not written”, in *The Collected Papers of Frederic William Maitland*, ed. H. A. L. Fisher (1911; repr. Buffalo, 1981), i. 480 at 484.

〔2〕 Charles Donahue, “Why the History of Canon Law is not written”, Selden Society Leture Delivered in the Old Hall of Lincoln's Inn, 3 July 1984, London, 1986, 6.

〔3〕 Ibid. 6.

达尔文的工作对我们的影响一样。如通常所说,阿奎那为亚里士多德作了“施洗”。他在亚里士多德所代表的希腊哲学传统和基督教神学传统之间作出了综合。

优士丁尼《民法大全》在阿奎那出生前200年就已经被重新发现,并成为学术研究的对象。罗马法的这一复兴几乎影响了中世纪宗教和政治生活的方方面面。从智识方面讲,它为阿奎那著作对法律的明显关注作出了贡献。然而,直到中世纪末期,罗马法和阿奎那或亚里士多德的哲学之间并不存在真正的结合。

在16世纪和17世纪早期,一群被历史学家称为“后期经院学派”或“西班牙自然法学派”的神学家和法学家最终完成了这一结合。该学派最伟大的代表人物是维托利亚(Francesco de Vitoria)、科瓦鲁维亚斯(Diego de Covarruvias)、索托(Domingo de Soto)、莫里纳(Luis de Molina)以及勒西乌斯(Leonard Lessius)。他们以阿奎那和亚里士多德理论为基础方案,主要 4
以罗马法为素材建立了一个学说体系。于是,他们对罗马法进行了此前所缺乏的系统理论组织。在莫里纳和勒西乌斯的著作中,这一结合如此彻底,以致既可以把这些著作准确地描述为用亚里士多德和阿奎那的道德哲学注释罗马法的文献,也可以看成是把罗马法具体规则加以组织并用以阐释阿奎那和亚里士多德理论的文献。[4]

---

〔4〕 因此,或许是应出版者的要求,莫里纳在其著作的扉页写道,它“不仅是一部神学、教会法研究的著作,也是一部在教会以及世俗两方面对教师特别有益和必要的拉丁(罗马)法律著作”。(it was an “Opus non solum Studiosis, Theologis, Canonistis; verum etiam Legum Latarum Doctoribus in utroque foro, tam Ecclesiastico, quam Seculari versantibus, apprime utile et necessarium”.)

在17世纪和18世纪,欧洲北部自然法学派的成员如格劳秀斯(Hugo Grotius)、普芬道夫(Samuel Pufendorf)以及巴贝拉克(Jean Barbeyrac)等人的学说取代了后期经院哲学家的学说并得以流行。通过这些人或者受其影响的人[如多马(Jean Domat)和波蒂埃(Robert Pothier)]的著作,这些学说进入现代普通法和民法之中。在19世纪,普通法学者首次想要有一个系统的学说。他们通过广泛借鉴格劳秀斯、普芬道夫、巴贝拉克、多马和波蒂埃而创造了这样一个学说。然后,他们引用英国判例阐释他们借鉴来的学说。可以肯定,法庭在判决这些案件时完全没有想到这些学说。《法国民法典》的起草者借鉴了这些文献中几乎2/3的内容,以及多马和波蒂埃著作中近乎所有的涉及合同的规定。这些条文随后被宣称是"立法者的意志",19世纪的法国法学家几乎全身心投入对它们的解释。19世纪的德国法学家则倾其精力建构尽可能完美的学说体系。他们通过改造前一个世纪继承来的学说体系而做到了这一点。19世纪普通法和民法学家的学说经过各种修正,延续至20世纪,并已传播到世界各地。

对于那些习惯于对法律变化作经济解释的人来说,本书关于现代法律学说起源的解读,在他们看来或许有些怪异。我们将要考察的那些变化中,没有一个具有较多的经济意涵。变化的只是合同法被理解的方式。

对那些读了大量法律史却没有接触过亚里士多德、托马斯·阿奎那或后期经院哲学的人来说,本书的解读可能同样使
5 他们感到奇怪。然而,这是一项导向各种现代学者已经在从事之工作的解读。英国学者往往有着赞同渐进变革、反对外来影响的传统偏见。但是,他们很久以来就已经认识到,19世纪确

实发生了显著变化。在那之前,极少存在像现在这种形式的合同法或侵权法学说。1975 年,辛普森(Simpson)在"19 世纪的合同法变革"[5]一文中表明,19 世纪的普通法学者广泛借鉴了 17、18 世纪的自然法学家,以及受其影响者(格劳秀斯、普芬道夫、巴贝拉克、多马和波蒂埃)的学说。

大陆法史学家很久以来就认识到,19 世纪的法国和德国法学家也借鉴了 17、18 世纪自然法学家的学说。他们最后逐渐认识到,自然法学家是偷师后期经院哲学家。人们一度认为,系统性的学说开始于欧洲北部自然法学派的创建者胡果·格劳秀斯。科勒尔(Josef Keohler)于 1917 年在"16、17 世纪的西班牙自然法学派"一文中讨论了后期经院哲学的重要性时,[6]但并没有引起什么注意。梯梅尔(Hans Thieme)1953 年一篇同样主题的文章[7]则引起了较多关注。它激发了迪塞尔霍斯特(Malte Diesselhorst)去探求(investigate)格劳秀斯有关允诺观点[8]的来源,并激发芬斯特拉(Robert Feenstra)去探悉他关于错误和不当得利观点[9]的来源。1967 年,德国历史学家维亚克尔(Franz Wieacker)在其法律史领域的标志性著作《近

---

[5] Simpson, "Innovation in Nineteenth Century Contract Law", *Law Quarterly Review*, 91(1975), 247.

[6] Kohler, "Die spanischen Naturrechtslehrer des 16. un 17. Jahrhunderts", *Archiv für Rechtsund Wirtsschaftsphilosophie*, 10(1916/17), 235.

[7] Thieme, "Natürliches Privatrecht und Spätscholastik", Zeitschrift der SavignyStiftung für Rechtsgeschichte Romantische Abteilung, 70(1953), 230.

[8] M. Diesselhorst, *Die Lehre des Hugo Grotius vom Versprechen*, Forschungen zur neueren Privatrechtsgeschichte, 6(Cologne, 1959).

[9] Feenstra, "L' Influence de la scolastique espagnole sur Grotius en droit privé: quelques experiences dans des questions de fond et de forme, concernant notament les doctrines de l' erreur et de I' enrichissement sans cause", in *La seconda scolastica nella formazione del diritto private moderno*(Florence, 16—19 October 1972), ed. P. Grossi(Milan, 1973), 377.

代私法史》(*Privatrechtsgeschichte der Zeuzeit*)[10]第 2 版中,承认了后期经院学派的开创作用。1973 年,格罗西(Paolo Grossi)在佛罗伦萨组织了一次关于后期经院学者著作的研讨会。会议首先由梯梅尔致辞。梯梅尔说,某一成就在数十年甚至数百
6 年间未被认识,在法律史中有很多例子。其中一个例子就是后期经院学者的著作。[11]

> 当然,从圣·托马斯的神学大全到胡果·格劳秀斯的自然法与万民法(Jus Naturae et Gentium)经历了很长一段路,我们并不希望否认两者之间的差异。但是,托马斯最初的经院哲学和理性主义自然法之间也有许多共同点,它们之间的媒介则是西班牙的经院哲学。[12]

对于后期经院哲学关于合同和允诺的概念及其与格劳秀斯的概念之间的关系,卡佩里尼(Paolo Cappellini)已经做了仔细研究。[13] 仍然否认后期经院哲学家工作的学者开始受

---

〔10〕 F. Wieacker, *Privatrechtsgeschichte der Neuzeit under besonderer Berücksichtigung der deutschen Entwicklung*, 2nd. (Göttingen, 1967), 266, 270—1, 291, 293—7.

〔11〕 Thieme, "Qu'estee que nous, les jurists, devons à la seconde scolastique espagnole?", in *La seconda scolastica nella formazione del diritto privato moderno* (Florence, 16—19 October 1972), ed. P. Grossi (Milan, 1973), 7 at 20.

〔12〕 Ibid. 7, n. II.

〔13〕 P. Cappellini, *Scemi contrattuali e cultura theologicogiuridica nella seconda scolastica: verso una teoria generale*. Thesis, University of Florence, 1978/9.

到批评。[14]

于是,把后期经院哲学家视为经过改造但仍然为我们持有的系统性学说的创立者,并非臆测。如果存在一些宽泛的基本概念为普通法和民法法系所分享;如果多纳胡和其他人是正确的,这些概念并非产生于普通法诉讼形式;如果现代罗马法学家是正确的,这些概念在《民法大全》中找不到;如果辛普森是正确的,19 世纪普通法学者从欧洲北部自然法学家处借鉴了很多这类概念;如果大陆法史学家是正确的,19 世纪的民法学者也做了同样事情;如果梯梅尔、芬斯特拉、维亚克尔及其他许多人是正确的,欧洲北部自然法学家借鉴了后期经院哲学家,那和我们的期望就刚好一致。

然而,这是一件令人吃惊的事情。它最令人惊奇之处在于,一个以改变的形式统治着这个世界大多数人的学说,竟建立在衰落了几个世纪的哲学观点之上。实际上,这些学说的最初形式直接建立在亚里士多德和阿奎那关于德性的道德观念与事物本质(nature or essence)的形而上学观念之上。例如,合 7
同的订立要么是一个人使另一个人财产增加的慷慨德性的践行,要么是交换同等价值物品之交换正义德性的践行。每一种类型的合同都有某种"本质",特定债务亦由此而生。在 17 世纪,即使这些学说在北部欧洲传播开来的时候,它们所立基的

[14] e. g. K. Nanz, *Die Entstehung des allgemeinen Vertragsbegriff im 16. bis 18. Jahrhundert*, Beiträge zur neueren Privatrechtsgeschichte, 9 (Munich, 1985); criticized in I. Birocchi, *Saggi sulla formazione storica della categoria generale del contratto* (Cagliari, 1988), 25. 比罗齐(Birocchi)指出,南兹(Nanz)并非没有注意到后期经院哲学的角色。在说明"合同法现代概念的基本要素可以追溯到格劳秀斯"(p. 139)之后,南兹认为,"如迪塞尔霍斯特(Diesselhorst)业已表明的那样,格劳秀斯以西班牙后期经院哲学,特别是莫里纳和勒西乌斯(Dutchman Lessius)的学说作为自身学说的支撑。"(pp. 142—3)令人奇怪的是,格劳秀斯在他的著作中没有对这一学说给予全面阐述。

道德和形而上学观念仍被笛卡儿、霍布斯、洛克及其他人质疑。这些人的抨击最终破坏了亚里士多德的权威。在17世纪中期,霍布斯抱怨"遍及整个教会大学的各哲学学派"追随亚里士多德。[15] 普芬道夫则指责许多受过教育的人,认为他们把亚里士多德哲学看成是超越人类心智的鲜有人及的巅峰。[16] 到18世纪中期,该哲学已经失去了对各学派以及诸如此类受过教育者的控制。到19世纪,它完全变成了某种晦涩难懂的理论。

人们可能预见到,立基于这一哲学之上的法律学说会与之一起失势,或者受更为现代的哲学观念影响而被重构。我们将会看到,这些学说在整个17、18世纪仍然保持了后期经院学者时的状况。普芬道夫、巴贝拉克等法学家抛弃了亚里士多德的形而上学和道德哲学,采纳了他们所处时代的哲学原理,在他们自己的学说中只做了很小的改动。这些学说成了无根漂流之物,它们被切断了与古老哲学的联系,却又和当时传播它们的职业法学家的哲学信念没有真正结合。

这些学说最终在19世纪被重构,但与那时流行的边沁、康德及其他思想家的哲学几无联系。英国、美国、法国和德国的法学家抛弃了具有阿奎那和亚里士多德意义的概念,但这在19世纪却显得是不正确的或者是不可理解的。于是,他们曲解并滥用他们所保留的概念,让它们发挥他们曾拒绝接受的那些作用。

在我们将要涉及的合同法领域,结果是导致了所谓的合同

---

〔15〕 T. Hobbes, *Leviathan*(Cambridge, 1935), I. i. 2.

〔16〕 S. Pufendorf, *De iure naturae et gentium libri octo*(Amsterdam, 1688), I. ii. I.

"意思理论"。当事人的意思成为——用辛普森的话讲——某种基础规范(Grundnorm),尽可能多的合同法规则被从中推导出来。[17] 后期经院主义者和自然法学家早就把合同依当事人 8
的意思或同意而成立看成基本原则。他们通过对错误、欺诈和胁迫如何影响意思进行考察,构造了关于错误、欺诈及胁迫的一般理论。19 世纪的变革并非要关注意思概念,而是要否弃先前在合同法理论中出现的具有亚里士多德渊源的其他概念。订立合同仅仅被看成一个意志行为,而非道德德性的践行。当事人仅仅受其同意的约束,而不受派生于他们合同本质的义务之约束。

毫无疑问,现代哲学创造了一个知识场景,意思概念在其中看起来完全可以接受,而其他概念则不被接受。但是,那似乎正是现代哲学对 19 世纪学说重构所作贡献的局限所在。没有哪个学派的法学家像后期经院哲学家运用阿奎那的原理那样去利用康德或边沁的原理构造学说,并且康德和边沁自己所做的尝试一般也被忽视了。事实上,在哲学家缺乏一致意见时,法学家也变得小心谨慎。他们试图做自己的事情,并不信奉任何哲学。他们声称其并非提出哲学问题,而只是在解释他们自己的实证法:盎格鲁-美利坚判例法、法国民法典,以及当时在德国仍然有效的罗马法文本。

20 世纪开始的学说危机仍然困扰着我们。即使西方法律遍布了整个世界,西方法学家对于是否可能有一个融贯的法律学说还是心存疑虑。在合同法领域,我们会看到,问题在于 19 世纪法学家借鉴了部分早先的学说体系,却没有尽力使其独立

---

〔17〕 Simpson, supra n. 5, p. 266.

发挥作用。他们声称是在解释实证法。但实证法并不简单地强制执行当事人的意见无论是什么样的意思,也不仅仅执行当事人的意思——它不可能如此。实证法把赠与和交换,以及这种交换和那种交换相区分。它使当事人承担的义务取决于他们所订合同的类型,即使当事人并没有明确表示承担这些义务。有时,它又解除不平等交易之受害人明确表示了同意的义务。20 世纪的批评者指出,意思理论不能解释合同法的这些方面。实际上,它们正是后期经院哲学家用亚里士多德关于本
9 质和德性观念加以解释的问题,但 19 世纪的法学家把这些观念丢弃了。

危机一直在继续,因为批评者发现自己不能重建他们推倒的大厦。吉尔莫(Grant Gilmore)归纳目前的合同法状况时说:"这一体系已经支离破碎,并且我们看到,目前没有办法再将它们重新黏合起来。"[18] 19 世纪的学说如今还在漂浮,并与 20 世纪的限制条件和例外交织在一起。

我们现代的法律学说最初建立在被抛弃了很久的哲学观念之上,这样说确实令人吃惊。足以替代这些观念的思想许多年来还没有产生出来,这也同样令人吃惊。然而,只有认识到这一点,我们才能理解西方法律的历史。这些观念的缺乏使它就像从某个活着的生物身上取走了一件器官一样。法学家已经以不同方式给予了回应:在 17、18 世纪,是通过重新肯定用亚里士多德的概念构造的学说,但同时否定了给这些术语以意义的那些原理;在 19 世纪,是通过清除亚里士多德的概念;20 世纪则是承认 19 世纪的清洗所产生的不融贯。但是,在这三

〔18〕 G. Gilmore, *The Death of Contract*, Columbus, Ohio, 1974, p. 102.

个半世纪里,西方法律史中发生的最重大的事实之一,就是某些东西正离我们而去。

当我们考察合同法的时候,这一事实的重要性显得尤为清楚,这就是本书选择这一领域进行研究的理由所在。亚里士多德和阿奎那哲学强调了知识秩序和道德德性。当该哲学被抛弃时,人们可以预见到刑法或侵权法等领域的纷乱。但是,合同法处理的是自由缔结的协议。如果现代法学家连体系尚未失灵的这一法律领域都无法竟其功,那么事情将会变得十分严重。

通过理解什么是错误的,我们不仅可以理解我们的历史,而且能够去塑造它。如果我们很久以来就失去了某种我们不能没有的东西,那么我们应当尽力去回想它可能是什么。我们应当思考,它为什么如此重要。

第二章　亚里士多德和托马斯·阿奎那

10 希腊哲学和罗马法以不同方式为后期经院哲学家在16世纪所做的综合作出了贡献。罗马法提供了大量法律素材，也给了后期经院哲学家一份工作事项。他们希望利用更大的哲学观念解答罗马人提出的问题。但是，就像托马斯·阿奎那解释亚里士多德哲学那样，他们从亚里士多德哲学中提取自己的观点。

亚里士多德讨论了德性。后期经院哲学家围绕他所描述的三种德性建立他们的合同理论：信守诺言、交换正义和慷慨。在这样做时，他们利用了阿奎那，后者通过表明亚里士多德的原理如何可以不仅用于思考德性，而且可以用于思考道德律，以此走出了进行结合的第一步。阿奎那讨论了诺言有约束力的条件。他认为,通过允诺,一个人要么实施了慷慨行为,要么实施了交换正义的行为。他解释了一个合同如何可能违反交换正义所要求的对等。他表明,如何通过把具体合同类型(如买卖和租赁)分类为交换正义或慷慨行为,以及每一个合同所追求的目的而加以界定。他暗示了一个方法,即根据这一界定推导出合同当事人负担的各种义务。

这些思想为后期经院哲学家进行理论建构提供了蓝图。我们将对它们加以探讨,并分析它们与更为一般性的亚里士多德理论和阿奎那哲学的关系。

亚里士多德在讨论讲真话的德性时描述了信守诺言的行为:

> 让我们说说……诚实的人。我们要说的,不是守约的或有关正义与不正义的事务上的诚实(这关系到另一个德性),而是在不涉及那些事务时,一个人出于品质的言语和行为上的诚实,因为这样一个诚实的人就是有德性的人。但这样一个人的公平看上去是平平淡淡的。因为热爱诚实的人在无关紧要的时候都 11
> 讲真话,在事关紧要时更会诚实。[1]

因此,食言的人是不可信的。如果他在关系到正义与非正义的事情上食言,那他也就失去"另一个德性",这个德性被亚里士多德后来称为交换正义。

与此相似,托马斯·阿奎那解释说,诺言作为忠诚和诚实

---

〔1〕 *Nicomachean Ethics*, IV. vii. 1127^{a}—1127^{b}.

的事物而有约束力。[2] 食言如同撒谎,尽管存在区别:

> 允诺某件事的人如果有做他所允诺之事的意图,(他)就没有撒谎,因为他没有说与他所想相反的事。但是,他没有做他允诺之事,那他的行为就显得不诚实(act unfaithful),因为他改变了意图。[3]

但是,阿奎那不仅解释了信守诺言为什么是有德性的,而且解释了在什么时候应当信守诺言。通过这样做,他超越了亚里士多德关于德性的讨论,并描述了一个道德律,即规范守诺行为的"自然法"。阿奎那说,所有的允诺根据自然法都是有约束力的。罗马法之所以不执行所有允诺,是因为"一个人要受他允诺所生市民法义务的约束还需要有别的条件",[4]但阿奎那没有说这些条件究竟是什么。

为了确定什么时候一项允诺根据自然法是有约束力的,阿奎那首先解释了什么是允诺。他通过界定允诺所追求的目的来为允诺下定义。它们允许作出一项指令(order),一个人的行为据此指向另一个人的利益。就此而言,它们类似于命令

---

〔2〕 Thomas Aquinas, *Summa theologica*, 11—11, q. 88, a. 3, ad I; q. 110, a. . 3, ad 5. 这种相似性是显而易见的,因为阿奎那使用了格罗斯泰斯特(Robert Grosseteste)的《尼各马可伦理学》译本:J. Weisheipl, *Friar Thomas d' Aquino: His Life, Thought and Work*, New York, 1874, p. 380。在这个译本中,在协议中保持忠诚被替换为在法庭上讲真话了。*Ethica Nicomachea*, trans. Roberti Grossetesti Lincolniensis, ed. R. Gauthier (Leiden, 1973), IV. vii, No. 13, p. 448, in *Aristoteles latinus*, ed. L. MinioPaluello, xxvi. 1—3, fasc. 4. See Thomas Aquinas, *In decem libros Ethicorum Aristotelis ad Nicomachum expositio* (Turin, 1934), lib. 4, lec. 15.

〔3〕 *Summa theologica*, 11—11, q. 110, a. 3, ad 5.

〔4〕 Ibid. q. 88, a. 3, ad 1.

(command)。但是,根据命令,一个人要求另一个人为他谋事,而根据允诺,则首先是他为另一个人而有所为。[5] 因此,一项允诺就像他为自己制定的法律。[6]

一项允诺具有约束力的条件产生于它的目的。阿奎那在他关于誓约(vows)、誓言(oaths)和婚约[7]的讨论中对它们作了解释。通过允诺,允诺人确立了他与另一个人之间的关系。 12
在亚里士多德的哲学中,一个人行动的指向,与人的判断力和意志有关。因此,允诺人必须理解允诺并作出同意表示。通过运用亚里士多德关于理解和选择的观点,[8]阿奎那给出了这一规则的含义。而且,由于允诺规定了允诺人和受诺人之间的关系,允诺人必须做的比他所理解并同意的更多。除非受诺人是全知全能的上帝,否则允诺人必须以言辞或其他外部符号表达允诺。[9] 由于允诺源于允诺人的判断力和意志,只有在允诺人意欲承担义务的情况下允诺才能约束他。阿奎那利用亚里士多德关于法律适用中的公平理论解释了这一原则。依亚里士多德的理论,由于法律以一般性条款构成而必须适用于具体情况,总是会发生这种案件,其中法律依文意适用会超出立法者的意图。在这种案件中,阿奎那解释说,不论法律还是允诺都没有约束力。[10]

后期经院哲学家详细阐述了阿奎那关于信守诺言的自然

---

〔5〕 Ibid. q. 88, a. 1.

〔6〕 Ibid. q. 88, a. 10.

〔7〕 Ibid. q. 88(誓约、誓愿);q. 89(誓言);Suppl. q. 43(婚约)。

〔8〕 See Ch. 4 above, pp. 8—23, 85—7.

〔9〕 *Summa theologica*, 11—11, q. 88, a. 1.

〔10〕 Ibid. q. 88, a. 10;q. 89, a. 9(关于允诺何时具有约束力);q. 120, a. 1(关于法律何时具有约束力)。

法,去解释一个合同何时具有约束力。为了解释缔约当事人的义务,他们引用了阿奎那的另一个观点。通过允诺,当事人实施了另外两个亚里士多德提出的德性中的一个:交换正义或慷慨。当事人的义务取决于他所践行的德性。

依亚里士多德所述,正义是分配性的或者交换性的:

> 关于具体正义及其相应意义,(A)一种是表现在荣誉、金钱或其他可以在组织中享有份额的那些人之中加以分割的事物之分配中(一个人享有的份额可能和另一个人要么相等要么不等),并且(B)另一种是在人与人之间交易中起矫正作用的正义。矫正正义又有两种:相应于交易(1)有些是自愿的,并且(2)有些是不自愿的——自愿交易如买与卖、消费借款、抵押、使用借贷、寄存、出租(它们之所以被称为自愿的,是因为这些交易在开始时就是自愿的),而不自愿的交易(a)有些是隐秘的,如盗窃、通奸、投毒、拉皮条、引诱奴隶脱离主人、暗杀、作伪证,且(b)其他是暴力性的,如袭击、关押、杀戮、抢劫、致人伤残、虐待、侮辱。〔11〕

13 在亚里士多德看来,分配正义——“在分配中表现”的正义——遵守几何比例。每个公民依其功绩(merit)按比例获得。但是,关于功绩的构成,不同的政治制度的规定有所不同:“民主主义者使之与自由人的地位相一致,寡头制的支持者使

---

〔11〕 *Nicomachean Ethics*, V. ii. 1130^b—1131^a.

之与财富(或高贵出生)相一致,贵族制的支持者使之与卓越才干相一致。”〔12〕与之相对,交换正义和矫正正义遵循算术比例。一个人太多而另一个人太少。他在非自愿交易中享有的太多是因为他拿走了属于别人的东西,在自愿交易中则是因为将价值不等的东西进行了交换。通过从一方当事人拿走保持对等所必要的数量而给予另一方当事人,正义得以实现。〔13〕

依阿奎那的观点,当一个人允诺将来把财产转让给另一个人,或者同意现在就这样做时,〔14〕他要么在践行交换正义的德性,要么在践行慷慨的德性:

---

〔12〕 Ibid. v. iii. 1131ᵃ.

〔13〕 Ibid. v. iv. 1131ᵇ—1132ᵇ. 阿奎那的讨论与此相似。(*Summa theologica*, 11—11. Q. 61, a. 2.)他对分配正义和交换正义的区分提出一个更为一般性的理由。个体是共同体的一部分,由此人们可以区分共同体整体与每个部分的关系,以及这个部分与那个部分的关系。前者由分配正义调整,后者则由交换正义调整。(Ibid. , q. 61, a. 1.)

〔14〕 如前文已经提到的那样,阿奎那认为,罗马法执行的合同有些是依允诺而缔结的。当他讨论简单誓约和在宗教仪式中的郑重誓约之间的不同时,他对转让物品的允诺和物品的转让进行了区分。“当物品被转移至另一个人的权力之下时,它就不再属于原来那个人的权力之下了。作出转让某物的允诺并不就使该物转让给接受允诺的人,因此,该物并不因为一个人的转让允诺而不再处于他的控制权之下。”(*Summa theologica*, Suppl. , q. 53, a. 1.)与此相似,简单誓约“只是单纯允诺”,它和郑重誓约不同,后者实际上是交出对自己的权力(Ibid.)。在婚约和婚姻之间也存在同样的区别,前者是关于结婚的允诺,对于后者,“丈夫把自己置于其妻子的权力之下”(Ibid. , a. 1.)。因此,作出过简单誓约的人仍然可以结婚,缔结过婚约的人仍然能够作出郑重誓约,因为他尚未交出自己的权力,尽管他要是这样做了的话,他会因违反允诺而受责难(Ibid. , a. 1. ; a. 2.)。阿奎那在就彼得·伦巴第(Peter Lombard)判决的评注中,也将转让物品的允诺和物品的实际转让之间的区分,以及简单誓约和郑重誓约之间的区分进行类比:*Scriptum super libris Magistri Sententiarum*(Parma, 1868), lib. 4, dist. 38, q. I, art. 3。奥贝尔(Aubert)认为,阿奎那在评注中的观点和在《神学大全》(*Summa theological*)中的观点有所不同。[J. M. Aubert, *Le Droit romain dans l' oeuvre de saint Thomas*(Paris, 1955), 53—7]我看不出有什么不同,因为在他引用的段落(*Summa theologica*, 11—11, q. 88, a. 7)中,郑重誓约也是像婚姻一样是交出自己权力的情形。但是,这个问题不需要在这里加以讨论,因为奥贝尔只是认为阿奎那改变了他关于简单誓约和郑重誓约的观点,而不是关于转让某物之允诺和该物品之实际转让的观点。

> 当一个人将他的东西自愿转让给另一个人时，就
> 是自愿交换。如果他的转让并不使接受者负担义务，
> 14 就像在赠与(*donatio*)时一样，它不是一个关于正义的
> 行为，而是有关慷慨的行为。[15]

依亚里士多德所见，慷慨是一种德性，“在给予和接受财物，特别是在给予中”得以表现。“慷慨的人……为着高尚的事而给予，以正确的方式给予；因为他将在适当的时间，以适当的数量给予适当的人，按正确给予的所有条件来给予。”[16]

当事人的义务取决于他践行的是哪种德性。和慷慨的行为不同，交换正义的行为需要对等。在阿奎那看来，出售物品的价格不公平，或者存在瑕疵，或者存在没有告知的缺陷，以及依高利贷贷出的款项，都违反了对等原则。[17] 于是，他再次从亚里士多德对德性的阐说，转到对一个人在践行这一德性时应当遵守的道德法则的叙说。在这样做的时候，他再次引证了罗马法。在讨论公平价格时，他引用了对半价出售土地者给予救济的罗马法文本。[18] 在讨论所售标的物的瑕疵时，他使用了罗马人关于有病牲畜的例子。[19] 他采纳了罗马人关于隐蔽瑕疵和明显瑕疵的区分。[20] 在讨论高利贷时，他试图解释，既然有息借贷是邪恶的，为什么罗马法还要允许这种行为。[21]

---

〔15〕 *Summa theologica*, 11—11, q. 61, a. 3.

〔16〕 *Nicomachean Ethics*, IV. I, 1119b—1120a. 阿奎那以类似方式讨论了慷慨问题：*Summa theologica*, 11—11, q. 117, aa. 2—4.

〔17〕 *Summa theologica*, 11—11, q. 77, aa. 1—3; q. 78, a. 1.

〔18〕 C. 4. 44. 2; cited in *Summa theologica*, 11—11, q. 77, a. 1, obj. 1. & ad 1.

〔19〕 *Summa theologica*, 11—11, q. 77, a. 2. Sick animals were discussed in D. 21. 1. 38.

〔20〕 *Summa theologica*, 11—11, q. 77, a. 3. The discussion is drawn in D. 21. 1. 14. 10.

〔21〕 *Summa theologica*, 11—11, q. 78, a. 1.

当后期经院哲学家分析当事人的合同义务时,他们从阿奎那关于交换正义与慷慨的讨论,特别是他关于对等原则的言论开始。在这样做时,他们依靠一个同样从阿奎那借鉴而来的方法。这个方法从界定研究目的开始,然后从该界定拓展相应后果。具体合同如买卖或赠与被分类为交换正义的行为或慷慨行为予以界定,并确定合同所追求的目的(end)。当知晓所做的界定后,合同当事人的义务也就得以确定。

阿奎那界定了一系列与罗马法相似的合同:

> 当包含债务的观念时一个自愿转让是正义的。这可以以三种方式发生:第一,一个人只是为了与另一个人的物品相交换而将自己的物品转让给他人,买卖(*venditio et emptio*)就是这样发生的。第二,一个人 15
> 将物品交给另一个人,后者可以使用但负有返还义务。如果一个人无偿将物品交由他人使用,交易在物品产生果实的情况下叫用益借贷(*usufructus*),在像金钱、陶器等不产生果实的情况下叫消费借贷(*mutuum*)。但是,如果交易不只是无偿提供使用,就叫出租和雇佣(*locatio et conductio*)。第三,一个人把他的物品移交后又收回来,物品不能加以使用,但要像寄存(*depositum*)一样保证安全,或者是因为自己的债务而将物品用于质押(*pignus*),或者是为他人的债务提供担保(*pro alio fideiubet*)。[22]

阿奎那在写下这些文字时头脑里一定想着罗马法。他提

---

[22] *Summa theologica*, q. 61, a. 3.

到的所有交易都与罗马法的规定相似，尽管亚里士多德也在前面引用的段落中提到其中的许多，但没有提到用益借贷和信用担保(fideiussio)。[23]

但是，阿奎那的论述与亚里士多德最重大的不同在于，亚里士多德以给具体交易命名的方式解释交易，而阿奎那则给这些交易下定义。通过确定每一交易所追求的目的及其所属更大的类型，阿奎那这样去做：每个交易要么是有关交换正义的行为，要么是有关慷慨的行为。

尽管阿奎那从来没有写过关于规范这些合同的法学论文，后期经院哲学家却很容易想象他会怎样做。他会从这些定义开始，他将力图表明每一合同都存在一组与其定义相关的义务。这些义务要么包括在对其界定的概念中，要么服务于被确定的目的。

亚里士多德发展出这个分析方法。阿奎那用它验证人类行为在道德上的规则性(moral lawfulness)。我们已经考察了他讨论诺言的一个例子。他构造了诺言的定义，然后用它确定诺言何时是有约束力的。人们也可以在阿奎那讨论婚姻的作品中看到他对这一方法的运用，婚姻是他唯一细致解说的合同。他按照婚姻的目的定义它，然后解释依这些目的产生的规范婚姻的规则。阿奎那说，依据亚里士多德的观点，[24]婚姻有

---

〔23〕 Thus this "liste des contrats" is not, as Aubert says, a "simple transcription du texte de L'Ethique, v, 2, 13". (Aubert, *supra* n. 14, p. 127, n. 1.)

〔24〕 "丈夫与妻子之间的情谊似乎是生来就有的。因为男人自然地倾向于和女人结合，更甚于和他人组建城市，家庭也比城市出现得更早并更为必要，人类和动物对于繁衍后代具有更多的共同性。动物之间仅仅是相互结为一群，而人类共同生存不仅是为了繁衍后代，而且可以是为着其他各种生活目的；从一开始就存在职责(function)的分化，男人的职责和女人的职责是不同的；于是，他们将自己特殊的天赋投入共同事业之中而相互帮助。"(*Nicomachean Ethics*, VII. xii. 1162a.)

两个目的:一个主要目的,即繁衍子孙的目的;一个次要目的,即一个男人和一个女人性的结合。[25] 阿奎那按照这些目的定义婚姻:它是一项"结合",其中"要求某些人生养后代,并过家庭生活……"[26]"结合在一起"是婚姻的"本质"。[27] 如果一个行为"完全阻碍"这些目的,或者"使(它们)难以达到或不令人满意",[28]它就是和自然法对立的。例如,在阿奎那看来,和近亲属结婚,[29]或者和性无能的人结婚,[30]通过离婚解除婚姻[31]都是与婚姻的主要目的——生养后代——相对立的。多配偶和通奸则与婚姻的次要目的——性别结合——相对立。[32] 这只是些例子。在阿奎那时代,他曾阐述了很多关于婚姻的教会法。 16

而且,通过依其目的定义婚姻之类的行为,阿奎那能够把一个人在实施结婚之类行为时需要知道的最低限度的东西与这些行为可能具有的多种结果相区分。要结婚的话,配偶需要理解婚姻的本质[33],它由缔结婚姻的目的来界定。夫妇们不需要知道依教会法产生的所有后果。但是,在阿奎那看来,这些后果描述了达到被界定的婚姻目的所必要或可行的东西是什么。如果他们想要达到这些目的,当事人自然也就想要这些后果。

我们将会看到,后期经院哲学家像阿奎那讨论婚姻一样讨

〔25〕 *Summa theologica*, suppl., q. 41, a. 1.

〔26〕 Ibid., q. 44, a. 1.

〔27〕 Ibid., q. 44, a. 2.

〔28〕 Ibid., q. 65, a. 1.

〔29〕 Ibid., q. 54, a. 3.

〔30〕 Ibid., q. 58, a. 1.

〔31〕 Ibid., q. 67, a. 1.

〔32〕 Ibid., q. 65, a. 1.

〔33〕 Ibid., q. 51, a. 2.

论买卖和租赁之类的具体合同。他们根据其目的定义每一个合同并试图表明依此定义而具有的一组义务。为订立合同，当事人得理解他们所订立的买卖、租赁或其他具体合同的本质。但是，如果订立了合同，他们得受买卖、租赁等法律规定的所有后果的约束。

17 后期经院哲学家的综合依赖于亚里士多德的德性理论及阿奎那的方法。但是，德性理论和方法仅仅在亚里士多德和阿奎那更大的哲学体系中才有意义。事实上，我们会看到，当现代哲学家们质疑那一哲学的核心原则时，经院哲学家的综合便开始出现问题。要理解这一综合及其崩溃，重要的是看它如何依赖于亚里士多德和阿奎那的世界图景。

据亚里士多德和阿奎那的理论，这个世界是由技术地指向“物质”(substance)的个别事物构成的。人类、动物和植物都是物质，如同他们相信有机体的要素是土、气、火和水一样。

这些事物中的每一个都趋于以确定的方式行动，比如，梨树趋于结出梨而根本不会去追赶猫。实际上，如果某物没有以某种确定方式行动的趋向，它就不是个别的事物。个别的事物趋于行动的方式是它的“目的因”(final cause)或“目的”。在这个意义上，事物的“目的”不是有意识的目标，仅仅是这一事物行动方式所具有的特点。梨树没有有意识的目标，它的目的是生长和结出果实的独特方式，而非为了人们吃到梨而结出果实。

进一步说，每一事物如其所是地行动，是因为其内在的某种东西。如果它如其所是地行动是由于其外部的某种东西，所讨论的行动将不是个别事物本身的行动，而是其外部某物的行动。对决定其如何行动起作用的内在之物被称为“本质”(nature)。具有相同本质的事物属于同一种类。梨树是一类而狗属于另一类。某一事物成其为某物必须具有某种本质的这些特点被认为属于它的“实质形式”(substantial form)。它在没有失去这些特点的情况下仍然是原来之物。在它仍然是一条狗或一棵梨树时可以获得并丧失的特点,便是“附质”(accidents)。

当一棵树被烧成灰烬之后,它失去了它的实质形式并成为不同的事物;存在于树里的某物还留存着。然而,人们不能说树变成了灰烬。人们只能说树不存在了而灰烬产生了。曾经在树里存在而现在在灰烬中保留的是它的“质料因”(material cause)或者“质料”(matter)。这一“质料”不是某种形式,但被认为可以是以诸如树或灰烬形式表现出来的东西。

目的因、实质形式和质料(matter)是每一种物质(substance)必须具有的四种“原因”中的三种。剩下的一个是“动力因”(efficient cause),它将质料(matter)通过实质形式组合起来而组成某物。一个动物或植物的动力因是它的亲本(parents)。 18

一个事物具有很多组成部分和很多活动,因此,要成为一个单独的事物,它必须要有一个单独的实质形式和单独的目的。之所以如此,是由于它的组成部分和活动连接的方式。每一个部分都有一个自己的“目的”或者活动,该活动是有助于达成整个目的的活动。梨树的每一部分都有助于梨树目的——生长和结出果实的特点。任何与这棵树有关但无助于其目的之物——如嵌在树皮中的卵石——妥当地说,就不是梨树的组成部分。正如阿奎那针对亚里士多德的一个评论说道,存在两种秩序(order):一种是部分对于整体的秩序,另一种是手段对于目的的秩序,并且第一种秩序建立在第二种基础之上。[34]

---

[34] Thomas, *supra* n. 2, lib. 1, lec. 1.

要知道某物是什么，人们必须要知道它的实质形式。通过在大脑中形成这一事物的概念就可以做到这一点。与“实质形式”相关的大脑中的概念是事物的“本质”(essence)。当本质被完全理解时，就可以在定义中加以把握。一个定义表达了一个事物所归于的属或一般种类，以及在一般种类中构成一个种或特殊类型的具体差异。阿奎那解释说，具体差异表明了在属中存在的特定类型被认识的方式。

知道一个事物的定义之后，人们就可以知道为什么这一事物有这些部分以及别的特点。它们包括在形成定义的概念之中，或者指向这种事物必须具有的本质。于是，亚里士多德在《动物的组成部分》中说：

> 由此，最适合的对待方式是说，一个人有这样那样的组成部分，因为人的概念包括了这些部分的存在，而且它们是其存在的必要条件，或者，如果我们不能这样说——那是最好的说法——那么可以说的是，要么，没有它们他就根本不可能生存；要么，它们的存在无论如何对他来说更好些……[35]

---

〔35〕 *Parts of animals*, 1. i. 640a—640b. 亚里士多德谈到这些特征作为“假定的必要性”与整体相关的方式。“因为，存在绝对的必要性，(它)表现在永恒的现象之中；还存在假定的必要性，表现在自然产生的每一事物之中，如同在人造的(produced by art)每一事物中那样，不管它是一座房屋还是别的什么。因为，如果一座房屋或别的类似成品(such final object)被制造出来，如此这般的物质就必定存在；并且，要是这种或那种物品有必要制造出来的话，则有必要开始这种或那种物品的制造，并如此推演下去，直到达成最后的结果，以使每一个前面提到的事物被制造出来并得以存在。跟这种人造品的制造一样，自然生产的过程也是如此。”(Ibid. 1. i. 639b)

因此， 19

> 真正的方法是表明其整体上与动物相区别的决定性特点是什么；解释它在物质上和形式上是什么，并以相同方式对待它的各个组成部分；事实上，如果我们要对一张长椅做完整描述的话，我们的行为方式刚好就是我们应当采取的行为方式。[36]

亚里士多德将这个方法适用于他所探讨的每一个主题。在《政治学》中，他称其是“迄今为止指导我们的方法”，[37]以及“我们常用的方法”。[38]“就像在别的科学门类中一样，在政治学中亦是如此，复合物总是应当分解为单个要素或整体的最小部分”。[39]类似地，在《物理学》中他说道，“在我们熟知某物的基本条件或第一原理，并且把我们的分析进行到它最单一的要素之前，我们不能认为已经认识了它”。[40]对于这些单一要素，他的意思，一方面是指事物被界定的概念，另一方面是指事物的组成部分。[41]当他讨论诸如守约、交换正义和慷慨

---

〔36〕 Ibid. 1. i. 641^{a}.

〔37〕 *Politics*, 1. i. 1252^{a}.

〔38〕 Ibid. 1. viii. 1256^{a}.

〔39〕 Ibid. 1. i. 1252^{a}.

〔40〕 *Physics*, 1. i. 184a.

〔41〕 “因此，我们必须以由普遍（generalities）到特殊的方式前进；因为，对感性知觉而言，整体最易于知晓，而普遍就是某种整体，其中包括很多东西，就如（整体的）各个部分一样。在名称和准则（formula）的关系中也存在同样的情况。一个名称，比方说‘圆’，表示一种含糊的整体；其定义将这个整体分解为具体的感知。与此相似，一个幼儿开始把所有的男人都叫做‘爸爸’，把所有的女人都叫做‘妈妈’，但后来就能够对他们进行分辨了。”（*Physics*, 1. i. 184^{a}—184^{b}.）

等德性时,他就在对人类的研究中使用这一方法。当阿奎那为讨论道德律而定义允诺或结婚等行为并由这些定义推导其结果时,他对亚里士多德的方法给予以新的利用。

对亚里士多德来说,德性是人的组成部分。为理解它们,人们必须首先理解人是什么。人的本质在于他是理性动物。他依照判断力和意志而行为,和梨树不同,后者的行为没有意识;和狗也不同,狗依照感觉和欲望而活动。判断是通过概念理解世界的能力。它使人能够理解其行为的目的,以及它们对他的最终目的所具有的贡献。意志是为最终目的进行选择的能力。人的最终目的或目的因是这种存在的生命所在,他的理解和理性行为的能力在其中获得了充分认识。〔42〕

20 德性是角色的表达,通过训练获得,使人们实施有助于实现其目的的行为。〔43〕“理智的德性”,如“哲学智慧和理解与实践的智慧”,完善了理解以及在理解基础上作出选择的能力。“道德的德性”,如节制,完善了人和动物共同分享的使其服从理性的能力。〔44〕每一个德性,作为人的组成部分,都为完整的人的生活作出了某种贡献,这种生活符合人的目的。在《尼各马可伦理学》中,亚里士多德考察了每一德性的贡献,就像是研究动物的器官或长椅的部件一样。

阿奎那以与亚里士多德基本相同的方式讨论了德性。如其常常遵照的那样,他的革新在于要比亚里士多德更多地考虑道德律。例如,我们看到,他不仅讨论守约的德性,而且讨论何

〔42〕 *Nicomachean Ethics*, 1. vii. 1097^{b}—1098^{a}.

〔43〕 *Nicomachean Ethics*, 1. vii. 1098^{a}. ;1. v. vi. 1106^{a}.

〔44〕 Ibid. 1. xiii. 1102^{b}—1103^{a}.

时应当守约;他不仅讨论交换正义的德性,而且讨论何时一项交易违反了对等原则。通过这样做,他详细阐释了“自然法”的构成要件。

对道德律的关注是阿奎那把亚里士多德基督化的一个方面。正如麦金泰尔(Alasdair Macintyre)所言,“基督教需要的不只是角色缺陷或邪恶的概念,而是违反神圣律法或原罪的概念”。[45] 但是,阿奎那通过利用亚里士多德研究具体行为的方法讨论道德律。他构造了像允诺或结婚等行为的概念。然后他力图从这些定义中推导出规范守约或婚姻的规则。

为做到这一点,他不得不像亚里士多德那样处理允诺或结婚之类的行为。亚里士多德根据一个事物的本质和目的解释一张长椅或一个人的特征。依阿奎那的理论,也可以谈论人的行为本质和目的。他承认,说人偶然实施的行为有一个本质和附质,这多少有些怪异。但是,他说,这一困难仅仅是表面上的。人们可以说颜色是偶然存在于人身体表面的附质。[46]

---

〔45〕 A. MacIntyre, *After Virtue: A Study in Moral Theory* (Notre Dame, 1981), 157.

〔46〕 阿奎那解释说,当两个附质(accidents)不论何时存在于一个对象之上时,其中一个可以是另一个的附质(accident)。有时,它们相互之间没有关系。有时,如同在色彩和物品表面的情形一样,物品通过一个附质获得另一个附质:*Summa theologica*, 1—11, q. 7, a. 1, ad 3.

进一步的问题产生于亚里士多德开列的关于人之行为的“具体情况”清单。它们是这样一些情况:“他自己是什么人,在做什么,对什么事或什么人做什么,以及有时他用什么(如用什么工具)做,为了什么目的(比如,他或许认为他的行为有助于他人的安全),他怎样做(比如,是温和地还是粗暴地)。”(*Nicomachean Ethics*, III. i. 1111a)依阿奎那看来,这些具体情况是行为的“附质”。问题只是,“什么”似乎是指行为的本质,“为了什么目的”是指行为据以界定的目的。这些不可能是附质。阿奎那的回答是,“什么”的具体情况是某种超乎行为本质的东西。例如,一个人为他人冲洗要把水浇到他身上,这不是冲洗行为的具体情况。他如果是为了让其发冷而这样做,则是该行为的具体情况。类似地,“将行为特定化的目的不是具体情况,而是某种附属的目的……”因此,为善而英勇战斗的目的不是刚毅行为的具体情况,却是界定这种行为的目的。出于某个具体的原因(比如拯救城邦)而英勇战斗就是这种目的。(*Summa theologica*, 1—11, q. 7, a. 3, ad 3.)另一个问题在下一个脚注中说明。

21 在阿奎那看来,行为的本质依它所践行的目的来界定。[47]由此,一个行为就像长椅或房屋那样是一个人造的事物。这类事物依构造它们的目的来界定。

谈论梨树之类的自然物的“目的”或“目的因”,并非是指任何人对梨树的有意识目的。它是去确定一个目的——我们在这里最好是说,一个功能——使其成为其所是的物种,并由其组成部分相互配合而产生。与此相似,一个行为(如游泳)或者一个人造之物(如一座房屋),依使其成为这种行为或这种事物的“目的”来界定:在水中移动或遮风挡雨。就像在梨树的例子中那样,游泳动作或房屋的所有部分相互配合产生这一目的。但是,在一个行为或一个人造之物的例子中,这一目的刚好与实施该行为或制造该物品的人有意识的目标相关——接近“目的因”的直接目的。游泳者有意在水中游动,建筑师建造能够遮风挡雨之物。它可能还有许多其他的目标或较远的目的,这一目标只是其手段——游泳的人可能是为了锻炼或赢得比赛而游泳;建筑师可能是为了金钱或名声而建
22 造。然而,为了游泳或建造房屋,他必定有一个跟行为或物品的目的相关的直接目的。

---

〔47〕 行为的目的是用行为人的力量使之发生的目标。(*Summa theologica*,1—11,q. 18,a. 5.)阿奎那指出,如果不止一个人的力量被用以引发某个行为,那么,这个行为就可能具有一个以上的本质,这取决于如何认识该行为。从人类和别的动物有着同样的身体官能角度看,“性交”是界定某种行为的目的。从引导人类追求终极目的的推理角度看,和自己的配偶性交在本质上就与和他人的配偶性交不同。(*Summa theologica*,1—11,q. 18,a. 5,ad 3.)某个事物或行为可能具有多个本质,这个看法对阿奎那来说不存在任何问题。就其实质形式而言,一种果实只能属于某个特定物种;但就其色彩而言,它可以属于另一个物种,即“白色的事物”;当从其味道角度考虑时,它又属于另一种“味道香甜的事物”。(*Summa theologica*,1—11,q. 18,a. 7,ad 1.)

当一个人行为正当，其行为目的就总是达到他作为人的最终目的的手段。但是，有些行为并不参引这一终极目的来界定，例如“游泳”，或使用阿奎那的例子，“在田野行走”和“拾起一根稻草”。其他行为依其与终极目的相容的特点来界定，如婚姻，是使用某个人自己的财物或者为满足另一个人的需要而放弃财物。一个如此行为的人可能仍然没有正当行为，因为他可能没有把它们作为达到其终极目的的手段；如阿奎那所言，他可能是出于虚荣而抛弃财物。[48] 不过，要解释婚姻、财产权和慷慨，人们必须描述它们与人的终极目的之间的关系。还有一些行为是依其与终极目的不相容而被界定，如通奸和偷盗。[49]

因此，对于阿奎那而言，要界定像婚姻或通奸之类的行为，人们得确定它们与人的终极目的之间的关系。从而，概念推理（从定义得出结论）和目的论（由期望实现的目的推导出实现它的适当手段的结论）不可分割。例如，人们可以从婚姻和财产权的定义看出，和自己的配偶性交或使用自己的财物是合法行为，而通奸和偷盗则不是。但是，这些定义本身建立在关于婚姻和财产权目的的独立论证基础之上。我们可以看到，阿奎那依据生养后代和男女两性结合的目的界定婚姻。他根据财产权使人们能够较少争执地获得所需物品，相比于所有物品都共有，人们有更大的激励生产和爱护物品的目的来对它加以解释。他推论，为了某个人自己的生存而拿走他人的财物不是偷盗，因为它没有妨碍财产权的终极目的——满足人们的需

〔48〕 *Summa theologica*, 1—11, q. 20, a. 1.

〔49〕 Ibid. 1—11, q. 18, aa. 5—8.

要。[50] 如果他推论——他实际没有推论——一个人有时可以和别人的配偶性交,他会说这种行为不是通奸——它不违反婚姻忠实的义务。

23 因此,在阿奎那的哲学解说中,本质与目的相联系,道德行为的本质依据它们本身是达到人的终极目的的手段来界定。于是,对阿奎那和后期经院哲学家来说,合同,就像婚姻,由一个同时是当事人的直接目的的目的及一个达到终极目的的手段来界定。既然合同由当事人的直接目的所界定,这个定义表达了当事人订立合同必须知道的最少内容。它也确定了一个属于合同的其他义务所服务的目的,尽管当事人头脑中并没有明确意识到这些义务。而且,由于这一目的本身是达到当事人终极目的的手段,合同可以依据超越当事人相互冲突之利益的最终标准来进行分析。

于是,这个合同解说的基本特征依赖于一个与目的相联系的本质的形而上学。众所周知,当现代哲学家对所谓存在本质或人的终极目的这一主张之合法性发出挑战时,前述解说便受到致命威胁。但是,更一般来说,它受到任何把本质与目的予以分离的哲学的威胁,那使它不可能以同时是目的论的和概念性的方式进行推理。这种威胁在阿奎那死后的半个世纪里由司各脱(John Duns Scotus,c. 1265—1308)以及奥卡姆(William of Ockham,c. 1280—1349)的哲学主张呈现而出。

有时,人们认为,司各脱和奥卡姆通过使道德依赖于圣灵意志(divine will)而非人的理性,侵蚀了亚里士多德和阿奎那的自然法观点。司各脱的确说过,每一个好行为之所以好是因

〔50〕 *Summa theologica*,1—11,q. 66,a. 7,ad 2.

为它是上帝命令的。[51] 奥卡姆认为,因为上帝是完全自由的,他可以命令任何他所希望的行为,这种行为因此将是好的。[52] 然而,司各脱和奥卡姆也相信,一个自然的[53]或“正确推理所要求的”[54]行为可以是好的。他们不认为这一信念跟他们关 24
于道德的最终来源或上帝的自由这样的主张相矛盾。但是,在他们形而上学的世界中,正确推理不像在亚里士多德和阿奎那理论中那样起作用。在他们的世界中,一个单一的存在不需要有一个和单一目的相联系的单一形式。因此,道德哲学不需要,或许也不可能通过询问德性和道德行为对该目的有什么贡献来对其予以分析。

依司各脱所论,人们拥有的不是一个而是多个不同的“形式”,它们以一种他没有清楚加以解释的方式结合起来。质料(matter)是一种形式。它不是像阿奎那和亚里士多德所说的那样存在于事物内部,具有吸收其他形式的潜能。[55] 实际上,“强调任何事物都有纯粹潜在的存在与强调它存在于行为之中是自相矛盾的”。[56] 基于同样的理由,生命、动物性以及理

---

〔51〕 这似乎是他所作著名论断的含义,“神圣意愿是善因,因此,从上帝希望某事的事实可知,它是善的”。[J. Duns Scotus, *Reportata Parisensia* lib. 1, dist. 48, q. 1, in Opera (Paris, 1893/4), xxii. 512.] See F. Copleston, *A History of Philosophy*, ii, *Medieval Philosophy*, pt. ii: *Albert the Creat to Duns Scotus* (New York, 1962), 270—1. 司各脱不信,道德除去武断的神圣意愿,就没有根基。[E. Bettoni, Duns Scotus: *The Basic Principles of His Philosophy* (Washington, 1961), 160—82; C. R. S. Harris, *Duns Scotus* (New York, 1959), 331—3; A. Wolter, *Duns Scotus on the Will and Morality* (Washington, 1986), 56—7.]

〔52〕 *Reportatio*, lib. 2, q. 15, in *Opera theologica*, v. 353. See Ordinatio, lib. 1, dist. 47, q. 1, in *Opera theological*, iv. 680—5.

〔53〕 J. Duns Scotas, *Opus Oxoniense*, lib. 2, dist. 40, q. 1, No. 3, in *Opera*, xiii. 426. See ibid., lib. 1, dist. 17, q. 3, No. 14, in *Opera* x. 76.

〔54〕 William of Ockham, *Quodlibeta*, ii, q. 14, in *Opera theologica*, ix. 177.

〔55〕 Scotus, *Opus Oxoniense*, lib. 2, dist. 12, q. 1, in *Opera*, xii. 546—74.

〔56〕 Scotus, *Opus Oxoniense*, lib. 2, dist. 12, q. 2, No. 2, in *Opera*, xii. 575.

智都是人的不同形式。[57] 对托马斯来讲,它们以单一的形式结合在一起,因为“理智的”是“动物的”潜能的某种实现,并且“动物的”是活着的潜能的某种实现。对司各脱来说,纯粹根据某种假设确实存在的潜能进行解释,依旧具有描述上的缺陷(vice)。[58] 基于类似理由,司各脱声称智识与意志也是形式,而非像阿奎那认为的那样是不同于人的本质的力量。[59] 他认为,事物之所以是个别的,是因为它们有一种个别化的形式(individuating formality)——“此在”(thisness or haeccitas)——而并非像亚里士多德和阿奎那所认为的那样,是因为它们表现在不同物质中的形式。[60]

如此考虑,一个存在,就像一系列透明的幻灯片相互叠合而组成一幅图画。每一张幻灯片如果没有其他幻灯片的配合便是不完全的。不过,这些幻灯片并非是具有个别不同功能的部分。当人们研究一张长椅的各部分或身体的各个器官时,人们无法认识它们,而那正是亚里士多德和阿奎那采取的方法。

当司各脱讨论合同时,人们可以看出这一差别。跟阿奎那不同,他不是根据所践行的德性或追求的目的来分析合同。他将其分解为一堆不同的概念性要素。这些要素就像其形而上
25 学中的形式。它们不是依据目的或功能来进行定义或解释。举个例子,关于一个物品的所有者为何把它赠与另一个愿意接受它的人,他如是解说:

---

〔57〕 Ibid. ,lib. 4,dist. 11,q. 3,nos. 46—9,in *Opera*,xii. 429—31.

〔58〕 具体而言,他认为,如果标示种属的差异性包含了那些在属中得以表现的特征,则属就是不必要的了,同样的东西可能被说了两次。(Scotus,*supra* n. 55,lib. 4,dist. 11,q. 3,No. 48,in *Opera*,xvii. 430.)

〔59〕 Ibid. ,lib. 2,dist. 16,q. 1,nos. 3—10,in *Opera*,xiii. 24—8.

〔60〕 Ibid. ,lib. 2,dist. 3,q. 6,No. 12,in *Opera*,xii. 134—5.

> 证据便是,既然所有者根据其意思行为而成为所有者,他就可以自愿地放弃所有者地位。另一方当事人愿意接受该物,因此可以成为其所有者。没有什么更高的原因阻止一个人放弃所有者地位,以及另一个人成为物的所有者。据此,通过这样一项赠与,存在一个真实而公正的所有权的转让。[61]

因此,司各脱根据所有和意愿的概念而非慷慨行为的目的分析了赠与。他随后解释,规范赠与的规则不是达到一个目的的手段,而是他所确认的概念性要素的相应结果:

> 由此看到,一项公正的赠与有三个要件:赠与人为另一个人的利益而转让、受赠人接受的意愿,以及赠与人给予和受赠人受领的自由,也就是说,既非这一方也非那一方被更高的法律禁止这样去做……[62]

与此相似,他也没有通过确认这类合同追求的明确目的去解释交换合同。他对赠与定义补充了更多概念性要素,使其得以支撑更多的规则。然而,在像赠与之类的财产转让交易中,"仅仅为了另一个人的利益"(*mere liberalem*),在一项交换中,转让则是"根据对价服务于另一个人之利益的"(*secundum quid liberalem*);[63]这种转让"不仅仅是为了另一个人的利益",而

---

[61] Scotus, *Opus Oxoniense*, lib. 4, dist. 15, q. 2, No. 11, in *Opera*, xviii. 277.

[62] Ibid., lib. 4, dist. 15, q. 2, No. 11, in *Opera*, xviii. 277.

[63] Ibid., lib. 4, dist. 15, q. 2, No. 11, in *Opera*, xviii. 277.

是“转让人期望得到与他转让之物相等的某物”。[64] 因而，“早先提到的关于赠与的条件”必须满足，并且“涉及公平交易的其他条件”（如不存在欺诈和保持对等）也必须满足。[65] 这一分析是概念性的，但不再是目的论的。

奥卡姆的形而上学与此极为不同。个别事物既没有形态意义上的形式也没有实质形式。人们相互模仿更多于对
26 猴子的模仿，但那并非因为所有人都具有的形式。[66] 因此，一个像“人”这样的概念不是这种形式的抽象。它是“一种寻常的或含混的理解”，通过它，“外在于心智的独特事物得到认识”：[67]

> 例如，具有人的含混理解仅仅是具有一种认知，依据这种认知，我们不知道为什么是这个人而不是另一个人，但是，我们的确知道或理解这个人是人而非猴子。这意味着这样的认知，通过某种模仿，让人与人而不是人与猴子之间产生了更多的相似性，但并不使一个人更像这个人而非那个人。[68]

这类概念或认知是一种标志，它“依其本质代表了心智之外的实际事物，或心智内的其他事物，就像口头语言依习惯而

---

〔64〕 Ibid. , lib. 4, dist. 15, q. 2, No. 12, in *Opera*, xviii. 282.

〔65〕 Ibid. , lib. 4, dist. 15, q. 2, No. 13, in *Opera*, xviii. 282—3.

〔66〕 E. Gilson, *History of Christian Philosophy in the Middle Ages*(London, 1972).

〔67〕 William of Ockham, *Expositio super primum librum Perihermenias*, cap. 1, in Traditio 4(1946), 324.

〔68〕 Ibid.

代表它们一样……"[69]

奥卡姆没有说到合同，实际上，很难想象如何从这种形而上学立场对合同提出建议。尽管司各脱的形而上学将概念和它的目的加以分割，但概念被假定为与被他称为形式的事物的可理解方面相关联。一个人可以通过确认合同的可理解方面对合同加以讨论。但在奥卡姆的世界中，概念只是标志，并且它们仅仅指称个别事物以及它们相互之间的相似性或关系。如果那是某人的概念可指称的全部内容，就难以看出他将如何讨论合同。

然而，奥卡姆认为，一个大概包括合同之类事物的"道德论证科学"，可以从无论是"它们自身的"(*per se*)已知原则还是"通过经验"(*per experientiam*)得知的原则中"演绎性地推出结论"。[70] 所谓通过"经验"，他大概是指对独特事物的直接观察以及它们相互关联的方式。他关于通过经验得知原则的例子是，愤怒可以被温言细语安抚。[71] 但是，尽管一个人可以观察温言细语对愤怒者的效果，但很难看出一个人如何能够观察到一个合同的定义、一个允诺的约束力、合同义务的内容或者订立合同的当事人必须知道的知识。或许，这些事情由另一些被称为"它们自身的"原则所规范。依奥卡姆所见，这类原则一旦理解了合同条款便显而易见。[72] 他的例子是"意思应 27
当与正确判断相符合"，"要避免应受指责的邪恶"，[73] 并且

[69] Ibid. 323. See *Summa logicae*, pars 1, cap. 14, in *Opera philosophica*, i. 47—9.

[70] Ockham, supra n. 54, ii, q. 14, in *Opera philosophica*, ix. 177.

[71] William of Ockham, *Quaestiones variae*, q. 6, a. 10, in *Opera philosophica*, viii. . .

[72] William of Ockham, *Scriptum in librum sententiarum ordination*, lib. 1, prolog., q. 1, in*Opera philosophica*, i. 5—6.

[73] Ockham, *supra* n. 54, q. 14.

"好处要给予受益人"。[74] 或许,奥卡姆可以提出更多的例证,如"允诺应予信守"或"交易要求对等"之类的原则。依这些要求,订立合同的方法或许看上去比司各脱的方法更具概念性。但是,如果真实世界是由个别事物组成,而这些原则并非基于对这些个别事物或它们之间的关系的观察,那么人们就想知道这些原则的基础究竟是什么。除了构造原则的人如何选择对合同条款的界定之外,它们似乎什么也没有告诉我们。[75] 奥卡姆的形而上学因此看上去导向休谟(David Hume)所得出的结论,休谟的著作后文将予讨论:道德科学是不可能的,因为经验观察没有道德内容,而定义是武断的。

尽管奥卡姆可能会否认这一结论,但他没有暗示如何找到一个富有特色的关于合同的奥卡姆式方法。杰尔森(Jean Gerson,1363—1429)和比尔(Gabriel Biel,1410—1485)都没有做到这一点,他们被认为是15世纪奥卡姆创立的唯名论哲学运动最著名的代表人物。[76] 值得注意的是,他们关于合同的简

---

〔74〕 William of Ockham, *Quaestiones variae*, q. 6, a. 10. in *Opera theological*, viii. 281—2.

〔75〕 奥卡姆不认为这些定义都是武断的。尽管概念是代表个体的符号,但它们是自然的符号,并因此在它们之中存在一个自然而非武断的秩序。在这个意义上,如勒夫(Leff)所说,奥卡姆并没有给出"一般概念的纯粹心理学解释"。[G. Leff, *Medieval Thought: St Augustine to Ackham*(Baltimore 1958),284.]当然,如某些学者那样断言奥卡姆认为道德秩序可以没有任何哲学根基,那是不对的。[e. g. A. Ghisalberti, *Guglielmo di Ockham*(Milan,1972),226.]另外,也不能像弗雷佩特(Freppert)那样认为,奥卡姆原封不动地保留了建立在正确推理和自然回报基础之上的自然伦理学,并将立基于爱的更高级的基督道德观加诸其上。[L. Freppert, *The Basis of Morality According to William Ockham*(Chicago,1988),171—81]如果概念被说成是单纯的符号,并且道德原则和现实之间的关系变得如此神秘,那么自然伦理学就很难保持原封不动。

〔76〕 当问及杰尔森是否唯名论者时,吉尔森(Gilson)承认,"十四五世纪的唯名论者通常声称自己是其中一员"。(Gilson, *supra* n. 66, pp. 528—9.)他也不怀疑唯名论深深影响了杰尔森的观点。On Gerson's nominalism, See H. Oberman, *The Harvest of Medieval Theology Gabriel Biel and Late Medieval Nominalism*(Cambridge, Mass., 1963), 332—3.

短讨论几乎与奥卡姆或他的哲学无关。他们都大量引用司各脱的观点。比尔补充了一些来自阿奎那和他自己关于金钱价值与君主变更权的思想。[77] 杰尔森补充了一些立法者对合同 28
订立中的滥用行为给予救济之能力的看法。[78] 奥卡姆的思想对于合同的研究方法没有什么影响,即使是对深受其著作影响的人而言也是如此。

原因不仅仅在于奥卡姆的思想难以适用于合同,而是14、15世纪阿奎那、司各脱以及奥卡姆的支持者没有表明,它们更宏大的哲学思想(观念)如何能够被适用于道德哲学的具体问题,从而来参加竞争。他们在神学和形而上学的上层领域战斗。他们对合同之类事情只是表现出匆匆一瞥的兴趣,这一兴趣是实践性的,他们的著作也缺乏理论意蕴。

例如,多明我会修士弗洛伦斯(Antominus of Florence, 1389—1459)对商业交易中产生的伦理问题就抱有强烈的实践兴趣。他是一个大型商业城市的主教,并且是欧洲最富有的银行家柯西莫·美第奇(Cosimo de' Medici)的告解神父。他对于合同研究的理论贡献平平无奇。他在合同分类方面依循

---

〔77〕 比尔采纳了司各脱的定义以及他关于所有权人赠与权利和规范赠与的规则的说明。和阿奎那一样,他随后把交换描述为交换正义的行为,并称出售货物在物质(substance)、数量或质量方面的瑕疵违反了交换正义。(G. Biel, *Collectorium circa quattuor sententiarum libros*, lib. 4, dist,. 15, q. 2.)在解释公平价格方面他使用了司各脱和阿奎那的观点。(Ibid., q. 10.)关于他对金钱价值的评论,参见上注第9页。

〔78〕 在他论合同的简短论文(short treatise)中,杰尔森以与司各脱几乎同样的方式对合同加以定义。[J. Gerson, *De contractibus*, nos. 1—4, in *Oeuvres complètes* (Paris, 1973), ix. 386—8]。这些评论之后伴随着关于高利贷的长篇大论。相反,《神学与教会法大全》(*Summa theologica et canonica*)中关于缔约过程中实施的非正义的讨论,帮助杰尔森以相同顺序思考阿奎那在《神学大全》(*Summa theologica*)中处理的同样问题,并得出了相同的结论。("de sacramento poenitentiae", qq. 9—11)关于他对立法者矫正滥用行为的能力的评论,参见 *De contractibus*, nos. 9—12, in *Oeuvres*, ix. 390—2。

司各脱,[79] 在讨论公平价格和欺诈的后果时则依循阿奎那。[80] 他引证了罗马法,却没有把它与阿奎那和司各脱的观点整合起来。对于如何确定价格,以及为何一个人尽管可以拒绝出卖但不能以不公平的价格出卖物品,他作出了一些有见地的评论。[81]

一个实际利益也激发了那些写手册帮助牧师处理道德问题(特别是告解问题)的神学家。其中最有影响者便是伟大的教会法学家、与托马斯·阿奎那同时代的人物圣雷蒙[Raymond of Penafort(d. 1275)],其著作为 *Summa poenitentia*。由于道德问题用法律语言加以思考,这一著作大量利用了罗马法和
29 教会法。随后多明我会修士约翰[John of Freiburg(d. 1314)]写了一本《告解大全》(*Summa confessorum*),其中吸收了圣雷蒙和阿奎那的思想。类似的著作出现在随后的两个世纪里,每一本都模仿了前人:多明我会修士皮萨诺[Franciscan Pisano(d. 1347)]的 *Summa Pisana*,方济各会修士加莱蒂[Angelo Carletti(d. 1495)]的 *Summa Angelica*,方济各会修士塞勒[Baptiste de Sale(d. 1496)]的 *Summa Roselle*,多明我会修士普里耶里奥[Sylvestro da Prierio(d. 1523)]的 *Summa Sylvestrina*。这些著作不是为探讨理论问题而写,而是为了以浅显的形式表述神学和法律以满足实践需要。这些著作的作者将阿奎那(或者说对于加莱蒂是阿奎那,其他人则是司各脱)的观点与罗马法和教会法放在一起,并不试图对它们加以综合。例如,他们讨论买卖时,首先给买卖下一个技术性的法律定义,处理某些技术性

---

〔79〕 Antoninus of Florence, *Summa theologica*(Verona, 1740), pars 3, tit. 8, cap. 2.

〔80〕 Ibid., pars 2, tit. I, caps. 16—17.

〔81〕 Ibid., pars 2, tit. I, cap. 16.

的法律问题，然后改述阿奎那（或者司各脱）关于交易对等、出卖物品的瑕疵以及告知义务的理论，最后转向更加技术性的法律问题。〔82〕哲学家们和神学家们没有在综合方面进行认真的尝试，直到16世纪后期经院哲学家发起阿奎那复兴运动为止。

---

〔82〕 John of Freiburg, *Summa confessorum*, tit. 8, qq. 7—20; Bartholomaeus de Pisis, *Summa pisana*, "emptio", fos. 92^{v}—94^{v}; Angelus Clavasius, *Summa angelica*, "emptio", fos. 255^{v}—265^{v}; Baptista Trovamala de Salis, *Summa roselle*, "emptio", fos. 74^{r}—76^{r}; Sylvester Prierias, *Summa sylvestrina*, fos. 246^{v}—251^{v}. 导向"合同"（contractus）、"赠与"（donatio）和"协议"（pactum）的通道源自 *Summa pisana*（fos. 45^{v}; 78^{v}—80^{r}; 234^{v}）以及 *Summa roselle*（fos. 47^{r}; 58^{v}—62^{v}; 179^{v}）中的罗马法和教会法，就如同"合同"（contractus）、"赠与"（donatio）源自 *Summa angelica*（fos. 169^{v}—170^{v}; 215^{v}—226^{r}）中的罗马法和教会法一样。但是，在处理"简约"（pactum）方面，*Summa angelica* 在讨论罗马法和教会法中协议何时具有约束力时，把它和包括阿奎那在内的神学家们关于协议在良知（conscience）上何时具有约束力的意见放在一起（fos. 613^{r}—616^{v}）。*Summa sylvestrina*（fos. 207^{r}—209^{v}）同样是这样做的，它也将合同的罗马法分类以及更为哲学化的定义（"contract", fos. 159^{r}—159^{v}）和神学家与法学家们关于赠与的看法（"donatio", fos. 207^{r}—216^{v}）放在一起。但是，这些看法被逐个放在一起，没有真正尝试进行任何形式的综合。

第三章　罗马法和中世纪法学家

30 尽管亚里士多德哲学和罗马法在中世纪的大学里得到深入研究，中世纪法学家还是没能综合这些知识传统。不过，他们以易于综合的方式（这种综合最终由后期经院哲学家实现）解释了某些罗马法文本——我们将会看到，由于他们熟知亚里士多德和阿奎那的观点，他们常常那样去做，并从罗马法的文本中解读这些哲学家的观点。

亚里士多德和中世纪法学家

罗马法的整理

欧洲中世纪的罗马法研究建立在《民法大全》（*Corpus iuris civlis*，公元6世纪由优士丁尼皇帝对罗马法文本所做的编纂）研究基础上。现代学者认识到，这些文本是在很长的时期内由反映不同需要、不同哲学思潮以及不同社会政治环境的不同观点形成的。但是,在这里,这些历史影响对我们不重要,因为中世纪的法学家对它们并无涉及。对他们而言,这些文本是一个同时有效的整体。每一个文本的意义要在相互参引的基础上作出解释。

罗马法文本自身表明了和我们在亚里士多德和阿奎那那里所见不同的方法和关注点。毫无疑问,希腊哲学以多种方式影响了罗马法。然而,罗马法学家并不像希腊哲学家那样写作。法学家更热衷于具体原则,对找寻终极原理则不太感兴趣。正如人们常说的那样,罗马人没有合同理论或一般性的合同法。[1] 他们有具体的合同,如买卖、租赁、质押(pledge)和合伙的法律,每一种合同都有特别(*ad hoc*)制定的具体规则。 31
他们并不试图以任何一般性的或系统的方式去解释这些合同为何有现在这样的规则,或者所有合同具有的共同特征是什么。

他们对合同法的组织,在他们所做组织的限度内,只是在一个方面与亚里士多德和阿奎那的方法相似。罗马法学家盖尤士(Gaius)对合同与私犯(delict)之间的区分,与这些哲学家对自愿和不自愿的交换正义之间的区分极为相似。依盖尤士的看法,债产生于合同(*ex contractu*)、私犯(*ex delictu*)、合同和私犯的类似物(*quasi ex contractu and quasi ex delictu*——准合同和准私犯)。[2] 依某些现代学者的看法,原因在于盖尤士直接

〔1〕 e. g. A. Watson, *The Law of the Ancient Romans* (Dallas, 1970), 58; W. W. Buckland, A. D. McNair, and F. H. Lawson, *Roman Aaw and Common Law*, 2nd edn. (Cambridge, 1952), 265; H. Coing, Europäisches Privatrecht, i, *Älteres Gemeines Recht* (1500 bis 1800) (Munich, 1985), 398.

〔2〕 I. 3. 13. 2.

或间接借鉴了亚里士多德的思想。[3] 他是第一个一般性地谈论合同和私犯的罗马人,而不是谈论我们所称的具体合同和私犯。就如他从亚里士多德那里借鉴了其他一些思想一样,他也可能借鉴了这一区分。

无论如何,这种相似性不会太多。盖尤士立刻转向了具体的罗马法合同,关于它们何时具有约束力,他按照罗马法规则进行分类。买卖、租赁、合伙和委任(*mandatum*,一种无偿代理)因当事人的同意而有约束力,基于这一理由,他将它们分类为合意合同(contracts *consensu* or consensual contracts)。无息借款、寄托以及质押在出借、寄存和质押的物(*res*)交付后产生约束力,因此他将它们归类为要物合同(contract *re* or real contract)。其他合同在完成规定的形式后具有约束力,盖尤士按形式的属性将其归类为口头合同(*verbis*)或书面合同(*literis*)。[4] 口头合同以一种称为要式口约(*stipulatio*)的形式订立,在这种形式中一方当事人问另一方当事人:"你同意如此如此吗?"答曰:"我同意如此如此。"书面合同通过记入账本而订立。不属于这些合同的合同被称为"无名合同",在当事人一方履行之前并无法律约束力。互易合同就是这样的例子。[5]

32 在对合同的这种一般性的评论中,盖尤士完全没有提到允

---

[3] Coing,"Zum Einfluβ der Philosophie des Aristoteles auf die Entwicklung des römischen Rechts", *Zeitschrift der Savigny-Stiftung für Rechtsgeschichter*, Rom. Abt. 69 (1952),24 at 37—8;M. Kaser,*Das Römische Privatrecht*,2nd edn. (Munich,1971),i. 522.

[4] I. 3. 13. 2. See Kaser,*supra* n. 3,i. 524—7.

[5] Ibid. i. 522—83. 关于罗马合同法的一般讨论,参见 Watson,*supra* n. 1,58—75; W. W. Buckland,*A Manual of Roman Law* (Cambridge,1953),247—71; M. Kaser, *Roman Private Law*,trans. R. Dannenbring(Durban,1965),162—208。

诺,更别说忠诚的德性了。他提到了同意,但仅仅是将其作为某种具体类型合同的有效条件。他关于合同的分类超越了亚里士多德和阿奎那关于交换正义和慷慨之间的区分。互易在亚里士多德的术语表中,是有关交换正义的行为,但它是一个无名合同,在一方当事人履行前并无法律约束力。委任是无偿的,但在同意后即具有约束力。要式口约可以使任何合同具有约束力,不论无偿还是有偿。

这种差别不在于亚里士多德和阿奎那使用的概念对于罗马人来说是完全陌生的。毋宁说这些哲学家对有助于建构理论的概念更多关注。罗马人对于这种理论建构没有兴趣,而着眼于分析具体的法律问题。经常可以看到,吸引亚里士多德和阿奎那注意的如此普遍性的原理未被罗马人以任何一般形式加以表述,仅仅是因为它们显而易见。有时,当罗马法文本中提到这些原理时,它们只是将其视作有趣的看法,而非将其作为分析的起点。

例如,罗马人知道,当事人可以通过允诺和表示同意而使自己承担合同义务。它们强制执行一种叫允诺(*pollicitatio*)的东西,依这种允诺,一个人承担支持公共事业的义务或因他所接受的荣誉而为市镇无偿做某种事情。[6] 一个罗马文本评论说,一个允诺仅仅是当事人一方的同意,以此区别于简约或协议(*pactus* or agreement),后者是双方当事人共同的同意。[7] 另一个文本说,简约(*pactus*)是两个或多个当事人对同一件事情的同意。[8] 还有一个文本说每一个合同,包括要物合同和

---

[6] See Kaser, *supra*, n. 3, i. 604.

[7] D. 50. 12. 3.

[8] D. 2. 14. 1.

书面合同都要求一致同意。[9] 尽管罗马人提到了同意、允诺以及一致同意,但是并不用这些概念解释一个合同一般在何时具有约束力。与此类似,他们认识到错误、欺诈和胁迫可用作抗辩,但并没有依据构成同意的更大概念来解释它们。在《民法大全》中,错误作为买卖法中的特殊问题被含混地加以了讨论,欺诈在有关诈欺之诉(*actio de dolo*)中加以讨论,胁迫在胁迫原因之诉(*actio metus causa*)中加以讨论。

类似地,罗马人区分了无偿和有偿合同(onerous contract)、
33 赠与和交换。关于一项赠与允诺何时具有约束力,他们有专门规则进行规定。比如,在后期罗马法中,这种允诺可以通过采取一种叫作登记(*insinuatio*)的特殊形式而具有约束力,其中允诺被正式登记。[10] 但他们没有以讨论慷慨的德性或别的形式解释这些特殊规则。又如,后期罗马法对不等价交换情形给予救济。以低于公平价格一半的价格出售土地的人可以要求要么撤销买卖,要么买方支付不足公平价格的部分款项。[11] 但是,罗马人没有依据交换正义的德性或等价交换的原理解释这一救济。

初遇亚里士多德

中世纪的罗马法研究开始于大约1100年,一个名叫伊尔内留斯(Irnerius)的人在波伦亚开始讲授《民法大全》。法史学家称伊尔内留斯及其后继者为"注释法学派",他们在罗马法文本页边写下对罗马法的按语或注解。最后,或许是最伟大的

---

〔9〕 D. 2. 14. 1. 3.

〔10〕 See Kaser, *supra*, n. 3, II. 81; Buckland, supra, n. 5, p. 52.

〔11〕 C. 4. 44. 2.

注释法学家——阿佐(Azo)和阿库修斯(Accursius)——在13世纪早期开始著述。阿库修斯对《民法大全》写了标准注释或注释指南(glossa ordinaria),那是一个超过10万条个别注释的巨大注释汇编。部分因为阿库修斯的注释对后世法学家的巨大影响,注释法学家的时代一般被认为终止于阿库修斯。那些从13世纪中期之后写作的法学家被认为属于一个新的学派,即"后注释法学派"或"评注法学派"。

尽管亚里士多德关于逻辑学的著作在西方早已为人所知并被注释法学家广泛使用,[12]他的形而上学、物理学、政治学以及伦理学著作只是在12世纪晚期及13世纪早期才可资利用。[13]《尼各马可伦理学》的片断在1200年前被译为拉丁语,全本翻译则要等到13世纪40年代。[14]新近获得的亚里士多德著作在神学圈子里引起了一场风暴。然而,法学家并没有立即利用它们。在13世纪早期教会法手稿中有《尼各马可伦理学》的一些引用。[15]甚至包括阿库修斯在内的注释法学家,似 34

〔12〕 关于注释法学家对逻辑和辩证法的使用。参见 Genzmer,"Die iustinianische Kodifikation und die Glossatoren",*Atti del Congresso Internationale di Diritto Romano*,Bologna and Rome,17—27 April 1933(Pavia,1934),i. 345 at 380—8,397—403;Brugi,"Il Metodo dei Glossatori Bolognesi",*Studi in Onore di Salvatore Riccobono nel XL Anno del suo Insegnamento*(Palermo,1936;repr. Aalen,1974),i. 21。

〔13〕 F. Van Steenberghen,*Aristotle in the West*(Louvain,1955),62—3,93—4.

〔14〕 F. Van Steenberghen,*Aristotle in the West*(Louvain,1955),93—4.

〔15〕 S. Kuttner,*Repertorium der K anonistik*(1140—1234)(Vatican City,1937),36(in an early 13th—c. French manuscript),and S. Kuttner,*Kanonistische Schuldlehre von Gratian bis auf die Dekretalen Gregors IX*(Vatican City,1935),49(by Laurentius in an early 13th—c, manuscript).

乎没有一个人了解这一新出现的亚里士多德的学问。[16] 对物理学的引用出现在阿库修斯的一些注释手稿中,但它几乎肯定是后来加上去的。[17] 注释法学家偶尔提及的亚里士多德原理来自他的逻辑学著作,或者是从波伊提乌(Boethius)来的二手货。例如,阿佐和阿库修斯知道,当改变一个事物的附质时,它仍然是原来的事物,但改变其"物质"(substance)时它就不是原来之物了。他们由亚里士多德知道谓项有十个"种类":"物质"和九种附质。正如康托罗维茨(Kantorowicz)所述,他们了解的只是被波伊提乌"小看了"的亚里士多德的形式因、目的因、动力因和质料因,他们对它们的使用也是不严格的、含混不清的。[18] 我们很快就会看到是如何含混不清的例证。

新近获得的亚里士多德著作的影响,在信守教皇绝对权力主义的法学家雅科布斯(Jacbus de Ravanis,1296)和佩特鲁斯(Petrus de Bellapertica,1308)的论著中能够首次清楚地看到。

---

〔16〕 See Otto,"Die Aristoteleszitate in der Glosse",*Zeitschrift der Savigny-Stiftung für Rechtsgeschichte*,Rom. Abt. 85(1968),368;Horn,"Philosophie in der Jurisprudenz der Kommontatoren:Baldus philosophus",*Ius Commune*,1(1967),104 at 131;Brugi,"Della interpretatione della legge al sistema del diritto",in *Per la storia della giurisprudenza della università italiane:Nuovi saggi*(Turin,1921),15 at 26—7.

〔17〕 对《物理学》第 8 卷的引用,见于对 I. 2. 1. 28 的注释,在其实质上(*in sua substantia*)。兰兹贝里(Landsberg)尽管相信新出现的亚里士多德全集对阿库修斯没有什么影响,他还是假定那是真实的。[E. Landsberg,*Die Glosse des Accursius und ihre Lhre von Eigenthum*(Leipzig,1883),34.]无论是布鲁戈(*supra* n. 16,p. 26)还是奥特(*supra* n. 16,p. 373)都不认为阿库修斯曾写过这一点,阿库修斯著作早先的出版编辑也同样持否定看法,他在页边写道:"Istam glossam non credo esse Accursii quia non reperitur in antiques originalibus nec de ea doctores aliquam faciunt mentionem."我查看了梵蒂冈图书馆中的一些原稿,发现在 Vat. Lat. 1433(14rb)有对《物理学》的引用。该引用在 Barb. 1441(10rb),Barb. 1441(10ra),Ross. 584(13vb),Vat. Lat. 1431(17va),Vat. Lat. 1432(17rb),Vat. Lat. 1434(12va)以及 Vat. Lat. 1436(17va)中不见了。

〔18〕 H. Kantorowicz and W. W. Buckland,*Studies in the Glossators of the Roman Law*(Cambridge,1938),41.

他们在奥尔良授课,并因其卓越和反偶像崇拜论而引起注意。在他们著述时,新出现的亚里士多德学问在其中心巴黎正由文科学生、神职人员,特别是多明我会阶层的成员展开研究——后者产生了两位伟大的亚里士多德研究的先驱:伟大的大阿尔伯特和托马斯·阿奎那。在到达法律研究中心波伦亚之前,新的学问到达奥尔良,这并不让人吃惊。不仅在于奥尔良离巴黎更近,而且那里和波伦亚不同,包括雅科布斯和佩特鲁斯在内的教授都是教会中人。[19] 那里由多明我会修士教授神学。雅 35
科布斯和他们辩论,有时也引用他们的观点。[20] 而且,跟波伦亚不同,在奥尔良,学生从事法律研究之前必须先取得文科学位。[21]

不过,认为教皇绝对权力主义者在亚里士多德哲学基础上开创了一个新的法律方法,甚或认真地将该哲学适用于具体的法律问题,将是一个错误。一些波伦亚法学家的指责可能让人认为他们是那样做的。14 世纪的法学家阿尔贝利库斯(Albericus de Rosate)通过记录这个世纪早期另一个法学家里卡杜斯(Richardus Malumbra)的指责,开始了他自己对《学说汇纂》(Digest)的评论:

> [里卡杜斯]嘲笑他同时代的某些博士们(Doctors),他们试图处理我们科学的一个三段论的、诡辩的和辩证法的方面……[这个方面]具有教皇绝对权

---

〔19〕 E. M. Meijers, *études d' histoire du droit*, *iii*, *Le Droit romain au moyen age* (Leiden, 1959), 113.

〔20〕 Ibid. 25, n. 93; 59, n. 223.

〔21〕 Ibid. 114.

力主义博士们的渊源,他们中的大多数在许多事情上深奥多于有用,尽管他们中的一些人很优秀且学识渊博。在我们的科学中,当问题在于改变某些人的脑筋时,以类似方式用三段论去讨论构成物和形式、物质和附质(about formed and form, substance and accident),我相信,还没有被很好地建立起来。依循这一方法的我们的先辈和博士们也是如此。他们从和其讨论的问题关系密切的我们的法律中引用证据进行论证。我不是说,一个人不能或少或多,或者从相反意义上,且以我们法律许可的别的方式进行论证,我们鼓励每一个人遵守法律。但是他们追随我们老一辈法学家、先辈以及博士们的足迹,信守文本和注释以及许多令人尊敬的博士们的观点。他们没有求助于假想事实或者使论证如此富有逻辑性和诡辩性,以致除了表象外别无真实可言。这也不是我们现代博士们以及支持者的唯一的恶。实际上,这一病态业已潜入神学之中,因为现代的说教者抛弃了神圣的《圣经》人物、哲学家、诗人和神奇的传说……〔22〕

---

〔22〕 "Ipse enim irridebat aliquos Doctores contemporaneous suos, qui studebant tradere scientiam nostrum silogistico, sophistico, et dialectico modo: et dicebat considerari debere, quod scientia nostra tradi non debet hoc modo... [Hoc modo] originem habuit a Doctoribus ultramontanis, qui in multis plus eorum aliqui fuerunt subtiles, quam utiles, et aliqui magnae excellentiae, et scientiae. Arguere enim in scientia nostra ad decapitationem alicuius de formato, et forma, de substantia, et accidenti, et similibus modis et argumentis silogisticis non crederem bene tutum, nrc hunc stilum secuti sunt patres, et Doctores nostril antique Iohannes qui satis fuit subtilis. Azo. Bulgarus. Martinus. Odofredus. Nec alii, sed arguerunt ex testibus legume nostrarum vicinis ad materiam, de qua agabatur: non dico, quod non posit argui a minori ad maius a

这样,里卡杜斯批评教皇绝对权力主义者抛弃了传统的法 36
律方法,而且具体地争辩亚里士多德的哲学术语——“构成物”和“形式”、“物质”和“附质”。有人可能首先想到他在指责对新的亚里士多德学问的热衷,在新方法中得以反映的热衷。实际上,在讲述了雅科布斯和多明我会修士的一个争论之后,14 世纪法学家希鲁斯(Cinus de pistoia)称他不仅仅是一个“哲学家”——法学家有时用来自称的一个术语——[23]而且是“所有哲学的大师”。[24]

但事实上,尽管教皇绝对权力主义者在波伦亚人以及奥尔良熟悉这一新学问的学生看来是研究哲学的,但他们看上去一定是传统法律研究带刺的(prickly)的辩护者。相比于希鲁斯和多明我会修士之间的争论可能对他们具有不同的印象。它关系到一个长期困扰道德哲学家的假想问题:如果一个人的父亲和他的儿子都处于饥饿之中,他只有一片面包,可以救他们中一个人的命,但不能同时救他们两个人的命,他应该把面包给谁呢?多明我会修士说,应该给儿子,因为“爱不是向上而是向下的”。雅科布斯回答,罗马法允许一个饥饿的父亲将他

---

contrario sensu etmodis aliis, qui in iure nostro approbati reperiuntur, ex quo hortor quoscunque studiosus iuris nostril, quod sequantur vestigial iurisconsultorum, et Doctorum nostrum antiquorum, inherendo text[um] et gloss[am] et opinionibus Doctorum magis approbatis, et se non convertant ad fabulas nec argumenta si logistica, et sophistica, ex quibus veritas non habetur, sed sola apparentia. Necistud est solum vitium nostrorum doctorum et advocatorum modernorum. Imo etiam iste morbus irrepsit in scientia ehrologiae quia predicators moderni relictis sacris scriptures ad figures, philosophos, poetas, et fabulas se convertunt..." Albericus de Rosate, *Commentaria*, Proemium.

〔23〕 D. 50. 5. 8. 4 说:“确实,真正的哲学家蔑视金钱。”(Etenim vere philosophantes pecuniam contemnunt.)法学家们把该文本运用于自身,例如阿库修斯在对 D. 1. 1. 1. 1 的注释中添加了“罗马法和教会法中的哲学家和哲学”:*Archives d' histoire doctrinale et littéraire du moyen age*, 29(1954), 135。

〔24〕 Cinus de Pistoia, In *Codicem Commentaria* to C. 4. 43. 2, No. 6.

儿子卖身为奴以拯救自己的生命,因此这个父亲有权从他儿子的儿子那里拿走面包,把面包给这人的儿子是不对的。[25] 雅科布斯看上去不是接受哲学的重要性,而是主张法律的重要性。

在讨论阿库修斯注释中对正义的定义(取自西塞罗之类的非法律资源)时,他所做评论中有一个类似的辩解。"在注释中我们有很多关于正义的定义。如果你想成为一个说教者的
37 话,你可以采纳另一个定义"。[26] 很明显,说教者有很好的理由从诗人和哲学家那里收集观点,但法学家得坚守法律文本。

佩特鲁斯同样不太热衷文科(*artistas*)知识,很多学习文科的学生转到奥尔良学习法律。

> [他们]来自巴黎并试图证明他们是聪明的。去年他们中有一个人对我说,这门科学(法律)使他变得愚蠢。我说,如果他开始的时候是聪明的话,这门科学不使任何人变得愚蠢。但是当这些人刚来的时候,他们不相信有什么东西要超出他们文科学习之外去理解。我说,是他们认为没有什么可学使他们变得愚蠢。因此,他们不应当握着拳头来学习这门科学。首先倾听某些东西会更好些。[27]

---

〔25〕 这个故事是针对 C. 4. 43. 2 的规定由雅科布斯在 *Lectura supra Codice* 中和希鲁斯在 *Codicem Commentaria*(No. 6)中讲到的。

〔26〕 "multas diffinitiones justitiae habemus in glossa. Potes aliam ponere, si vis esse predicator": Iacobus de Ravanis, *Super Institutionibus commentaria* to I. 1. 1. 1.

〔27〕 "[Artistae] veniunt de parisius et faciunt se subtiles. Quidam dixit mihi anno praeterito quod ista scientia reddiderat ipsum rudem. Dico ista sientia non facit aliquem rudem: si ante subtilis fuit. Sed quando primo veniunt non credunt quod alius sit intellectus nisi secundum corticem literae. Dico quod aliquantulum facit ipsum rudem. Ideo ne ad istam scientiam illatis minibus veniant: melius est antea aliquid audire." (Petrus de Bellapertica, Lectura Institutionum to I. 1. 1. 1.)

而且,如梅耶尔(Meijers)注意到的那样,他们的方法和注释法学派不同,主要在于更为深奥,充满着精细的区分,并且和法律文本很少有相似之处。[28] 当斯泰因(Stein)一般性提到后注释法学派时,他说道,"他们的评注满是严格的区分,他们用其建造评注的哥特式大厦"。[29] 如果他们是雕塑家的话,人们可以称其样式是希腊式的。他们的文本易于适应不同情形,并且表现出几乎是让人眼花缭乱的技术性。极有可能的是,里卡杜斯对复杂性和技术性的增加极为恼火,反对亚里士多德的词汇,不是因为它是哲学性的,而是因为它是那些他认为过分聪明的人对学问的另一种卖弄。因此,他反对他们的逻辑链条让他们脱离文本太远。他和他所处时代的对比富有启发性。它使人想起但丁对那些为了使自己被认为巧妙而非常富于想象力的说教者的指责,[30] 以及圣凯瑟琳(St Catherine of Siena)对 38 那些说教是"为了取悦他人和听来动人"而非荣耀上帝的人的批评。[31]

有时,雅科布斯和佩特鲁斯也确实利用了新的亚里士多德

---

〔28〕 Meijers, *supra* n. 19, pp. 111—12. 舍夫里耶(Chevrier)也得出了类似的结论。"Sur l' art de l' argumentation chez quelques Romanistesmédiévaux au XIIe et au XIIIe siécle", *Archives de philosophie du droit*, 11(1966), 115 at 140—5; Feenstra, "L' Influence de l' enseignement du droit romain à Orléans sur les nations étrangères", *Actes du congrès sur l' ancienne Université d' Orléans* [XIIIe _ XVIIIe siécle, (Orléans, 6—7 May 1961) (Orleans, 1962], 45, 52.

〔29〕 P. Stein, *Regulae Iuris: From Juristic Rules to Legal Maxims* (Edinburgh, 1966), 153.

〔30〕 "Per apparer ciascun s' ingegna e face | sue invenzioni; e quelle son trascorse | da predicanti e' l Vangelio sit ace." [Dante Alighieri, *La divinia commedia*, C. H. Grandgent edn. (Cambridge, Mass., 1972), Paradisio xxix. 94—6.]

〔31〕 "Le loro predicazioni sono fatte più a piacere degli uomini, e per dilettare le orecchie loro, che ad onor di me[i. e. God]." [N. Tommaseo, *Le lettere di Santa Caterina* (Rome, 1860), p. lxxviii.]

学问。在像奥尔良那样的环境中,他们对它感兴趣并同时为自己的法律训练价值进行辩护并不让人讶异。例如,雅科布斯讨论质料的、形式的、目的的和动力的法律原因。[32] 佩特鲁斯利用了“巴黎学派”(Parisian)的观点——大概取自《尼各马可伦理学》——认为伦理学与法律有着相同的主题、人物,以及“人在订立合同和实施不法行为的意义上是国家的一部分”。[33] 在这些例子里,他们可能发觉亚里士多德的某种一般性言论很有用,或者如里卡杜斯怀疑的那样,他们可能仅仅是为了卖弄学识。他们并不把亚里士多德认真用于原则性问题。事实上,当我们检视他们的合同法论著时,我们很难找到一个他们的洞见似乎受到亚里士多德启发的例子。

14 世纪早期意大利法学家对亚里士多德的利用似乎也同样漫不经心,但这里不准备系统论述这一观点。正如很久以来就被认识到的那样,希鲁斯的著作与教皇绝对权力主义者很相像。希鲁斯失传的一个评论被多门西奥·马菲(Domencio Maffei)重新发现,它表明希鲁斯比原来认为的那样更有原创性,如果其中有对亚里士多德的任何直接引用的话,也是极少的。[34] 人们可以在雅科布斯、奥拉杜斯(Olradus de Ponte)以及阿尔贝利库斯等人同主题的著作中找到对亚里士多德的四个原因以及物质和附质之间区别之类观念的引用。[35] 这些利

---

〔32〕 Iacobus de Ravanis, Super Institutionibus commentaria under “Quaeritur primo” before the Proemium, nos. 1, 8.

〔33〕 Petrus de Bellapertica, Lectura Institutionum(to rubric No. 23).

〔34〕 D. Maffei, *La “Lectura super Digesto veteri’ di Cino da Pistoia Studio sui Mss Savigny* 22 E Urb. Lat. 172”(Milan, 1963), 34, n. 98.

〔35〕 e. g. Albericus de Rosate, *Commentaria in primam Digesti veteris partem, Proemium*(on the subject of iustitia civilis according to Aristotle and on the four causes of *scientia legalis*).

用似乎是偶尔为之的,并且没有对法律学说构成重大修正。

相反,我们将看到,两个伟大的中世纪法学家——希鲁斯 39
的学生巴尔多鲁(Bartolus de Saxoferrato,1357)以及巴尔多鲁的学生巴尔杜斯(Baldus de Ubaldis,1400)做了非常认真的努力,将亚里士多德的学说用于分析合同法问题。他们并不像16世纪的后期经院哲学家那样试图将亚里士多德的哲学和罗马法进行综合。像他们的前人一样,他们的目的是相互参引理解罗马法文本,他们的方法也一如其旧。然而,他们非常理解亚里士多德的哲学,并相信它。当他们看到罗马法合同问题时,就倾向于参看亚里士多德的回答。

巴尔杜斯这样做一点都不令人吃惊。他把道德哲学看作“法律之母”。[36] 他对亚里士多德哲学的兴趣是众所周知的。[37] 霍恩(Norbert Horn)统计了巴尔杜斯对非法律权威的直接引用,发现关于亚里士多德的引用有103处、西塞罗有17处、圣奥古斯丁有6处、大阿尔伯特有4处、柏拉图有2处。[38] 对直接来自亚里士多德传统的作者(亚里士多德、大阿尔伯特、托马斯·阿奎那)的大比例引用,是巴尔杜斯对这一传统的重要性认识的某种暗示。一个更好的暗示是,人们翻看他的评论,每两三页就会看到对亚里士多德哲学词汇的使用。

巴尔多鲁对亚里士多德的兴趣则存在较大争论。他的学问大大超出法学领域。在20岁获得法学博士学位后,他花了

---

〔36〕 [philosophia moralia]... est legume mater et ianua. "(Baldus de Ubaldis, *Commentaria* to D. 1. 1. 1. 2.) Similarly," ius nostrum applicat sibi totam moralem philosophiam." (Ibid., under rubic to D. 1. 1. 1, No. 21.)

〔37〕 e. g. Horn, *supra* n. 16, at 124, 134; Ullmann, "Baldus" Conception of law, *Law Quarterly Review*, 58(1942), 386 at 387.

〔38〕 Horn, *supra* n. 16, p. 110.

很多年用于阅读和研究。[39] 最后他的藏书除了 30 卷法律书外,还有 34 卷神学书籍。[40] 他毫无疑问熟悉亚里士多德的著
40 作,他把亚里士多德称为哲学中的最高权威。[41] 但是,当乌尔夫(C. N. S. Woolf)对路易吉·齐亚佩里(Luigi Chiapelli)的较早结论提出异议时,亚里士多德对巴尔多鲁的影响从 1913 年开始受到质疑。[42] 乌尔夫质疑说,巴尔多鲁既非对亚里士多德有深刻研究之人,也未受其政治思想的深刻影响。但是,乌尔夫的证据是巴尔多鲁不断引用罗马法而较少引用亚里士多德。[43] 更新且更加持中的看法是迭戈·夸里欧尼(Diego

〔39〕 Bartolus de Saxoferrato to Prima consitutio(Omnem, § Haec autem tria), p. 13, § 2, Dig. Vet. Pt. 1.

〔40〕 F. C. von Savigny, *Geschichte des Römischen Rechts in Mittelalter*, 2nd edn. (Heidelberg, 1850; repr. Homburg, 1961), vi. 152. 萨维尼引用蒂普洛瓦塔西(Diplovatacius)所述,巴尔杜斯存有 54 本书,其中 30 本为私法和教会法著作,34 本是神学著作。如萨维尼也已注意到的那样,这些数据中有一个是错误的。

〔41〕 谈及各种类型的权威,巴尔杜斯说道:"Quaedam sunt scripturae quae procedunt disponendo et deteminando, non enunciando, et in his advertendum quid servant studia. Quaedam nota scripturae, tanquam authenticate in studiis reputantur, ut dicta Aristotlelia, et Hippocratis et similium, quae tanquam scripturae authenticate in studiis servantur, et istis est standum... Quaedam sunt scripturae quae a studiis non approbantur, nisi probentur per rationem, et istae discuntur magistrales probationes, non tamen necessariae... Istis quidem non est standum si contrarium videretur, et nisi quatenus necessario concluderent."(*Commentaria* to D. 12. 1. 1, nos. 22—3.)

〔42〕 C. N. S. Woolf, *Bartolus of Sassoferrato: His Position in the History of Medieval Political Thought*(Cambridge, 1913), 384—7; Chiapelli, "Le Idee Politiche del Bartolo", *Archivio giuridico*, 28(1881), 433 at 433—4. See Horn, *supra* n. 16, pp. 131—2.

〔43〕 比如,作为证据,乌尔夫指出巴尔多鲁的一篇论文,*Tractatus de regimine civitatis.* 巴尔多鲁在这篇论文中认为,亚里士多德描述的三种合法统治形式可以适于不同大小的政体(states):民主制适于城邦,贵族制适于较大的城市和省份,寡头制适于君主国(kingdoms)和帝国。乌尔夫正确地注意到,"巴尔多鲁在此处及其他地方所诉诸的权威,不是亚里士多德,而是'我们的法'(leges nostrae),即罗马法"。(Woolf, *supra* n. 42, p. 387.)然而,乌尔夫似乎认为,巴尔多鲁大多数时候引用罗马法文本处理罗马法问题并未使他对亚里士多德学说的利用蒙上阴影或使其变得不重要。巴尔多鲁围绕亚里士多德关于政府三种形式的思想组织其论文,其利用方式是引人注目而独到的。

Quaglioni）的观点，他指出巴尔多鲁对亚里士多德和阿奎那的引用尽管是偶尔为之，但引用是原创性的、见解精辟的，并表现出对他们哲学知识的透彻领悟。〔44〕我们将看到，巴尔多鲁将亚里士多德和阿奎那用于合同法也是如此。

中世纪法学家和罗马法

巴尔多鲁和巴尔杜斯在后期经院哲学之前将亚里士多德的思想引入一系列罗马法文本。但是，在某些情况下，他们或其他中世纪法学家朝着后期经院哲学家所选取的方向前进，不仅是因为亚里士多德的影响，而且是因为某个具体问题比罗马法更抽象，或者提出了罗马法没有考虑到的问题。我们将首先检视这些情况，然后转向亚里士多德所激发的对于罗马法的解释。

同意的作用 41

很多中世纪法学家认为，从理论上或本质上讲，合同依同意而有约束力。有名合同和无名合同的区分只是罗马法或实证法的问题。后期经院哲学家发现这一结论很合心意，因为，就像阿奎那那样，他们认为允诺是有约束力的，并认为同意对于允诺是根本性的。〔45〕不过，中世纪法学家并没有通过借鉴亚里士多德和阿奎那的思想而形成这一看法。如有时显示的那样，他们也没有通过借鉴教会法关于违反允诺是有罪的教诲

---

〔44〕 Quaglioni, "'Regnativa prudential', Diritto e teologia nel 'Tractatus testimoniorum' bartoliano", presented at the conference on "Théologie et droit dans la science politique de l'Etat moderne" (Theology and Law in the Political Thought of the Modern State), Rome, 12—14 November 1987 (publication forthcoming).

〔45〕 See Ch. 1, pp. 11—12.

形成这样的认识。[46] 通过思考罗马法文本他们逐渐形成这一结论。他们对这些文本并不生疏。实际上,人们不可能指出这一观点成为真正洞见是起于何时。

阿库修斯说道:

> 有效的债存在两个基础。一个是自然的。自然基础可以产生于任何人的同意,甚至是奴隶。D. 2. 14. 1. 3……然而这一自然基础不具有强制履行债务的效力。它的确阻止已经履行的人收回其履行。D. 46. 1. 17. 2。对这一自然基础有时加入市民法的基础,后者对自然基础给予有效性或者形式或者外衣,以使它产生债务。[47]

在这篇文章中,阿库修斯将罗马法的两条边界拉到一处。首先是他引用来作为自然债务的例子,即 D. 2. 14. 1. 3。这一规定前面已经提到过,它说所有的合同——要物合同和要式合同以及合意合同——都要求存在同意。其次是关于自然债务和市民法债务的罗马法区分。自然债务由某些不能直接强

---

〔46〕 e. g. , J. Roussier, *Le Fondement de l' obligation contractuelle dans le droit classque de l' église*(Paris,1933),20—94,177—216;A. Solmi,"Elementi del diritto medioevale italiano",in *Contributi alla storia del diritto commune*(Rome,1937),147 at 223;F. Schupfer,*Il diritto delle obbligazioni in Italia nell' età del Risorgimento*(Milan,1920),i. 51. 但是,正如阿斯图蒂(Astuti)曾经指出的那样,市民(civilians)和教士(canonists)之间的差别不在理论或原则方面,而在于他们关于目的方面的观念差别。教会人士不考虑一个允诺在市民法上是否具有可诉性,而是关注于违反允诺是不是有罪的。[Astuti,"I principii fondamentali dei contratti nella storia del diritto italiano",*Annali di storia del diritto*, 1(1957),13 at 34—7.]

〔47〕 Accursius,Gloss to I. 3. 14 pr. To *necessitate.*

制执行的合同组成,如由奴隶订立的合同或父亲与儿子之间
订立的合同。不过这些合同还是有某种法律效果,有两个在
D. 46. 1. 17 中提到,后一文本阿库修斯做了引用:一项自然债 42
务可以作为保证的标的,在一方当事人已经履行之后却在后来
诉请回复履行时,也可以作为抗辩提出。[48] 于是在阿库修斯
看来,要物合同和要式合同产生一项自然债务,它必须要通过
标的物的交付或形式来"穿上衣服",以产生市民法债务。

另一个罗马法文本说,"债是一个法锁,根据国法将我们和交付某物的必要性连接起来"。阿库修斯认为这一文本同时适用于自然债务和市民法债务。既然市民法不强制履行自然债务,阿库修斯就得出结论说,"不论何时一个人被认为受自然债务约束时,这一陈述要从万民法(*ius gentium*)意义上理解"。

对罗马人而言,万民法是规范买卖之类事务的法律,不分国籍适用于所有人。它和市民法不同,后者只规范婚姻之类事务并只适用于罗马市民。在几个罗马文本中,这一区分被某种哲学思考所装扮。万民法是"依据自然理性在所有人中间确立的"法律。[49] 万民法回应了人类所需;它关系到像战争、俘获和奴役等事务,因为依自然法,所有人生而自由。"并且依万民法,几乎所有的合同,如买卖、租赁和雇佣、合伙、消费借贷以及其他无穷多个合同都得到认可。"[50]

---

[48] On the Roman distinction, see Kaser, *supra* n. 3, at i. 480; ii. 245.

[49] The *ius gentium* is "quod vero natualia ratio inter omnes hominess constituit". (I. 1. 2. 1.)同样的段落出现在 D. 1. 1. 9 中。

[50] The *ius gentium* was established "usu exigente, et humanis necessitatibus". (I. 1. 2. 1.) "By the *ius gentium*, . . . bella etenim orta sunt et captivitates secutae et servitudes, quae sunt iuri naturali contrariae. Iure enim naturali ab initio omnes hominess liberi nascenbantur." (Ibid.) "Ex hoc iure gentium omnes pene contractus introducti sunt, ut emptio et venditio, location et conduction, societas, depositum, mutuum, et alii innumerabiles." (Ibid.)

雅科布斯和佩特鲁斯将这一论战的阵线又推进了一步。在他们看来,要式合同属于市民法合同是因为,那些合同的“形式”或“实质”是市民法规定的“固有仪式”。[51] 相反,万民法上的合同是“自然发明的”并产生“自然债务”。市民法并不“导
43 入”或“发明”这些合同,只是通过使它们具有可诉性而对它们给以“认许”。[52] 实际上,甚至在要式口约下的债务也是基于同意的“自然债务”,尽管不是市民法上可以强制执行的债务。[53]

雅科布斯得出结论说,有名合同和无名合同的区分也是实证法创造的:

> 如果我同意你以 10 元的价格买我的房屋,就存在

---

〔51〕 要式口约源自市民法(*ius civile*),因为,“formam recipit de iure civili debet ei attribui”. (Petrus de Bellapertica, *Lectura Institutionum* to I. 1. 2. 1, No. 25.) “... per ius civile additur forma stipulationi ex qua nascit civilis. ” (Iacobus de Ravanis, *Super institutionibus commentaria* to I. 3. 14. 1, No. 9.) “Et est solennitas intrinseca, ut substantialia prius tractantur, ut in stipulatione est videre, de cuius substantia venditionis est res, et pretium. ” (Ibid. , to I. 3. 20. 3[Vulgate 3. 21], No. 9.)

〔52〕 “Dico in obligationibus iurisgentium nulla est obigatio nisi naturali inventione cum non necessarium fuit obligationem civilem introducere”. (Petrus de Bellapertica, *Lectura Insitutionum* to I. 1. 2. 1, No. 30.) “... non necessarium fuit obligationem civilem introducere[cit. omitted] sed approbatione sic, quia ius civile approbat[cit. omitted] non est tunc reperire in contractibus iuris gentium obligationem civilem sed naturalem. ” (Ibid.) “am iure gentium erat quis naturaliter obligatus, tamen contractus, et omnes obligations fuerunt introduti de iure gentium... sed ius civile dabat istis obligationibus efficaciam agenda... Et istam naturalem... posse dici approbatae. ” (Iacobus de Ravanis, *Super Institutionibus commentaria* to I. 3. 14. 1, No. 3.)

〔53〕 在要式口约(*stipulatio*)中,“自然[债务]通过合意而产生,市民法债务则通过仪式而产生”。(“naturalis[obligatio] introducitur propter consensum civilis propter solennitatem. ” Petrus de Bellapertica, *Lectura Insitutionum* to I. 1. 2. 1, No. 31)类似观点:Iacobus de Ravanis, *Super Institutionibus commentaria* to I. 3. 14. 1, No. 9. 阿佐觉得有必要在其著作中将类似于长期租赁的永佃权(emphyteusis)加入市民法合同中去。(Azo Portius, *Summa Insitutionum* to I. 1. 2. 1, No. 6.)阿库修斯也将男方给予其未婚妻赠礼的婚约(sponsalicia largitas)补充进去。(Accursius, Gloss to I. 1. 2. 1 to *pene*.)佩特鲁斯将这些合同纳入自己的框架,(有些勉强地)解释说它们的“形式”应归因于万民法,但其“名称”则归因于市民法。(Petrus de Bellapertica, *Lectura Insitutionum* to I. 1. 2. 1, No. 26 and 27.)

> 一项关于协议的行为。但是,如果我同意你用你的驴来换我的马,就没有关于同意的行为。如果一个外行要问区别对待的理由,那没有办法给出理由,因为实证法就是这样规定的。并且,如果你要问为什么法律要这样规定,理由可以这样说,买卖合同比互易合同更为常见。并且(实证法)对买卖比对互易给予更多的有效性。[54]

巴尔多鲁不否认根据万民法同意产生自然债务。不过,他 44
试图为合意合同和要物合同之间的区分在万民法上找到一个基础。他认为,万民法对这些合同赋予了"名称"。这个"名称"使这些合同具有可诉性,因为"有名合同单单根据这一原因就产生一项诉权:它们存在且具有名称"。[55] 合意合同基于

---

〔54〕 Iacobus de Ravanis, *Lectura Super Codice* to C. 4. 64. 3:"Si ego conveni quod pro equo meo dares michi x potest agi ex ista conventione. Sed si ego conveni quod pro equo dares michi asinum ex ista conventione agi non potest. Si laicus querat rationem diversitatis redid non potest nam hoc est mere ius positivum. Et sit u queras quare sic fuit constitum, potest dici quod illa fuit ratio, quia contractus venditionis frequentior est permutatione. Et ideo maior efficacia data est venditioni quam permutationi."他对 C. 2. 3. 10 的评论与之相似,他将所有合同都要具备"同意"(consent)从使合意合同具有约束力的"合意"(consent)区分开来,说在合意合同中同意是"特别的"。"Si tu queras quare est speciale. Dico sic placuit legislatori. unde si placeret legislatori quod ex permutatione solo consensus oritur action: sicut ex venditione. Et tamen possible esset. Unde ius impositum est. Si veils rationem iure positive quare est hoc quod ex solo consensus in obligationibus que orientur solo consensus oriatur action: potest esse ratio frequentia istorum contractuum..."

〔55〕 "Pactum seu convention nuda... est illud quod stat in puris, et nudis finibus conventionis: Illud dicitur vestitum, cui post originem vel in sui origine aliquid superadiicitur. Illud nota quod superadiicitur, dicitur vestamentum."(Bartolus, *Commentaria* to D. 2. 14. 7. 5, No. 14.)"Dic ergo quoid pactum vestitur quandoque a iure gentium, quandoque; a iure civili. A iure gentium tribus modis: primo vestitur nominee[cit. omitted.]et hoc comprehendit contractus quae celebrantur re, vel consensus. Ideo nota dicititur vestiti, quia iure gentium sibi nomen est additum, Secundum vestimentum est rei interventus, seu implementum iustae causae[cit. omitted]. Tertium vestimentum est cohaerentia contractus."(Bartolus, *Commentaria* to D. 2. 14. 7. 5, nos. 15—16.)"... contractus nominate producunt actionem eo ipso quod sunt, et nomen habent."(Bartolus, *Commentaria* to D. 2. 14. 7, No. 2.)

同意而具有约束力,要物合同只有在标的物交付后才具有约束力,乃是因为它们的名称不同。如买卖之类的合意合同的名称来自一方当事人表示同意的行为:我可以通过同意而将房屋今天就卖给你,即使我在下个月才会把它交付给你。像寄存合同之类的要物合同的名称来自一方当事人的交付行为:除非我现在就把标的物实际交付给你了,否则我不能说我在寄存某物。[56]

巴尔多鲁的学生巴尔杜斯在要物合同和合意合同名称下描述了这一区别,既未表示同意也没有任何个人目的。[57] 他像雅科布斯和佩特鲁斯(实际上,还像阿库修斯)那样赞同自然债务仅仅基于同意而产生。[58]

---

〔56〕“... quidam contractus denominator ab actu paciscendi, seu conveniendi, quidam denominator ab actu exequendi. Si loqueris in primis, quando denominator ab actu paciscendi, statim facto pacto habent nomen, et producunt actionem, exemplum in emptione, venditione, locatione, conductione, societate, mandato, et similibus. Si accipis secundo modo, quando denominator ab actu, exequendi, non habent nomen, nosi facta executione. Exemplum in contractibus, qui re contrahuntur, ut depositum, commodatum, mutuum, qui ab actu exequendi denominantur, ut patetad sensum. Et ideo si facio pactum de deponendo, commodando, vel mutuando, non est contractus nominatus, nec actionem producit, nisi habeat alia vestimenta.”(Bartolus, *Commentaria* to D. 2. 14. 7, No. 2.)他继续说,质押(pignus)是源于指称执行行为的词,赠与(donatio)属于有名合同——要物合同(nominate contracte *re*)类型。

〔57〕Baldus, *Commentaria* to D. 2. 14. 7, No. 10.

〔58〕“... natualis obligation pendet a facto id est consensus, civilis autem a iuris solennitate.”(Baldus, *Tractatus de pactis*, No. 29.)“Si agimus tu, et ego nudo pacto de permutando meum librum cum tuo ab initio non nascitur aliqua obligation civilis, sed naturalis propter consensum, et illi naturali additur civilis, et sic pactum vestitur rei interventu...”(Ibid., No. 30.)他在别的地方说道,“Vestimentum, ex quo action oritur, est duplex, scilicet nativum, seu naturale, et hoc modo contractus vestitur re, verbis, et consensus. Istud vestimentum est inseparabile: et est idem, quod propriam essential contractus, sicut corpus vestiens animam est idem, quod propria substantia hominis. Quoddom vestimentum est dativum, seu accidentate, quod est sub predicamento accidentis. Istud vestimentum pactum non habet ex se, sed accomodatum sibi extrinsecus.”。(Commentaria to C. 2. 3. 10, No. 4.)但是,他说要物合同、口头合同与合意合同(contracts *re*, *verbis* and *consensu*)之间的区分是“自然的”,并不是在它们源自自然法意义上来说的。他指的是,在这些合同中,使它们具有可诉性的“外衣”(clothing)不能和合同本身分割开来。市民法上的合同(如要式口约)的“外衣”是形式,正是该形式使一个合同成其为要式口约。

该观点在当时看上去更多具有回顾性。在现代人看来，作为迈向取消罗马法规则的一步，它似乎具有实际的重要性，理论上也可以看作是对于合同订立中同意作用的发现。但是，如阿斯图蒂提请注意的那样，中世纪法学家“对原则的强调”，“在协议约束力的某种扩展意义上并不与任何具体理论发展相关”。[59] 中世纪法学家们并非在批判罗马法。他们只是看到，一个人在标的物交付前不得请求执行一个要物合同，或者在未完成特定形式前不得执行要式合同的规则，是罗马法的特殊性所在，和要求当事人应当同意的规定不同，后者才是合同的真正本质所在。如我们所见，人们无法指出关于合同订立中同意的重要性认识首次被发现的确切时间。 45

实际上，罗马法或许并不认为这些思想是特别虚假的。阿库修斯最先引用的一个文本说，所有的合同都要有同意。第二次引用的文本即 D. 46. 1. 17. 2 暗示了，当一个合同可以强制执行时，就同时存在自然债务和市民法债务，自然债务的产生大概源于同意。依另一个文本，“买卖属于万民法并基于同意而成立”。[60] 中世纪法学家似乎更加清楚合同订立中同意的作用，较少因为他们和罗马人想得不一样，而更多的是因为他们把所有的罗马法文本作为一个整体去看待。

要约和承诺

中世纪法学家朝后来为后期经院哲学家所采取的方向迈进的另一个例子，是提出了一个问题：当一项要约在承诺前被

---

〔59〕 Astuti, *supra* n. 46, p. 30.

〔60〕 “Est autem emptio iuris gentium: et idem consensus peragitur: et inter absentes contrahi potest, et per muntium, et per litteras.” (D. 18. 1. 1. 2.)

撤销，合同是否成立？这个问题罗马人没有直接提出。它是出于后期经院哲学家的理论兴趣，因为他们像阿奎那一样相信，所有允诺依忠诚的德性而具有约束力。由此，一项允诺在承诺前可能没有约束力看起来令人困惑。但是，提出这个问题的中世纪法学家又一次没有想到亚里士多德和阿奎那。

46 罗马法只是提到，买卖因同意而缔结，因为它属于万民法，接着说一项买卖“在双方当事人不在场的情况下或者由传信人（*nuntius*）或者通过书信缔结”。[61] 在他对该文本的注释中，阿库修斯问道：“在信件或传信人到达之前，出卖人撤销了（要约）后果如何呢？”跟阿尔贝利库斯及更早些的注释法学家们观点一样，他认为尽管已经撤销了要约，业已订立的合同仍然有效。[62]

就佩特鲁斯、希鲁斯和巴尔多鲁而言，这一立场的明显困难在于出卖人受在成立时他并没有同意的合同约束。但是，在阿库修斯看来问题不在于出卖人是否已经同意，而在于表示（communication）生效的时间。那是他引用的文本是支持还是反对他的观点的问题。一个声明退出合伙关系的合伙人对（合伙）所有的损失仍然要承担责任，也要分享在其他合伙人了解他的退伙声明前（合伙）所实现的收益。[63] 阿库修斯得出结论说，既然退伙声明不是立即生效，出卖人同样也不能撤销。但是他承认，婚姻可因一份从没有到达配偶对方的文书而解

---

〔61〕 See n. 60, *supra*.

〔62〕 “Item quid si antequam literae vel nuntius ad eum perveniant, venditor renuntiat? Quidam dicunt non valere contractum. . . . sed Ald. Dicit tenere, quod puto verum. . . ” (Accursius, Gloss to D. 18. 1. 1. 2 to *et per literas.*)

〔63〕 D. 17. 2. 17. 1.

除；[64]父亲撤销对儿子所做的解放奴隶的指令，即使儿子在收到撤销通知前已执行指令，撤销也是有效的。[65]

但是，对佩特鲁斯、希鲁斯和巴尔多鲁而言，关键的原则是“没有所有者同意的合同无效”。[66] 传信人是“单纯的执行人”，是另一人意愿的传达者，并且，如果这些意愿发生了变化，就不存在合同。但是，希鲁斯和巴尔多鲁依循佩特鲁斯的观点，将单纯的传信人与代办人（procurator）加以区分。通过指定代办人，巴尔多鲁写道，一个人“通过另一个人的行为就像自己亲自参与那样”订立合同。[67] 他实际上选择把代办人 47
的决定作为自己的决定。因此，尽管合同要求同意，在所有人要求代办人不要出售财产但代办人并不知情时，他仍然可以出售财产。

单纯的传信人和代办人之间的区别是中世纪将代办人转变成现代意义上的代理人（agent）努力的组成部分。古罗马人并没有认识到这一原则，用巴尔多鲁的话说，一个人可以“通过另一个人像他亲自参与”一样订立合同。一个人可以指定代办人以代表他订立合同，但他在这些合同中不能直接起诉，除非代办人授予他这样做的权利。他可以被与代办人订立合

---

〔64〕 C. 5. 17. 6.

〔65〕 D. 40. 2. 4.

〔66〕 “Et ratio est, quia quando intervenit, ut nuncios non contrahit, sed dominus per eum, et sine consensus domini non valet contractus.”（Cinus, *Commentaria* to C. 4. 35. 15, No. 4，描述了他和佩特鲁斯所持的立场。）与之相似，按巴尔多鲁所说，“ubi penitent mandantem, statim deficit eius consensus. Quod ergo postea sequitur, non potest effectum sortiri”。（Bartolus, *Commentaria* to D. 15. 4. 1. 2.）作为支持，巴尔多鲁引用了 D. 44. 7. 2 以及 D. 2. 14. 2 以说明订立合同必须要有合意或协商一致的原则。

〔67〕 Bartolus, *Commentaria* to D. 15. 4. 1. 2. 希鲁斯描述并采纳了佩特鲁斯的观点，（Cinus, *Commentaria* to 4. 35. 15, No. 4.）巴尔杜斯在描述该观点后拒绝加以接受。（Baldus, *Commentaria* to C. 4. 35. 15, nos. 28—9.）

同的人起诉,但是其理由,依巴克兰(Buckland)的看法,不在于代办人的行为被看作他自己的行为,而是由于这些人因他通过代办人经营事业而遭受了损失。〔68〕

因此,佩特鲁斯、希鲁斯和巴尔多鲁在罗马法中找不到他们区分的直接支持。单纯传信人的权力类似于依据父亲授权解放奴隶的儿子的权力,〔69〕类似于依照父亲指令接受遗产的儿子〔70〕或者以丈夫名义订立合同的妻子的权力。〔71〕代办人的权力类似于市镇当局代理人、未成年人的监护人以及精神病人的保佐人(curator)的权力。〔72〕一个罗马法文本说,如果父亲改变了主意,依据父亲指令对奴隶所做解放无效;〔73〕另一个文本说如果在传信人把钱交给受赠人之前赠与人死亡,一项赠与因而无效。〔74〕它们被引用来表明,对单纯传信人的授权在他了解撤销之前就可以被撤销。另一个文本说,如果他在知道授权被撤销之前已经实施了被授予的权力,撤销了另一个人授权的人可以被后者起诉。〔75〕他们被引用来表明某些人的被授
48 予的权力在他们了解撤销意思之前并不终止。其理由据称是

〔68〕 Buckland, Mcnair, and Lawson, *supra* n. 1, pp. 217—21. See Buckland, *supra* n. 5, pp. 168, 302, 310—11; Kaser, *supra* n. 3, at ii. 99—107.

〔69〕 D. 40. 2. 4; D. 40. 1. 16; D. 37. 14. 13, cited by Cinus, *Commentaria* to C. 4. 35. 15, No. 4. D. 40. 2. 4 is also cited by Bartolus, *Commentaria* to D. 15. 4. 1. 2, and in Baldus's account of Petrus's position, *Commentaria* to C. 4. 35. 15, No. 4.

〔70〕 D. 29. 2. 25. 11, cited by Cinus, *Commentaria* to C. 4. 35. 15, No. 4.

〔71〕 C. 4. 50. 6, cited by Cinus, *Commentaria* to C. 4. 35. 15, No. 4; Bartolus, *Commentaria* to D. 15. 4. 1. 2.

〔72〕 D. 13. 5. 5. 9, cited by Cinus, *Commentaria* to C. 4. 35. 15, No. 4.

〔73〕 D. 40. 2. 4, cited by Cinus, *Commentaria* to C. 4. 35. 15, No. 4; Bartolus, *Commentaria* to D. 15. 4. 1. 2; Baldus describing Petrus's position, *Commentaria* to C. 4. 35. 15, No. 28.

〔74〕 D. 39. 5. 2. 6, cited by Cinus, *Commentaria* to C. 4. 35. 15, No. 5.

〔75〕 D. 17. 1. 15; D. 12. 4. 5. 1, both cited by Bartolus, *Commentaria* to D. 15. 4. 1. 2.

由于这些人是代办人。[76]

巴尔多鲁对这一解决办法并不完全满意，因为他认为，“在不导致任何损害的情况下，撤销应当只取决于绝对的(撤销)意思”，无论是否已经向代办人作出授权。[77] 他提到阿库修斯所引用的关于退伙声明的文本。退伙声明可以给予法律效力，但不应使其他合伙人因此遭受损害。[78]

对于巴尔杜斯来说，对于谁可能会因撤销遭受损害的顾虑是整个问题的关键。他回到阿库修斯所采取的解决方案：撤销在传信人知道撤销前是没有效力的。“如果说同意是(行为的)完成，并且这个行为因此是无效的，我的回答是，这个行为有效不是基于同意的理由，而是基于不当行为的理由，由于(存在)不当行为，所以要承担同意的后果。”[79]

尽管中世纪法学家没有以与后期经院哲学家相同的方式

---

〔76〕 这里还存在问题。例如，D. 12. 1. 41 假定了这样一个案件，一个人让他的奴隶经管在外省的业务，后来这个人死了。在罗马宣读的这个人的遗嘱解放了该奴隶，并指定其作为该奴隶的自己部分财产的继承人。这个奴隶不知道主人业已死亡，继续出借死者的款项并回收借款。按照法律的规定，该奴隶在其主人死后，不能转让超过自己对主人财产所享有部分的金钱。不过，不知该奴隶的主人已经死亡而向其偿还借款的债务人仍然免除债务。依佩特鲁斯的看法，该奴隶是一个代理人，但由于某些行为，如财产的转让，需要取得所有权人的同意，因此该奴隶出借主人金钱的行为无效。(Cinus, *Commentaria* to C. 4. 35. 15, No. 4; Baldus describing Petrus's position, *Commentaria* to C. 4. 35. 15, No. 28.)希鲁斯添加了另一个理由：债务人免责是因为法律为他们创设了一个对其有利的特殊例外。(Cinus, *Commentaria* to C. 4. 35. 15, No. 4.)

〔77〕 “... ubi nullum preiudicium generator, revocation debet consistere in pura, et mera voluntate.”(Bartolus, *Commentaria* to D. 15. 4. 1. 2.)

〔78〕 D. 17. 2. 17. 1. 巴尔多鲁还认为，赠与授权可以不经通知而撤销，这是对 D. 39. 5. 2. 6 的正确解释(true explanation)，它规定，在使者将赠与的金钱交付受赠人前，赠与由于赠与人的死亡被撤销。但是，他给出一个不同的理由：“quia requiritur intervention personae medie vere, vel ficte prestantis ministerium...”(*Commentaria* to D. 15. 4. 1. 2.)

〔79〕 “... et si dicatur, cessat consensus, ergo non valet actus. Respondeo valet actus non tam ratione consensus quam ratione doli: quia ratione doli fingitur consensus durare.”(Baldus, *Commentaria* to C. 4. 35. 15, No. 29.)

分析要约和承诺问题,或形成相同结论,但是他们首次提出了这个问题。而且,后来关于这个问题的讨论将涉及中世纪法学家的相同关注——表示生效的时间、双方当事人同意的要求、代理的本质、一方当事人的撤销可能导致另一方当事人的损
49 害。中世纪法学家回应了这些考虑,但是,没有将之作为适于组成一个体系的原则加以表述,也没有以抽象讨论的方式来阐释。

原因学说

对于其他情形,中世纪法学家形成了与后期经院哲学家相同的结论,这是因为他们也读了亚里士多德的著作。巴尔多鲁和巴尔杜斯对原因学说的构造就是这样一个例子。依这一学说,当事人的同意是有约束力的,原则上仅当存在下述两个理由或原因之中的一个时才是如此:慷慨,或者所得源于所予。这一学说因而比罗马人走得更远,后者区分了赠与合同和交换合同;比巴尔多鲁的前人也更远,后者区分了基于无偿原因(*causa lucrativa*)订立的合同和基于有偿原因(*causa onerosa*)订立的合同。[80] 后期经院哲学家发现这一学说合胃口是因为,他们像阿奎那一样,认为合同之间的根本区分在于慷慨行为和交换正义的行为之间的区分。[81] 我们将会看到,巴尔多鲁和巴尔杜斯极有可能在构造这一学说时想到过这种区分。不过,他们并不试图依亚里士多德的原理系统性地解释罗马法。他们只是发现亚里士多德的学说在解释他们的罗马法文本时很

〔80〕 e. g. Petrus de Bellapertica, *Commentaria in Digestum Novum Repetitiones Variae* to D. 44. 7. 53[vulgate 44. 7. 52], D. 44. 7. 54[vulgate 44. 7. 53].

〔81〕 See Ch. 1 above, pp. 12—14.

有帮助。

一个关键文本说："当不存在原因时，即认为一项协议不能构成一项债务；因而一项裸约不能产生诉权，尽管确实可以产生一项抗辩（*exceptio*）。"[82] 巴克兰称这个文本是"整个原因理论赖以建立的著名一节"。依巴克兰所见，尽管"据认为每个合同必须存在一个原因，实际上它就此什么也没有说"。他明确说道，该文本所指为无名合同，它不能够产生一项诉权，但如果一方当事人履行之后又要求返还所为之履行，它可以创设一项抗辩。[83] 很有意思的是，巴尔多鲁对该文本的解释与巴克兰的方式相同，也认为其指向的是无名合同。因此，这一文本并没有激发巴尔多鲁创立原因学说，反而成为他的障碍。他希望建立受领回复履行的一种原因类型。在讨论买卖时，他说出卖人的原因是获取价款，而买受人的原因是获取出售的标的物。[84] 因此，无名合同应当有一项原因；例如，在马的互易合 50
同中，每一方当事人都想要获得对方的马。不过，这里有一个文本明确说它们不存在原因。巴尔多鲁通过赋予文本更多含义而学术性地解决了这个问题。"没有原因意味着没有满足［任何原因］，但协议当然是为一个原因而订立的。"[85] 因此，尽管存在这些文本，但并非是因为这些罗马法文本的存在，一种原因是作为回报而受领某物的认识仍得以确立。

---

〔82〕 D. 2. 14. 7. 1.

〔83〕 Buckland, Mcnair, and Lawson *supra* n. 1, pp. 229—30.

〔84〕 Bartolus, *Commentaria* to D. 12. 4. 16, No. 13，谈到价格作为买卖的目的因（*causa finalis*），"Sed quare magis rescinditur contractus, quando non adempletur pactum appositum iuxta venditionem, quam si non solvate pretium, non video: imo magis videtur contrarium, quia magis est causa finalis solo pretii, quam pactum appositum iuxta eam."。

〔85〕 Bartolus, *Commentaria* to D. 12. 4. 7. 2: "nulla subset causa, scilicet impleta, sed conventio bene fuit ob causam."

另一个关键性文本说，要式口约也必须要有原因。[86] 这一文本看来最初是指，除非就允诺为何作出有某种好的理由或原因，这种合同就不会被强制执行。巴尔多鲁解释说，要式口约的原因可能是作为回报而受领某物。但是，仅仅是那样还不够，因为即使允诺是无偿的，一项要式口约也是有约束力的。在那种情况下，依照巴尔多鲁的解释，原因是"慷慨"。于是，就存在两种类型的原因。[87]

当注释法学家或教皇绝对权力主义者在阅读同一文本时，这一结论并未被他们接受。阿佐、阿库修斯和雅科布斯把有关无名合同的文本中提到的原因称为"已给某物或已做某事"。[88] 阿佐和阿库修斯把有关要式口约的文本中提到的原因称为 re 或者 spe——某物或获得某物的希望。[89] 当雅科布斯和佩特鲁斯在讨论那一文本时，他们仅仅是关注，如果允诺人错误地相信他的允诺存在一项原因，要式口约是无效的，如果他知道不存在原因，要式口约则是有效的，他被认为作出一项赠与。[90] 他们并没有形成一致的原因学说，更不要说形成与亚里士多德关于交换正义和慷慨之间区分的类似学说。

巴尔多鲁和巴尔杜斯不仅做到这一点，而且特别以亚里士多德的术语表述他们的学说。尽管罗马法文本只谈到原因（在拉丁语中仅仅意指一个理由），巴尔多鲁和巴尔杜斯还谈

---

〔86〕 D. 12. 7. 1; see also D. 44. 4. 2. 3.

〔87〕 Bartolus, *Commentaria* to D. 44. 4. 2. 3.

〔88〕 Accursius, Gloss to D. 2. 14. 7. 1 to causa: "Id est, datio vel factum, quod vestiet pactionem." Iacobus de Ravanis, *Lectura super Codice* to C. 2. 3. 10: "pactum nudum est cui causa non subset, id est cui non subset datio vel factio."

〔89〕 Accursius, Gloss to D. 44. 4. 2. 3 to *idoneam*.

〔90〕 Iacobus de Ravanis, *Lectura super Codice* to C. 2. 3. 5; Petrus de Bellapertica, *Commentaria in Digestum novum* to D. 44. 4. 2.

到目的因(*causa finalis*),或者,他们为谨慎起见,有时称其为合 51
同当事人的近前目的因(*the causa finalis proxima*)。[91]

他们完全知道这一术语在亚里士多德和阿奎那哲学中的技术性意涵。如我们所见,托马斯·阿奎那认为可以根据一个人行为的目的或目的因定义其本质。行为本身的目的或目的因与实施该行为者的近前目的或目的因一致。[92] 巴尔多鲁和巴尔杜斯非常熟悉亚里士多德的术语表。巴尔多鲁区分了事物的"实质"和"附属"形式。[93] 他把合同之类的法律制度称为一种无形物。他解释说人造之物"具有他们的实质形式,该形式来自于导向创造者创造它们的某个目的的某种特质"。[94] 要了解创造者的目的就是要了解所造之物的目的,并进而了解

---

〔91〕 See n. 84 *supra*, and nn. 95, 96, and 104 *infra*.

〔92〕 See Ch. 1, pp. 20—2. thus, as Thomas said(*Summa theologica* 1—11, q. 1, a. 3 ad ter.), "idem actus numero, secundum quod semel egreditur ab agente, non ordinatur nisi ad unum finem proximum, a quo habet speciem: sed potest ordinary ad plures fines remotos, quorum unus est finis alterius. Possibile tame nest quod unus actus secundum speciem naturae, ordinetue ad diversos fines voluntatis: sicut hoc ipsum quod est occidere hominem, quod est idem secundum speciem naturae, potest ordinary sicut in finem ad conservationem iustitiae, et ad satisfaciendum irae."

〔93〕 "Nota quod quando forma est perempta, perit res, sed solum cum perit propria forma rei. Quae igitur sit ista propria forma, videamus. Unde sciendum est, quod quaedam est forma substantialis, alia accidentalis. De accidentali non potest intelligi hic, quia lice tuna res mutet sua accidentia... per hoc non desinit esse idem[cit. omitted] et ideo dicimus quod plus et minus non faciunt res differre specie[cit. omitted][o]pportet ergo, quod hoc intelligatur de propria forma scilicet substantiali. De ista igitur videamus qualiter cognoscatur."(Bartolus, *Tractatus de alveo*, § Stricta ratione, nos. 1—3.)

〔94〕 "...rerum quaedam sunt corporales, quaedam incorporales. Item corporals aliae naturals, aliae artificiales."(Bartolus, *Tractatus de alveo*, § Stricta ratione, No. 3)"Quinto videndum est de rebus artificialibus. Circa quae dico, quod iste assumunt formam substantialem ex quadam aptitudinem, quam habent ad illum finem, ad quem per artificem factae sunt domus: tunc nota dicitur domus, cum habeat debitas partes composites, ita quod est apta ad habitandum."(Ibid., No. 19.)"Sexto videndum est de rebus incorporalibus, ut sunt iura, servitudes, actions, et obligations, et similia."(Ibid., No. 20.)合同是另一个例子。(Ibid., nos. 22—3.)

其实质形式或本质。因此，巴尔多鲁在谈及合同的目的因和谈及它的实质或本质之间往返穿梭。〔95〕与此相似，依巴尔杜斯
52 的看法，“在买卖合同中，与买受人有关的目的因是标的物，与出卖人有关的目的因是价款”。〔96〕还有一种可能性，他说“一个买卖合同的本质或实质条款是标的物和价款”。〔97〕实际上，巴尔杜斯谈到了动力因、形式因、质料因和目的因，他给每一种原因都举了例。他关于目的因的例子是为达到某个具体目的

---

〔95〕 这里有一个阐释。“Sed quare magis rescinditur contrctus, quando non adempletur pactum appositum iuxta venditionem, quam si non solvate pretium, non video: imo magis videtur contrarium, quia magis est causa finalis solo pretii, quam pactum appositum iuxta eam. Ideo credo aliter dicendum, quia aut illud pactum appositum iuxta venditionem facit transpire in naturam contractus innominati, ut quando vendebam tibi Codicem, ut tu dares mihi decem et Digestum tuum: unde in isto casu magis habet naturam permutationis, quam venditionis; ideo censet contractus innominatus. [cit. omitted] quia tunc potest rescindi contractus, nisi servetur pactum. [cit. omitted] Aut non facit transpire in naturam contractus innominati, quia minus valet, quod continetur in pacto, quod contineat pretium tunc non rescindit contractus. [cit. omitted] Quandoque est permixtus contractus nominatus cum innominato. Exemplum vendo tibi fundum pro centum hoc pacto, ut des mihi librum. Nam hic primo est contractus nominatus quia vendo, et est mixtus cum contractu innominato: vendo nota ut des. Aliud est exemplum, don out aliquid facias, vel ut aliquid des, vel promitto per stipulationem ut aliquid des, vel facias. Inhis vides permixtum contractum nominatum cum innominato. Et breviter ubicunque contractus nominatus celebratur ob alquam causam extrinsicam extra substantiam ipsius contractus potest dici permixtus contractus nominatus.” (Bartolus, *Commentaria* to D. 124. 4. 16, nos. 13—14.)

〔96〕 “... in contractu emptionis et venditionis respectu emptoris. Causa finais est res et respectu venditoris est pretium.” (Baldus, *Commentaria* to C. 8. 40. 7 [vulgate 8. 41. 7], No. 3.)

〔97〕 “... quaedam pacta dicuntur essentialia sive substantialia, quia tangent id, quod habet ipsum actum sunstantiare, et dare sibi esse, sicut in contractu emptionis et venditionis sunt res et pretium, illa ergo appelantur substantialia, sine quibus contractus esse non potest.” (Baldus, *Commentaria* to D. 2. 14. 7. 7.) 类似地，他说目的因和合同的本质或实质都是合同债务的“根源”(root)。[Baldus, *Commentaria* to C. 6. 44. 1, No. 12 (“illa est causa finalis, de cuius radice emanate obligatio”); see n. 135 *infra*.]

而作出的赠与,没有它就不会赠与。[98] 他用一系列亚里士多德和阿奎那的用语解释目的因:“目的因是理智的目标,就像图像是视力的目标,或者港口是航海的目标一样,不论我们做什么,我们都为着一个目的而做”;[99]“目的因在意图中是第一原则,尽管在执行中是最后的原则”;[100] 它是“其他原因的原因”。[101]

巴尔多鲁和巴尔杜斯试图保留对目的因含义的信守的进一步证据存在于这样一个例子,在其中他们纠正了注释法学家 53
的术语。注释法学家自己在讨论罗马法基于给之原因不达的请求给付之诉(*condictio causa data causa non sectua*)时,使用了目的因的术语。在罗马法中,在一方当事人给予另一方当事人某物时希望的某个事实没有发生的时候,他使用请求给付之诉(*condictio*)。例如,如果他已履行了自己在无名合同下负担的(给付)并期望对方对待履行,在对方当事人拒绝履行时,他可以提起该请求给付之诉。如果他给了他女儿的未婚夫一笔钱,希望他们结婚,当他们没有结婚时,他也可以提起请求给付之

---

[98] “ebes scire, quod quattuor sunt causae cardinals, ut sic dixerim. Causa efficiens, finalis, formalis et materialis. Et ex defectu cuiuslibet istarum causarum quae sunt radices actum hominum potest ista condictio oriri... Item pone exemplum in causa finalis ut quando non erat alias daturus. Ista dicitur causa finalis.” (Baldus, *Commentaria* to C. 4. 6. 8, nos. 10—11)

[99] “... caysa enim finalis est obiectum intellectus, sicut signum est obiectum visus; et portus est obiectum navigantium, et quicquid agimus, propter finem agimus.” (Baldus, *Commentaria* to C. 6. 44. 1, No. 17.)要是他想到了如下这些问题,将会更加忠实于阿奎那的学说,即“obiectum intellectus est primum principum in generae causae finalis...” [Thomas Aquinas, *De malo* q. 6, a. 1, in *Opera Omnia*, ed. P. Fiaccadori (Parma, 1852—1873), viii. 219 at 310.]

[100] “... causa finalis est principium intentionis, licet sit ultimum executionis.” (Baldus, *Commentaria* to C. 5. 12. 6, No. 24.)

[101] See n. 105 *infra*.

诉。[102] 中世纪法学家面对的问题是把这些情形与别的不能提起请求给付之诉的情形区别开来,例如,某人作出一项赠与,只是希望接受者会以某种方式加以利用。注释法学家认为,当一件事实的期望是交出某物的人的目的因时,就可以提起请求给付之诉;但是当期望是驱动因或动力因(*causa impulsiva or causa efficiens*)时,则不得提起该诉。[103]

恰如所见,注释法学家所知道的仅仅是被波提乌斯小看了的亚里士多德四个原因的学说。但是巴尔多鲁和巴尔杜斯知道,在亚里士多德哲学术语中,把赠与人在法律上不重要的期望说成是驱动因或动力因,那是荒谬的。驱动因(*causa impulsiva*)根本不是亚里士多德的概念。动力因既非动机或意图,也非目的因的反面,也不是说任何事物没有动力因可以存在更甚于没有目的因可以存在。依照佩特鲁斯所给出的线索,巴尔
54 多鲁和巴尔杜斯清除了注释法学家的术语。一项赠与或一项

---

〔102〕 See D. 39. 5. 2. 7;D. 12. 6. 52;D. 35. 1. 17. 3;C. 5. 12. 25.

〔103〕 Accursius, Gloss to D. 39. 5. 2. 7 to *causa magis*:"id est modus liberalitatis: et sic fuit impulsive, non finalis causa";D. 39. 5. 3 to *conditio*:"scilicet finalis, et ita causa fuit finalis";D. 39. 5. 3 to *causa*:"scilicet impulsiva". Azo, *Summa Codicis* to C. 4. 6. 7, nos. 3 and 4: "Inducit autem istam actionem causae defectus... hoc ita, si causa fuerit finalis, id fuerit impulsive causa, id est, in corde tradentis retenta ob quam impellebatur animo suo ad dandum." Odofredus, *Lectura super Codicie* to C. 2. 3. 1, No. 15:"Est causa finalis et est causa impulsive. Causa finalis dicitur ob cuius finem quis dat, alias non daturus: et in ista causa est vera regula, cessante causa etcetera[i. e., cessante causa cessat effectus][cit, omitted]. Causa impulsive est ob cuius impulsionem quis dat: sed alias daturus erat. Sed citius ob causam dat."他明确地将表达出来的原因和未表达出来的原因之间的不同看作是一个独立的观点(a separate distinction)。"Vel potest dici quod est duplex causa, expressa et tacita."(Ibid., No. 16.)相比于在原因具有法律效力时是目的因,反之则是驱动因的法律论断而言,这一探讨是否能够产生更多的东西,迈耶斯(Meyers)对此表示怀疑。(Meyers,"Les théories médiévales concernant la cause de la stipulation et la cause de la donation", *Tijdschrift voor Rechtsgeschiedenis*, 14(1936), 365 at 379—80.)Accursius, Gloss to C. 5. 12. 25 to mulier: "non enim fuit haec conditio sed causa scilicet impulsive vel efficiens non finalis."

遗赠，一份合同或一部制定法，如果受挫的意图是做这种安排的人的近前目的因，就不发生效力（ineffective）；如果受挫的意图是遥远的目的因（*causa finalis remota*），则是有效的。[104] 这样的构造至少是哲学词汇的恰当使用。正如刚刚提到的那样，无论一个人实施行为的遥远目的因可能是什么，他必须要有一个与界定他行为的目的一致的近前目的因或直接目的。巴尔

---

[104] Bartolus, *Commentaria* to D. 35. 1. 17. 2, No. 13："ut quando causa non reat obligatoria tunc non dicitur coherere legato, hoc est nunquam dicitum causa proxima et finalis, quia causa proximua, et finalis est mera liberalitas: legatum non est donatio[cit. omitted] et in donatione causa proxima est liberalitas[cit. omitted] ergo illa inserta, est remota, non coherens legato, et dicitur impulsive, et illa, si est falsa, non vitiate legatum." Baldus, *Commentaria* to D. 17. 2. 61. 2, nos. 3 and 4："causam remotam non considerari, sed tamen proximam. . . . Ex his apparet quod causa remota aequiparatur causae impulsivae, non causae finali."

尽管他们具有亚里士多德学说方面的知识，但教皇绝对权力论者仍然继续谈论目的因和驱动因。（Iacobus de Ravanis, *Letura super Codice* to C. 2. 3. 1; C. 4. 6. 7; Petrus de bellapertica, *Quaestiones vel distinctiones*, q. 142.）不过，依巴尔杜斯的看法，佩特鲁斯把驱动因说成是一个行为的"远因"（remote occasion）（*occasionem aliquam remotam*），并因此不适于作为原因（*non proprie. . . de genere causarum*）。Baldus, *Commentaria* to C. 1. 3. 51, No. 10; similarly, Cinus, *In Codicem commentaria* to C. 1. 3. 52, No. 6. 迈耶斯在其系统阐述中首次提到，行为的目的因仅仅由于其接近行为本身而被认为与行为人的其他动机不同。（*supra* n. 103, p. 383.）而且，佩特鲁斯熟悉亚里士多德关于远的目的因和近的目的因的区分；实际上，他在其法学论著中也区分了远的目的因和近的目的因。Petrus de bellapertica, *Lectura Institutionum*, to rubric No. 30："Est causa finalis. Quae est causa finalis, quaedam est propinqua, quaedam remota."

巴尔多鲁和巴尔杜斯继续把目的因说成是没有它就不会实施新的行为的东西，事实上，根据新的看法，事情的确如此。Bartolus, *Commentaria* to D. 35. 1. 17. 2, No. 13; Baldus, *Commentaria* to C. 4. 6. 8, No. 10. 他们不再把驱动因（*causa impulsiva*）等同于动力因。但是，芮勒尔（Söllner）和迈耶斯注意到，他们是在一个完全不同的意义上谈论效力因的。[Meyers, *supra* n. 103, p. 388, n. 1; Söllner, "Die causa im Condiktionen und Vertragrecht des Mittelalters bei den Glossatoren, Kommentoren und Kanonisten", *Zeitschrift der SavignyStiftung für Rechtsgeschichte Rom.* Abt. 77(1960), 182 at 209.] e. g. Baldus to C. 4. 6. 8 No. 11："Pone exemplum in causa efficienti de minore xxv annis ut manumittat servum proprium, hic est defectus istius causae efficientis, id est minoris, qui habet efficiere istam manumissionem in servo alieno."他们也不再把驱动因说成是"驱动"（impels）一个人行为的原因，而是开始说目的因是行为的原因；e. g. Bartolus, *Commentaria* to D. 35. 17. 2, No. 2："quod impellimur, ut aliquid disponamus"。

杜斯解释说,“驱动因不是某个行为的原因的适当称谓,而是其动机的提法”;相反,“亚里士多德说目的因是其他原因的原因。因此,在原因终止处,效果也当终止”。[105]

当然,巴尔多鲁和巴尔杜斯利用亚里士多德目的因的思想
55 构造他们的原因学说的事实,不能证明他们也利用了亚里士多德关于区分慷慨行为和交换正义的行为的思想。但是,如果他们形成区分两种原因的思想(这一思想和亚里士多德的区分如此接近,却和他们的前人迥异),同时明确利用了亚里士多德在《物理学》和《形而上学》中的目的因思想,却无视他在《伦理学》中关于合同的观点,那将是值得注意的。

不管对于巴尔多鲁来说,实际情况究竟如何,巴尔杜斯也已经表述了原因学说的最终形式。实际上,该学说和亚里士多德的慷慨和交换正义观点相洽已变得引人瞩目。依巴尔杜斯所见,这一学说的原理是,“如果不存在原因,就不能根据公平原则提起一件诉讼,以免一方当事人糟糕地使用了他的资财(substance),而另一方当事人不当获得利益”。[106] 巴尔杜斯明显是指,在一方当事人表示慷慨之时,他没有糟糕地利用其资财,另一方当事人也没有不当获取利益;在当事人进行交换时,任何一方都没有不当获取利益。但是,那一表述要有意义,只有在认为两种原因之间的区分刚好就是亚里士多德关于区分慷慨和交换正义的思想时才是这样。对亚里士多德来说,慷慨

---

[105] “... causa impulsive proprie non est causa, sed est quoddam motivum: sed hic loquitur in causa finali, quod proprie est causa. Imo dicit Aristoteles quod causa finalis est causa aliarum causarum. Hac ergo causa cessante cessat effectus...” (Baldus, *Commentaria* to C. 1. 3. 51[vulgate 1. 6. 41], No. 5.)

[106] “... non enim debet nudum causa quia sine causa aequitas non dictat actionem nasci, ne qui male utatur substantia sua, et alius immerito locupletetur.” (Baldus, *In Decretalium volumen commentaria* to X. 1. 4. 11, No. 30.)

并不仅仅意味着给予财物，而是“在适当的时间给予适当的人以适当的数量”。交换正义也不仅仅是当事人之间进行交换，而是他们通过交换以使任何一方不以对方为代价而获取利益。巴尔杜斯关于合同可以没有原因的主张是有意义的，这只是因为，对他来说，就像对亚里士多德来说一样，慷慨不仅仅意味着不求回报的给予，交换也不仅仅是指给予的同时要求回报。因此，比起声称在给予时要么获得要么不获得某物的同义反复，这一学说含有更多的意义。

巴尔杜斯的确把慷慨看作正确的财富管理，这可以由他在其他地方所做陈述来证实。在他所处的时代，一个有争议的问题是，作成公证文书的允诺——它逐渐作为要式口约的替代物——是否要明确说出（允诺）原因。巴尔杜斯认为是这样，因为不这样的话，人们会理所当然地认为合同是“愚蠢”而非
“慷慨”的结果。[107] 于是，出于慷慨而行为，一个人要明智地给 56
予财物。否则，他就只是在愚蠢地行为。

人们也可以从巴尔杜斯别的评论中看出，他确信交易的任何一方当事人不得以对方为代价而获取利益。一个著名的罗马法文本对只以公平价格一半的价格出售土地的人给予救济。注释法学家不仅将这一救济适用于卖方，也扩大适用于买方以及类似合同。尽管注释者自己并没有对该学说提出任何原理化的解说，但巴尔杜斯这样做了。一个不公平的价格违反“自然公平”。[108] 关于公平（equity），巴尔杜斯脑袋里想的是对等

---

〔107〕 “. . . sicut ergo nulla inserta causa presumitur stultitia, non liberalitas. . . ” (Baldus, *Commentaria* to C. 4. 30. 13, No. 14.)

〔108〕 “. . . equitas huius legis extendit se ad contractus stricti iuris, in quibus hincinde par debet nasci obligation secundum naturalem aequitatem. . . ” (Baldus, *Commentaria* to C. 4. 44. 2, No. 18.)

原则(principle of equality),因为他常常交替使用这两个概念,如他说道,"合同必须服从公平或对等……"[109]在这种情况下,他有特别的理由提到"自然公平",因为依据另一个著名的罗马法文本,"依据自然法,没有人可以从另一个人的损失或损害中获利,这是(符合)公平的"。[110] 在其他地方巴尔杜斯也提到,这一原理是罗马法对不当得利给予救济的基础。在这里,他暗示它也是对不公平价格给予救济的基础。

于是,对巴尔杜斯来说,慷慨的原因意指正确给与,而不只是意指无回报地给与;作为回报而接受某物的原因意指接受具有同等价值的某物。两个原因都不存在的行为是愚蠢的行为。因而,原因的要求超越了罗马实证法的规则。它表达了一个关于允诺何时应当执行的一般事实。巴尔杜斯赋予这一事实以教会法的意义。根据教会法,不管罗马法规则如何,一个非正式的协议原则上都是有约束力的。巴尔杜斯解释说,只有协议存在一项原因,结果才是如此。[111]

---

[109] "... quaero nunquid lex natura habet locum econtra, scilicet decepto emptore ultra dimidiam iusti pretii? Respondeo sic. Quia in contractibus est servanda aequitas, vel aqualitas, tam in interpretandis, quam in ipsis iustificandis. "(Baldus, *Commentaria* to C. 4. 44. 2, No. 48.)

[110] "Iure naturae aequum est neminem cum alterius detrimento et iniuria fieri locupletiorem. "(D. 50. 17. 206.)

[111] "... iure canonico oritur actio ex nudo pacto, dummodo habeat causam..." (Baldus, *Commentaria* to C. 3. 36. 15, No. 3.) See Baldus, *In Decretalium volumen commentaria* to X. 1. 35. 1. 如同芮勒尔和南茨(Nanz)提到的那样,巴尔杜斯是第一个将原因要件移植到教会法关于非要式合同具有约束力的规则上去的人。[Söllner, *supra* n. 104, p. 250; K. Nanz, *Die Entstehung des allgemeinen Vetragsbegriff im* 16. *bis* 18. *Jahrhundert*, Beiträger zur neueren Privatrechtsgeschichte, 9(Munich, 1985), 54.] Roussier 认为巴尔杜斯没有那样做。他没有引用早先提到原因概念的教会法学家。他争辩道,基督教道德传统从来没有不顾是否存在履行允诺的"良心上的义务"而强制执行一项"抽象的行为"。(Roussier, *supra* n. 46, pp. 179—81.)事情或许是那样的,但是拒绝执行所有允诺是一回事,构思出一个原因学说以解释允诺为何不会被执行则是另一回事。

如果巴尔多鲁和巴尔杜斯没有利用他们关于亚里士多德和阿奎那的知识，很难相信这一学说会以这种方式来进行构造。 57

错 误

就像罗马人没有讨论允诺或协议原则上何时应当具有约束力一样，他们也没有讨论同意由什么构成。他们把错误、欺诈和胁迫看作是抗辩。但是，在《民法大全》中，关于买卖法标题之下插入了某些有关错误的含糊评论。欺诈是在诈欺之诉（*actio de dolo*）下讨论，胁迫是在胁迫原因之诉（*actio metus causa*）下讨论。

对于罗马人关于欺诈和胁迫的讨论，中世纪法学家没有添加对后期经院哲学家有帮助的东西。但是，对于罗马法有关错误的讨论，巴尔多鲁和巴尔杜斯的确给予了亚里士多德式的解说。他们得出结论说，合同因为实质上的错误而无效，我们将会看到，实质是指亚里士多德意义上的“物质”或“本质”。于是，他们的结论类似于阿奎那——如前所述，阿奎那认为，“本质”方面的错误使婚姻无效。[112]

他们据以得出这一结论的文本是 D. 18. 1. 9，它是这样说的：

> 在买卖合同中必须要有同意；如果关于买卖事实（*in ipsa emptione*）、价格和任何别的事实有一个没有达成一致，买卖就是无效的。因此，如果我认为我买的是科那尔的（Cornelian）财产，而你却认为你在出售森普龙的（Sempronian）财产，由于我们所指并非同一物（*in corpore*），买卖无效……接下来的问题是如果不

〔112〕 Ch. 1, p. 16.

> 存在物(*corpor*)的同一性的错误,但关于物的物质(substance)存在错误,比如把醋当作酒、把铜当作金、把锡或别的类似于银之物当作银出售,买卖是否有效?马尔切拉(Marcellus)……认为,尽管就其质料存在错误,合同仍然有效,因为对一个特定之物存在合意。在售酒的情形中我持相同看法,因为如果酒变酸了,在实体上(*ousia*)(与醋)几乎完全相同;但如果不是酒变酸了,而一开始就是特别准备好的醋,那么事情就是把此物作彼物出售。但是在其余情形中,我坚持认为无论何时存在质料的错误,就没有买卖存在。

58 在这个文本中,实际例子完全用哲学术语表述——如物体(*corpus*)、物质(*substantia*)、质料(*materia*)以及实体(*ousia*)。完全清楚的是作者不可能在亚里士多德的意义上使用这些概念。他一方面没有明确区分物质和质料;另一方面也没有明确区分实体和质料。对于一个亚里士多德主义者,这一区分是根本性的。实质形式或本质使一物成其所是;质料因或物质使一物由其制成。而且,作者声称,如果酒作为酒而准备了,尔后又变成了醋,酒的本质和醋的本质是完全一样的。但对于亚里士多德主义者来说,如果它具有醋的本质或实质形式,它就是醋,醋是否是被作为醋来准备无关紧要。酒和醋应当在本质上或实质形式上加以区分。[113]

---

〔113〕 根据亚里士多德和阿奎那的观点,当酒变成醋时,酒就失去了它的形式。(Aristotle, *Metaphysics*, viii. v. 1044^{b}—1045^{a}; Thomas Aquinas, *In duodecim libros metaphysicorum Aristotelis expositio*, lib. 8, lec. 4.)依阿奎那所见,那就是为什么不能用变成了醋的酒做圣餐,如同不能用完全腐坏的面包做圣餐的原因所在。(*Summa theologica*, iii, q. 74, a. 5, ad 2.)

注释法学家并不想寻找一般原则。他们把自己局限在记录根据这个或那个文本使合同无效的不同类型的错误。依据阿佐和阿库修斯的看法,有六种具有这种作用的错误类型,其中的四种来自于已经引用的文本。它们是:(1)“买卖事实”的错误;(2)价格错误;(3)物体错误(error in *corpore*);(4)物质错误(error in *materia*);(5)本质或实质(substance)错误;(6)性别错误。[114] 因此阿佐和阿库修斯把本质错误等同于实质错误:阿库修斯说本质就是实质。性别错误来自《学说汇纂》(Digest)18. 1. 11. 1 的奇怪文本:如果一个人买了一个女奴却错误认为她是处女,买卖是有效的;如果他认为买的是一个男奴,结果却是一个女奴,买卖就是无效的。

阿佐和阿库修斯的确试图说明本质上酒和醋是“完全一样的”。他们的解释表明了他们追随波提乌斯所习得的亚里士多德哲学何其之少。阿库修斯循着阿佐说:

> 尽管醋的味道更浓些,但在味道方面,酒和醋的
> 实质品质是相同的。[这个文本]说[基本相同],是
> 因为酒是暖性的且有酒气,而醋是凉性的且干爽。但 59
> 是,不可否认双方当事人理解的个别事物(*corpor*)是
> 相同的。[115]

---

[114] Accursius, Gloss to D. 18. 1. 9 to *aliquo alio*.

[115] Accursius, Gloss to D. 18. 1. 9 to *ousia*: “id est qualitas substantialis, eadem vini et aceti est quo ad saporem. Licet acetum fortius sit, prope autem ideo dicit, quia vinum est calidum et humidum, sed acetum frigidum et siccum, corpus autem idem esse negari non potest, de quo utrunque sentit.”

在亚里士多德的概念中,实质品质界定了一物是什么。说两个物尽管一个比另一个味道更浓,但"在味道方面"具有相同的实质品质是毫无根据的。并且,双方当事人所理解的个别事物是相同的事实,与它们本质上是否一致无关。

佩特鲁斯不像阿佐和阿库修斯那样谈及物体、质料以及物质(实质)错误,他仅仅谈到物质(实质)错误。他可能想到了亚里士多德的思想,即个别事物是由它的实质形式和它的物质组成的。因而,物体或质料错误也将是物质(实质)错误。[116]

巴尔多鲁和巴尔杜斯走得更远。他们试图找到一个关于酒变成醋的亚里士多德式的正确解说。

在其《气泡论》(*Tractatus de alveo*)中,巴尔多鲁说,当一物失去了它的"适当形式"或者"实质形式",它就消灭了;但当其"附属"(accidental)形式改变时,它并没有消灭。[117] 然后他把这一亚里士多德的区分用于许多法律问题,其中一个就是酒的例子。他说:

> 如我们现在将要看到的那样,同一事物根据它们被认知的方式不同而具有不同形式。牧场可以从其物质即土壤来认识,于是,如果有河流从中穿过,它并不就不成其为土壤,因而土壤仍然是某种原来的东西。也可以从土地适合于放养动物来认识土地,也就是说,土地上可以驱使动物并进行劳作,并由此用途,

---

〔116〕 Petrus de Bellapertica, *Quaestiones vel Distinctiones*, q. 391. 佩特鲁斯认为,如果所有权的转让注重相对人的实质,对缔约相对人的错误可以阻止所有权的转让,这或许就是他这种认识的原因所在。(*circa substantiam persone*). (Ibid.)

〔117〕 See n. 93 *supra*.

> "牧场"获得了与其相称的名称……以这种方式来认识,它失去其适当的形式[如果河流从中穿过]……酒的例子与此基本相似。如果它是被作为醋来酿造的,就其物质而言它仍具有相同实质。但是,恰当考虑之后,它不是酒而是别的一种物,并且不能把它称为酒。[118]

因此,巴尔多鲁和阿奎那一样,认识到事物的本质可能取 60
决于它被认知的角度。当牧场从人类需要的角度考虑,它不仅是土壤而是根据它所服务的目的来加以定义,这是界定人造物和人类行为的方式。但是这一解释仍然不能说明酒变成醋的例子。很难看出醋可能"就其物质而言仍然具有相同实质",因为从任何观点看,酒和醋共同具有的"物质"与牧场土壤的例子实质上并不相同。即使假定就是如此,也很难看出,当酒偶然变酸时要根据醋的物质来考虑其实质,在酒被有意弄酸以产生醋时却不这样。

巴尔杜斯面临同样的问题,并提出了一个精巧的解决办

---

[118] "Sciendum est etiam circa predicta, quod una, et eadem res secundum diversas considerations diversimode accipitur, ut ecce. In agris potest considerari respectu materiae, quia terra est, et tunc ibi si flumen faciat alveum, non desinit esse terra, et sic terra remanet in suo genere. Potest etiam conderari prout est terra apta, ut per eam posit agi, hoc est animalia duci et laborari, a quo ager recipit propriam denominationem, ut dictum est in principio huius libri. Et isto modo perdit propriam formam. Ita loquitur hic textus. Non enim ipsam materiam primam debemus inspicere, sed illam qualitatem, a qua denominationem recipit, et sub illa denominatione apud nos sic appellatur. Sic simile in vino. Si enim fiat acetum adhuc eadem substantia est secundum considerationem materiae, ut ff. de contrahenda emptione 1. in venditione[D. 18. 1. 9], secundum considerationem propriam non est vinum, sed alia species est, et vini appellatione non continetur."(Bartolus, *Tractatus de alveo*, § Stricta ratione, nos. 7—7.) *ager*(field,土地)起源于 *ago*(drive,围猎,驱使,驱赶)是由瓦罗(Varro)提出来的。Varro, *De lingua Latina*(Cambridge, Mass., 1977) v. 34 at 32.

法。应当承认,酒和醋并无相同的本质或实体。然而,巴尔杜斯找到了一个理由,解释了为什么在酒变酸而非作为醋而准备时,买方不能主张存在实质错误:

> 值得注意的是,就品质而言,它有时是实质性的,有时又不被认为是实质性的;因此,除非具有酒的实质且具有酒的味道,酒不能称其为酒;醋始终是醋,不能被说成是酒。但是,如果一开始是酒,其后酒的残留物也仍然是酒。[119]

由此,当酒变酸成为醋时,买方就其本质没有错误的原因
在于酒并没有完全转变成醋,其残留物也还存在。巴尔杜斯推
61 定,当酒被有意弄酸作为醋而出售时,就不存在这样的残留物。
于是,通过一个巧妙的创造,一个罗马法文本被调整得与亚里
士多德主义关于物质的理解相一致。

对阿佐和阿库修斯来说,物质(substance)或实体(*ousia*)的错误是六种可以导致合同无效的错误形态之一。巴尔杜斯似乎希望使这一类型与其他类型相似。他说,一个合同被宣告无效,是因为"同一性、实质或标的物的错误",与"偶然性"的错误相对。[120] 他解释奴隶性别错误时说,"这种错误被等同于

---

[119] "Item nota de qualitate, et quaedam est qualitas substantialis, quaedam non dicitur substantialis: unde non dicitur vinum, nisi habeat qualitatem substantialem vini, et saporem vini. Acetum nota quod simper sit acetum, non dicitur vinum: sed si a principio fuit vinum, remanent reliquiae vini." (Baldus, *Commentaria* to D. 18. 1. 9, No. 2.)

[120] "Error contrahentis in corpore, inn substantia, vel in re, vitiate contractus, secus si erretur in accidentalibus, et inspiciatur personal contrahentis." (Baldus, *Commentaria* to D. 18. 1. 9, No. 1.)

(*aequiparatur*)种类错误(*in specie*)”。[121] 尽管巴尔杜斯没有谈到这个问题,他可能把“买卖事实”的错误以及价格错误看成是对合同物质或本质的影响,因为他说,“必须就标的物和价格都同样形成合意,这些是合同的本质性要素”。相反,“一个事物内在或外在的精华”是“关于有效合同的当事人可能会犯错误的品质”。[122]

因此,又一次因为巴尔多鲁和巴尔杜斯读了亚里士多德的著作,他们先于后期经院哲学家得出了结论。他们再次依据具体的罗马文本做到了这一点。

合同的通常条款

另一个这样的例子是巴尔杜斯把一个合同可能具有的条款分成三种类型:本质条款(essential terms)、通常条款(natural terms)和偶然条款(accidental terms)。当事人要订立合同应就本质条款形成合意。“通常条款”依本质条款产生,因此,即使当事人就“通常条款”没有明确形成合意也要受其约束。“偶然条款”并不依本质条款而产生,且仅在当事人有明确约定时才成为合同的组成部分。我们再次看到,尽管巴尔杜斯声称是在罗马法文本中发现这一区分的,但是,要不是受到亚里士多德和阿奎那的影响,很难想象他会这样做。阿奎那区分了婚姻的“本质要素”(essentials)和婚姻义务——对于前者,配偶必

---

〔121〕 “... nam aequiparatur error iste[in sexu]errori in specie.”(Baldus, *Commentaria* to D. 18. 1. 11.)

〔122〕 “Dictum est supra de precio, et re: nunc dicit de consensus, quia habet cadere pariter super re et precio, et ista sunt essentialia contractus. Bonitas, autem intrinseca vel extrinseca rei, dicitur qualitas.”(Baldus, *Commentaria* to D. 18. 1. 9, No. 1.)“Nota quod error in corpore, et error in material, vitiate. Sed error in bonitate, vel qualitate, non vitiate.”(Ibid. to D. 18. 1. 9, No. 2.)

须表示同意;对于后者,配偶在结婚时可能没有想到,但作为同
62 意的结果也应发生。巴尔杜斯的区分和阿奎那的这种区分是
类似的。[123]

注释法学家区分了合同中的"实质条款"(substantial terms)和"偶然条款"。在这种情形下,他们受惠于亚里士多德。根据一个罗马法文本,既然"买卖的实质在于价格",同意出卖但随后就一个不同价格形成合意的当事人,就不是变更他们原来的合同,而是订立一个新的合同。[124] 阿佐解释说,其理由在于价格的改变影响了合同的"实质",与"附质"的改变不同。[125] 阿库修斯补充说合同的"实质"包括那些"没有它们合同就不成其为所是"的内容(matters);在买卖中,它们包括价格和出售的标的物。[126] 为形成这个结论,阿佐和阿库修斯只需要知道,在亚里士多德的哲学中,一个事物当改变其实质时就变成不同的事物,当改变其附质时则否。

根据另一个罗马法文本,对于要求诚信的合同,当事人要

〔123〕 See Ch. 1, p. 16.

〔124〕 "Pacta conventa, quae postea facta detrahunt aliquid emptioni, contineri contractui videntur, quae vero adiiciunt, credimus non inesse. Quod locum habet in iis, quae adminicula sunt emptionis, veluti ne cautio duplae praesetur, aut ut cum fideiussore cautio duplae praestetur. Sed quo casu agente emptore non valet pactum, idem vires habebit iure exceptionis agent venditore. An idem dici possit, aucto postea, vel deminuto pretio, non immerito quaesitum est, quoniam emptionis substantia consistit ex pretio. Paulus notat, si omnibus integris manentis de augendo vel de minuendo pretio rursum convenit, recessum a priore contractu, et nova emptio intercessisse videtur." (D. 18. 1. 72.)

〔125〕 "Sciendum est auttem quod pactorum quae fiunt inter emptorem et venditorem alia sunt de substantia contractus ut de augendo, vel diminuendo pretio. Quaedam sunt accidentalia..." (Azo, *Summa Codicis* to C. 4. 54, No. 1.)

〔126〕 "Quia sine pretio esse venditio non potest[cit. omitted]Item si fiat super re vendita augenda vel minuenda[cit. omitted]cum res similiter sit de subatantia emptionis, nec sine ea esse posit." (Accursius, Gloss to D. 18. 1. 72 to *ex pretio*.)

遵守他们已经同意的合同条款,但是如果没有形成任何明确合意,他们就必须履行"自然地"属于该合同的债务。[127] 阿佐和阿库修斯解释说,通常条款既不是实质条款,也不仅仅是偶然条款。[128] 他们把通常条款定义为那些即使没有它们合同也可以存在的条款,尽管理由不是很充分,但他们仍然认为这些条款对于合同是自然具有的。他们就这种条款给出的例子是现 63
代法律人称为权利瑕疵担保的合同条款。[129] 偶然条款对于合同是"外在的"。他们举出的例子是,出卖人在某天返还价款后可以要回自己的货物的协议,买受人要对超期未付部分价款支付利息的协议,以及在交易的某块土地上将要或不会建造一座教堂的协议。[130] 通常条款和偶然条款的相似之处在于,即使不想订立一个新合同,也可以将它们加以变更。[131]

---

〔127〕 "Ex empto actione is, qui emit, utitur. Et in primis sciendum est, in hoc iudicio id demum deduci, quod praestari convenit. Cum nota bonae fidei judicium sit, nihil magis bonae fidei congruit quam id praestari, quod inter contrahentes actum est. quod si nihil convenit tunc es praestabuntur, quod naturaliter insunt huius iudicii potestate." (D. 19. 1. 11. 1.)

〔128〕 另一个罗马法文本规定,由于处于买卖的本质之外(*extra naturam*),不得依据所实施的买卖而提起买卖之诉。(D. 2. 14. 7. 5.)阿库修斯和阿佐解释说,"本质"(nature)在这个文本中不是指合同的"通常条款"(natural terms),而是指合同的"实质"(substance)。[Azo, *Summa Codicis* to C. 4. 54, No. 2; Accursius, Gloss to D. 2 14. 7. 5 to extra naturam("id est, substantiam"); to D. 18. 1. 72 to *nova emptio*.]

〔129〕 "Sed nos dicimus pactum esse de natura quod sit super eo quod est naturalis contractus. Ut de evictione praestanda certo modo vel nullo modo." (Azo, *Summa Codicis* to C. 4. 54, No. 2). "Sed nos pactum de natura dicimum esse quod sit super id quod est naturale, ut de evictione praestanda." (Accursius, Gloss to D. 18. 1. 72 to *nova emptio*.)

〔130〕 "Quaedam sunt accidentalia sive extranea. Ut de dando codice exemparis loco ut aliquot simili non attingenti venditioni. Ut puta si venditor restituat emptori pretium intra certum diem reddatur ei res vel ut emptor praestat venditori usuram pretii tardius solute vel ut emptor faciat vel ut non faciat monumentum vel ecclesiam in fundo vendito." (Azo, *Summa Codicis* to C. 4. 54, No. 1.)

〔131〕 Azo, *Summa Codicis* to C. 4. 54, No. 3; Accursius, Gloss to D. 18. 1. 72 to *an idem*; to *nova emptio*.

佩特鲁斯以与阿佐和阿库修斯基本相同的方式区分了实质条款、通常条款和偶然条款。[132] 巴尔多鲁也是如此，但补充说通常条款被法律推定为是当事人已经默示同意的条款。[133]

巴尔杜斯发展出一个更为完全的解说，它不仅在语汇方面是亚里士多德式的，而且在其核心思想上也是如此。“根本的”或“实质性的”合同条款在不改变合同本质情况下不能被去掉。如注释法学家所说，一个买卖合同的实质条款或本质条款是关于标的物和价格的合意。[134] 尽管本质条款是合同的“根基”(*radix orignalis*)，对于合同最为重要，而通常条款则是“这个根基的扩展，以产出某一品质”，对于合同是“按照逻辑
64 推演”应当具备的。[135] 尽管通常条款是“根据合同的本质”而具有的条款，而合同的其他“偶然条款”则“超出”其本质。[136] 它们是以“某种特殊方式或依据协议进入合同的，这一形式可

〔132〕 Petrus de bellapertica, MS. Borghese 277, to 1. pacta conventa (D. 18. 1. 172) fo. 69^{v}, at fo. 70ra—70rb; Commentaria to D. 2. 14. 7. 6. 但是，在别的地方，他只是将合同的“偶然条款”(accidentalia contractus)与合同的“实质条款”(essentialem naturam contractus)相对照：*Quaestiones vel Distinctiones*, q. 66。

〔133〕 “Pactum super accidentalibus contractibus seu super naturalibus ex intervallo appositum, ad exceptionem tantum prodest: sed si apponatur super substantialibus prodest etiam ad actionem.” (Bartolus, Commentaria to D. 18. 1. 72.) “... illud, quod venit ex natura contractus presumitur a iure tacite agi inter partes.” (Ibid. to D. 12. 1. 3.)

〔134〕 “... [substantiala] nec per pactum removeri, salva essential contractus: sicut in emptione, et venditione est res, et precium, et consensus.” (Baldus, *Commentaria* to D. 18. 1. 72. 1, No. 3.)

〔135〕 合同的实质是它的“根基”(radix originalis)，通常条款则是由其派生出来的产物“extensio illius radicis ex qualitate producta”. (Ibid. to C. 4. 38. 13, No. 6.) 附属条款不包括在 *virtute contractus* 之中，因为“nec principaliter, nec consecutive contractus ordinabatur ad hoc.” (Ibid.) 由于他仅仅区分了本质条款和通常条款，(所以)可以推断，合同最重要的内容由前者构成，逻辑推演的内容则由后者构成。

〔136〕 “Conclude ergo quod accidentalia sunt praeter naturam: naturalia sunt secundum naturam...” (Baldus, *Commentaria* to D. 18. 1. 72. 1, No. 4.)

以增加也可以删减,而不会实质性改变合同标的(subject)”。[137] 因而,尽管通常条款“默示地”属于合同,偶然条款则只有在当事人有明确约定时才成为合同的组成部分。[138]

对于阿奎那而言,婚姻的本质由其目的加以界定。一个行为如果阻碍了那些目的就与婚姻的本质对立。[139] 与此相似,巴尔杜斯得出结论说,当事人在多大程度上可以通过协议改变他们合同的通常条款存在一项限制。如果当事人增加了一个条款,因而消除了他们订立这种合同的“通常效果”,这个条款是无效的,因为消除其“通常效果就是将其排除出所属类型”。[140] 实际上,“协议如不能根据他们被赋予的本质达成其正当目的,它就被认为是不完整的”,在没有达致完整前不能被强制执行。[141] 因此对巴尔杜斯来说,就像对阿奎那一样,一个协议的自然属性取决于它的目的,当事人所拟定的任何条款 65

[137] “... aliud vocatur accidens, quod est forma quaedam superdam superaddita supra substantiam, et naturam ex aliquot speciali modo, vel pacto: et quae forma potest adesse et abesse sine substantiali transmutatione subiecti”. (Ibid. to C. 4. 38. 13, nos. 6 and 7.)

[138] “... in contractibus est reperire quaedam accidentalia quae non insunt tacite [cit. omitted] ut pactum de Cundo Roman. quaedam naturalia, quae tacite insunt ut quod debenture eviction et de caveatur...” (Baldus, *Commentaria* to D. 18. 1. 72. 1, No. 1.)

[139] See Ch. 1, p. 16.

[140] “quaeritur, quid si apponatur pactum, quod removet a contractu naturalem eius effectum...? Resp. non tenet venditio, quia a quo removetur naturalis effectus, removetur species...” [Baldus, *Commentaria* to C. 4. 38 (rubric), No. 19.]

[141] “... unde conventions, quae non possunt attingere debitum finem secundum naturam eis datam, reputant imperfectae.” (Baldus, *Commentaria* to C. 4. 38. 13, No. 5.) 不完整的协议是无效的,除非可以以某种方式把它们补充完整; see ibid., nos. 24 and 25. 例如,合同不能规定某一方当事人对将来发生的不法行为不承担责任。“Dolus futurus per pactum remitti non potest.” (Baldus, *Commentaria* to D. 2. 14. 27. 4, No. 1.) “... dolus in contractu bonae fidei est contra naturam essentialem.” (Ibid. to D. 4. 3. 7, No. 9.) 类似的,当事人也不得约定仲裁人应支持不法行为。“Sed quaerit Guilielmus utrum per pactum tenderet ad delinquendum, et est contra naturam compromissi in bonum virum, quia si assumitur ut bonus vir, est implicare contraria, quod posit inique arbitrary.” (Ibid. to D. 2. 14. 27. 4, No. 3.)

都必须与该目的一致。

公平价格

巴尔杜斯在处理单边交易(onesided exchange)的文本中发现了亚里士多德学说的意义。

前面提到,一个罗马法文本对以低于公平价格一半的价格出售土地的人给予救济。[142] 在非常早先的时期,注释法学家将这一救济也扩大适用于买受人以及类似合同的当事人。[143]

注释法学家将货物的公平价格等同于它的市场价格。根据一个罗马法文本,"物品的价格,不是来自个人的意愿或效用,而是来自于一般人的意愿或效用。"[144]阿库修斯解释说,公平价格不是两三个人愿意支付的价格,而是可以向一般人出售的价格。[145] 既然公平价格是一般价格,那么,公平价格就可能今天与明天不同,此地与彼地不同。如阿库修斯所说:"由于地方的不同,货物的价格也就存在差异。"[146]阿库修斯还认为,一个以低于其购买价格一半的价格出售物品的人无权请求救济,因为"事情可能是……当这一物品向他出售时,比他现在

---

〔142〕 C. 4. 44. 2.

〔143〕 写于 12 世纪初的 *Brachylogus* 不是讨论出售的土地而是讨论出售的标的物(*Brachylogus* 111. xiii. 8)。13 世纪早期的 Dissensiones dominorum 报道了一起纠纷,其中所有的参与人都认为买方理所当然可以请求救济。争议的问题是,买方是否必须在支付公平价格的两倍或一倍半的价格时才可以请求撤销合同。参与人提到 12 世纪的注释法学家普拉森提努斯(Placentinus)和阿尔贝利库斯,以及伊尔内留斯的弟子马蒂纳斯(Martinus)。(Hugolinus de Prresbyteris,*Diversitates sive dissensiones dominorum* § 253.)

〔144〕 "Pretia rerum non ex affectu nec utilitate singulorum sed communiter funguntur."(D. 35. 2. 63. Similarly,D. 9. 2. 23.)

〔145〕 Accursius,Gloss to C. 4. 44. 2 to *autoritate iudicis*;to D. 35. 2. 63 to funguntur;to C. 4. 44. 6 to *non est*.

〔146〕 Accursius,Gloss to D. 13. 4. 3[vulgate 13. 4. 4]to *varia*.

出售时更值钱。”[147]

当注释法学家在得出这些结论时,他们就何为公平价格可能没有想到什么理论。他们不需要什么理论去认定公平价格与一般交易价格一致。这一结论已经有罗马法文本指出。而且,它刚好是法学家不要理论也可以得出的结论,因为任何别的结论可能会使成千上万无辜的市场交易无效。

注释法学家最接近于理论的方法是把对不公平价格的救济与欺诈分析联系起来。如前所述,注释法学家将成因欺诈 66
(fraud in the *causa*,让本来不会订立合同的当事人订立了合同)与附带欺诈(*incidental fraud*,使当事人本来可以订立的条款更差的条款订立了合同)相区分。附带欺诈又区分为故意的欺诈(*ex proposito*)(如果是有意实施的话)以及自然产生的欺诈(*ex re ipsa*)(如果一方当事人支付过多或过少,尽管另一方当事人并没有有意做任何事情欺骗他)。在前一种情形中,受害人可以诉请返还他实际支付的价格和本来应当支付的价格之间的差额,不管其差额可能多么微不足道。在后一情形中,如罗马法所说,仅仅在差额超过公平价格的一半时他才可以提起诉讼。这一区分似乎是由 11 世纪法学家瓦卡里乌斯(Vacarius)在《自由之花》(*Liber pauperum*)的一个注释中作出的,[148]其后为阿佐和阿库修斯所采纳。[149]

不管其优点如何,它不是一个关于为何要给予一个不公平

---

[147] Accursius, Gloss to C. 4. 44. 4 to *autoritate iudicis.*

[148] Vacarius, *Liber pauperum*, iv. 51 to D. 19. 2. 23. 3.

[149] Azo, *Summa Codicis* to C. 2. 20. , No. 9. See Summa trecensis, lib. 4, tit. 41; Rogerius, *Summa Codicis* to C. 4. 44; Hosttiensis, *Summa aurea*, iii. 17, par. 7. See also G. Fransen, *Le Dol dans la conclusion des actes juridiques*(Gembloux, 1946), 49—55.

价格以救济的理论。如19世纪某些法学家所说,注释法学家并没有说在任何正常情况下过高或过低价格是存在欺诈的证据,并因此应当给予救济。他们仅仅是提到,对有意地附带欺诈给予的救济和对不公平价格给予的救济是针对同样的恶:在两种情况下,一方当事人支付得过少或过多。注释法学家假定在正常市场价格之上或之下的价格是一种恶,但没有说明理由。

后来读过《尼各马可伦理学》的法学家对公平价格给出的解释如此粗略,很难判断他们是否想到过亚里士多德的理论。例如,雅科布斯和佩特鲁斯暗示了不公平价格违反"自然公平"。[150] "自然公平"的表述依据的似乎是一个罗马法文本,即"根据自然法,任何人不得以他人损失或损害为代价获取利益,那是公平的。"[151]因此,如亚里士多德和阿奎那那样,他们似乎相信不公平价格是错误的,因为它违反了对等原则。[152]

67 更为肯定的是,巴尔杜斯直接利用了亚里士多德关于对等的思想。巴尔杜斯解释说,前述罗马法文本尊奉"自然公平"的原则,该原则是不当得利救济建立的基础。[153] 不公平价格

---

[150] See Iacobus de Ravinis, *Super Institutionibus Commentaria* to I. 3. 24. 1; Petrus de Bellapertica, *Lectura Insitutionum* to I. 3. 14 pr. [vulgate 3. 15 pr.]

[151] See n. 110 *supra.*

[152] 他们把"自然公平"(natural equity)的反面称为"极不公正"(iniquity),这个词过去曾用来描述 *dolus ex re ipsa*(自然产生的欺诈)(e. g. Vacarius, *Liber pauperum*, iv. 51 to D. 19. 2. 23. 3.)。他们称,"自然公平"和买卖合意连在一起。(Iacobus de Ravinis, *Super Institutionibus Commentaria* to I. 3. 14. 1, No. 5; Petrus de Bellapertica, *Letura Insitutionum* to I. 3. 14. 1, nos. 13 and 16.)

[153] e. g. "praeest aequitas anturalis etiam sine consensus, ut patet in quasi contractibus ut infra de negotio" gest. 1. 3, § pupillus, [(D. 3. 5. 3. 4) Baldus, *Commentaria* to D. 2. 14. 1.]类似的,他也谈道"illa aequitas, neminem locupletari cum aliena iactura."(Baldus, *Commentaria* to I. 1. 2 pr.)因为,巴尔杜斯把"公平"(aequitas)概念和不当得利联系起来使用。See N. Horn, *Aequitas in den Lehren des Baldus*(Cologne, 1968), 114—16.

也违反了"自然公平"。[154] 因此,对于公平,巴尔杜斯想到的是对等原则。如他在别处所说,"在合同中,在解释合同和证明合同的正当性时都要服从于公平或平等原则。"[155]而且,如我们所见,巴尔杜斯似乎也利用了亚里士多德关于慷慨和交换正义的区分,去发展合同可以有两种原因——慷慨和为回报而受领某物——这样的学说。巴尔杜斯说道:"没有原因,依据公平不能提起一项诉讼,以免一方当事人糟糕地利用了他的实质而另一方当事人获得不当利益。"[156]他大概是指,当每一个人为回报而给予时,任何一方都没有不公平获取利益,因为他们以保持公平或对等的价格进行交易。如果一个如此熟知亚里士多德学说的法学家,在得出这个结论时却没有清楚地想到亚里士多德关于交换正义的行为要求对等的原则,那是很奇怪的。

结　论

我们将会看到,被巴尔杜斯以及巴尔多鲁有时赋予罗马法文本以意义的亚里士多德思想,后来成为后期经院哲学综合的核心。不过,巴尔多鲁和巴尔杜斯并不试图围绕亚里士多德原理组织罗马法。他们对于亚里士多德学说的利用是有限的,几乎可以说是保守的。

原因不在于他们所采纳的原理(这些原理和后期经院哲学家是相似的),而在于他们从事的项目(这类似于早期中世纪法学家)。他们希望根据所有别的罗马法文本理解每一个罗

[154] Baldus, *Commentaria* to C. 4. 44. 2, No. 18.

[155] Baldus, *Commentaria* to C. 4. 44. 2, No. 18.

[156] See n. 106 *supra*.

马法文本。就像注释法学家那样,他们提出对罗马法文本的解
68 释结论,而不是将其作为适用哲学原理的结果。[157] 在就一个文本赋予哲学原理的意义后,他们随后引用罗马法文本,而不是把哲学家当作该原理的权威。为什么更加技术性的分析对于架构他们的原理是必要的,那就是其原因所在。实际上,中世纪法学家如此过于关注本章所涉及的罗马法文本而非哲学原理,几乎是引人误解的。它给人这样的印象:在罗马法文本中找出亚里士多德哲学的意义是巴尔多鲁和巴尔杜斯的主要关注点。事实上,那只是他们著作中的很小一个组成部分。由于它早于后期经院哲学家,因此给予回顾是有意义的。

由于中世纪法学家从事了这一项目,他们通过研究文本之间的关系分析法律问题。他们的正式教育几乎完全集中在罗马法文本方面。在他们的著述中,他们解释了一个又一个法律文本,而非一个学说接一个学说。对他们来说,成为法学博士就是成为罗马法文本专家,而非哲学或神学专家。当他们发现亚里士多德的原理对他们从事的项目有帮助时,他们才会利用它们。但是,他们不可能在不改变他们所从事的项目以及使用的法律方法、他们的教学课程安排、他们的法律写作形式,还有他们作为学者的认同感的情况下,围绕这些原理重新组织罗马法文本。

---

[157] 因此,我发现罗马法律传统和希腊哲学传统之间存在持续的紧张关系。相反,哈罗德·伯尔曼(Harold Berman)强调中世纪哲学、神学和法律之间存在共同性的特点,以及和那些以往传统不同的特点。[H. J. Berman, *Law and Revolution*: *The Formation of the Western Legal Tradition* (Cambridge, Mass., 1983), 151—64.]

第四章　综　合

在16世纪和17世纪早期,罗马法和亚里士多德与阿奎那道德哲学之间的综合最终得以实现。它从属于一个更大的精神运动:托马斯哲学复兴运动。[1] 这一运动开始于 69

---

〔1〕 有关这一运动的一般性描述,参见 J. A. FernandezSantamaria, *The State, War and Peace: Spanish Political Thought in the Renaissance*(Cambridge, 1977); B. Hamilton, *Political Thought in SixteenthCentury Spain: A Study of the Political Ideas of Victoria, De Soto, Suarez, anf Molina*(Oxford, 1963); O. Sinner, *The Foundations of Modern Political Thought*(Cambridge, 1978), ii. 135—73。关于这一运动对法律的影响,参见 *La Seconda scolastica nella formazione del diritto private moderno*(Floerence, 16—19 October 1972), (ed. P. Grossio(Milan, 1973); M. Diesselhorst, *Die Lehre des Hugo Grotius Vom Versprechen, Forschungen zur neueren Privatrechtsgeschichte*, 6(Cologne, 1959); M. Villey, *La Formation de la pensée jurisdique moderne*, 4th edn. (Paris, 1975), 343—55。

后期经院哲学家对私法发展的意义仅仅在不久之前才被认识到;参见 Ch. 1, pp. 5—6. 科因(Coing)认为需要深入研究:H. Coing, *Europäisches Privatrecht*, i. *Alteres Gemeines Recht*(1950 bis 1800)(Munich, 1985), 191。尽管他没有详细讨论后期经院哲学家的影响,但他的确描述了早期近代大陆法的一般特征。在这一章中,可以看到他所描述的大多数特征都具有后期经院哲学家的背景。

1503 年。当时,巴黎大学一个名叫皮埃尔·克罗卡尔特(Pierre Crockaert)的教授举办了一次知识分子聚会,他抛弃了他曾讲授过的奥卡姆唯名论哲学而转向托马斯·阿奎那的哲学。他加入了多明我修道会,阿奎那本人曾经属于这一修道会。1512 年,克罗卡尔特在其学生弗朗西斯科·德·维多利亚(Francisco de Vitoria)的帮助下出版了关于阿奎那《神学大全》最后部分的评论。维多利亚回到祖国西班牙,从 1526 年直到 1546 年去世,他一直在萨拉曼卡大学担任教授职务,并创立了西班牙自然法学派。维多利亚没有出版过任何著作,他的思想也仅仅通过他的讲座手写记录得以保存下来,并为人所知。然而,他培养了许多具有很大影响的学生。其中包括法学家科瓦鲁维亚斯以及神学家索托,后者作为维多利亚在巴黎的学生,是多明我会的成员,随后在萨拉曼卡大学成为维多利亚的同事。

对于维多利亚和他的学派来说,阿奎那哲学对当时的知识
70 界、精神界和政治界的恶是一剂解毒良药。它的成员不喜欢哲学中的唯名论、宗教中的新教(Protestanism)和政治学中的绝对主义。他们认为,这些错误的根源,是对于世界上存在一个人类理智可以发现的秩序抱有怀疑态度。因为这一怀疑主义,唯名论哲学家认为抽象概念是人类心智的创造而非关于世界的发现。路德教派和加尔文教派主张人类的堕落(the Fall)败坏了人类,导致其既不能发现也不能实施善行。君主们主张法律只取决于他们的意志。解毒药就是对自然理性抱有信心的阿奎那主义,特别是阿奎那的自然法思想。

在某些领域(如他们的政治哲学),后期经院哲学家极大地受惠于苏格兰学派以及唯名论者,但他们并不承认,反而企

图冲破其束缚。[2] 在他们的合同法理论中,我们将会看到,这一受惠如果存在的话,也已难得一见。在对待合同法理论方面,如果他们仍然忠诚于阿奎那的方法,将决定论(目的论)与概念推理相结合,他们可能会更早发现它。在任何情形下,就如何分析具体的合同法问题而言,阿奎那比苏格兰学派或奥卡姆提供了更多线索。他们几乎总是把这些线索作为他们的起点。

维多利亚对自然法的兴趣可以从他的演讲记录中看到。他的学生科瓦鲁维亚斯和索托开始把阿奎那的思想和罗马法规则结合起来。科瓦鲁维亚斯和中世纪法学家一样认为他的主要任务是解释罗马法。不过,他还是明确表述了阿奎那哲学所提出的正义问题。索托作为一个哲学家和神学家,试图将阿奎那和亚里士多德的原理适用于人们所熟悉的罗马法中的财产权、合同和侵权问题。

由这些多明我会修士及他们的学生在 16 世纪前期发起的这项工作,在 16 世纪后期及 17 世纪早期由耶稣会教士完成。苏亚雷斯(Francisco Suarez,1548—1617)、莫里纳以及勒西乌斯都属于这一教派。尽管苏亚雷斯关于形而上学、政治和法律哲学的著作使他成为这一学派最著名的人物,但对法律学说他却写得很少。但是,莫里纳和勒西乌斯对罗马法进行了极为细致的重新组织,并将其作为对亚里士多德和阿奎那关于正义的德性原理的评注。罗马法和希腊哲学相比于此前或刚开始时 71

〔2〕 关于他们的政治理论,参见 Skinner, *supra* n. 1。格罗西(Paolo Grossi)业已指出,后期经院哲学家的财产法也显示了同样的渊源关系。(Grossi,"*La proprietà nel sistema privatistico della seconda scolastica*",in La seconda scholastica, *supra* n. 1, p. 117.)即使事情果真如此,我也没有发现对后期经院哲学家的合同法存在类似的影响。

更加紧密地结合为一体。

在17世纪,后期经院哲学家的学说由欧洲北部自然法学派的奠基人胡果·格劳秀斯接替并得以推广。实际上,这些学说在其继承者的著作中仍然基本保持原貌。这些继承者包括萨缪尔·普芬道夫、巴贝拉克以及法国自然法学派的多马和波蒂埃,后二人对《法国民法典》的起草者和19世纪的普通法学者都产生过重大影响。尽管这些法学家保存着后期经院哲学家的学说,但是他们不再用亚里士多德和阿奎那的原理解释它们。他们也没有为它们找到任何新的哲学解释。因而,这些学说的意义变得含混不清。这些法学家常常保留着这些学说得以构造的亚里士多德术语,但不能肯定其含义如何。在18世纪某些法学家如沃尔夫(Christian Wolff,1679—1754)的著作中,后期经院哲学的学说构造开始不见了。但是,一般性的合同法理论的重构并未发生,直到19世纪。

我们将会看到,后期经院哲学对这些学说的构造以及欧洲北部自然法学派对它们的传播几乎没有产生什么实际效果。具有效力的法律规则极少改变,并且这些改变也很少具有经济意义。最大的变化是理解合同法的方式。

我们将通过考察后期经院哲学家和欧洲北部自然法学派如何回答三个问题来探讨该变化:合同何时具有约束力?当事人何时表示了同意?什么是合同中的合意?

合同的约束力

后期经院哲学家根据亚里士多德和阿奎那关于信守诺言、交换正义和慷慨的学说分析合同的约束力。罗马人没有以这种方式分析这个问题。实际上,他们几乎根本不去分析这个问题。盖尤斯仅仅是注意到不同的合同以不同的方式缔结：通过同意、通过交付、通过书面文件以及通过特定言辞。[3] 然而，后期经院哲学家则赋予特定罗马法文本以信守诺言、交换正义以及慷慨的意义。 72

他们把提及允诺或简约(*pollicitatio or pactus*)的文本看作对信守诺言德性的引证。此前说到，依据允诺，一个人为他获得的荣誉无偿承担公共事务或为市镇无偿做某事。[4] 一个罗马法文本称允诺只是一方当事人单方的同意，与协议是双方的同意不一样。[5] 另一个文本说一个协议是双方或多方对同一件事情的同意。[6] 勒西乌斯和莫里纳得出结论说，一项允诺就是允诺，一项允诺被另一方当事人接受就是合同或协议。[7]

他们说，在订立协议的过程中，一个人实施的要么是有关交换正义的行为，要么是有关慷慨的行为。[8] 索托区分了在阿奎那的一篇文章中的这些行为。[9] 这些行为是否都可以称

---

〔3〕 See Ch. 3, pp. 31—2.

〔4〕 See Ch. 3, p. 32.

〔5〕 D. 50. 12. 3.

〔6〕 D. 2. 14. 1.

〔7〕 L. Lessius, *De iustitia et jure*(Paris, 1628), lib 2, cap. 17, dub. 1; L. Molina, *De iuetitia et jure tractatus*(Venice, 1614), disp. 252.

〔8〕 对后期经院哲学家运用阿奎那信守允诺、慷慨和交换正义概念的方式有价值且敏锐的阐述，参见 P. Cappellini, *Schemi contrattuali e cultura teologicogiuidica nella seconda scolastica: verso una teoria generale, thesis*, University of Florence, 1978/9, 120—64。但是，依其所述，阿奎那的概念被"世俗化了"(secularized)，以用来构造合同法。(Ibid. 138—40, 253, 529—30.)我不认为这些概念需要加以"世俗化"。它们源于亚里士多德，尽管阿奎那将它们用于道德神学问题，但他仍然诉诸于自然法以解决道德问题。例如，卡佩里尼就正确地认为，阿奎那把允诺放在誓约和誓言(vows and oaths)中加以讨论，但他自己认为允诺创设了一项自然债务，并用亚里士多德的术语对其加以解释。我的看法(见下文)是，后期经院哲学的知识问题(intellectual problem)不是把宗教概念转化为世俗概念，而是把亚里士多德和阿奎那伦理学一般原理转化为法律理论。

〔9〕 D. Soto, *De iustitia et iure libri decem*(Salamanca, 1553), lib. 3, q. 5, a. 1.

为“合同”,莫里纳对此提出质疑。为解决该疑虑,他引用了罗马法文本,在有些著作中,合同(contractus)包括赠与,但其中一个说合同是“互负债务”(*ultra citroque obligatio*)的关系。[10]他得出结论说,从严格意义上讲,合同意味着互负债务并因此是公正的行为,而在一个宽泛且不很恰当的意义上它包括赠与,它们是“允诺人的慷慨行为而无关正义”。[11] 勒西乌斯赋予莫里纳所引用的罗马法文本以相同的亚里士多德区分的意义。[12] 他补充插入一个学术性的挑剔问题:为什么赠与不是一个感恩的德性行为而是一个慷慨行为?通过解释说某种形式的慷慨德性包括感恩的德性,他学术性地解决了这一疑
73 问。[13] 从广义上讲,合同要么是有关交换正义的行为,要么是有关慷慨的行为。

通过对这些德性的分析,后期经院哲学家形成了一个比亚里士多德的权威更长命的结论:允诺如果为一个正当原因而作出并被受诺人接受,就是可以执行的。任何现代的民法学者可能都知道这一结论。但他不大可能知道它发生于一场关于亚里士多德的德性学说意义的争论。

允诺的可执行性

我们已经看到,中世纪法学家已经得出结论,合同原则上由于当事人的同意而具有约束力。他们也说罗马法规则是实证法的创造。但是,后期经院哲学家试图通过利用亚里士多德和阿奎那的原理来论证这一结论。

---

〔10〕 D. 50. 16. 19.

〔11〕 Molina, *supra* n. 7, disp. 252.

〔12〕 Lessius, *supra* n. 7, lib. 2, cap. 17, dub. 1.

〔13〕 Ibid., lib. 2, cap. 18, dub. 2.

阿奎那曾经说道,“人们因允诺而对他人负有义务,并且这是一项自然法债务”。[14] 后期经院哲学家赞同违反诺言是错误的,不管诺言是有关交换正义的行为还是慷慨行为。但是,阿奎那并没有考虑违反履行慷慨行为的允诺是不是不仅错误,而且不公平。交换正义保持了一个公民所持的财富份额。一个受诺人在他没有收到被允诺给予的赠与物时可能会很失望,但比起允诺从来就没有作出的情况,他的境况并不很糟。

多明我会神学家加耶当(Cajetan)在他关于阿奎那《神学大全》的评论中考虑了这个问题。他断言,允诺人仅仅依真实或诚实的事实而受约束。受诺人并不关乎公平事实,除非因为允诺先被作出随后又被违反而使他遭受了损失。[15] 法国法学家康纳努斯(Connanus)持相同立场。他支持它不仅是出于对交换正义本质的论证,而且是出于对那些允诺赠与的人之严肃性和那些相信这种允诺的人之谨慎性问题的思考。他引用了关于不执行非正式赠与允诺的罗马法规则作为例证。[16]

这一观点在其纯粹形式上被索托、莫里纳、勒西乌斯以及后来的格劳秀斯、普芬道夫和巴贝拉克所抛弃。他们主张不忠 74
实是一种非正义。索托引用了西塞罗的一个表述——诚信是正义的基础——以及被其他人所重复的表述。[17] 他们中没有一个人像亚里士多德思考这一问题时那样清楚解释了不忠实

[14] *Summa theologica*, 11—11, q. 88, a. 3, ad. 1.

[15] Cajetan, *Commentaria*(Padua, 1698), to *Summa theologica*, 11—11, a. 1; q. 113, a. 1. See Capellini, *supra* n. 8, pp. 326—31.

[16] F. Connanus, *Commentariorum juris civilian libri X*(Naples, 1724), lib. 1, 6, v. 1.

[17] Soto, supra n. 9, lib. 8, q. 2, a. 1; Molina, *supra* n. 7, disp. 262; Lessius, *supra* n. 7, lib. 2, cap. 18. dub. 2; H. Grotius, *De iure belli ac pacis libri tres*(Leiden, 1939), 11. xi. 1, 5; S. Pufendorf, *De iure naturae et gentium libri octo*(Amsterdam, 1688), 111. v. 9.

如何可能是对于交换正义的违反。依勒西乌斯所见,依忠诚而负担的任何东西是虽然负担了却是“不完善的”,以致忠诚是不充分或不完善的正义形式(*justitia inadequate concepta*)。[18]

但是,勒西乌斯发现加耶当的观点是不可接受的,他很清楚是为什么。允诺做某事和仅仅表示某人将做某事的区别在于,允诺产生债务而单纯表示则否。根据加耶当的观点,很难看出允诺如何产生债务。因此,也很难看出关于交易的有效允诺为何可以被强制执行。假定这些合同中的债务是“一种更为完美的对等”的说法属实,但如果不是由于当事人已经作出的允诺,为什么它们在履行前就具有约束力呢?勒西乌斯断言,所有允诺都自然地可以被执行,尽管罗马法有时要求一个形式以确保允诺的作出是谨慎的。[19]

莫里纳以不同的论点反驳加耶当并得出不同结论。他指出,在罗马法中,赠与物的实际交付使其成为受赠人的财产。如果赠与人的意图是清楚的,原则上就没有理由要求实际交付。一项无偿允诺应当足以创设受诺人可以请求强制执行的债务。唯一的问题在于,允诺人是否有意使允诺具有这种效果。如果他确实没有这种意图,莫里纳断定,他就仅仅因“诚实”而负有义务;如果他有此等意图,他就因“正义”而负有义务,而且允诺是可以被执行的。法庭要通过审查所有“相关情况”来判定允诺人的意图是什么。但是,如果受诺人完成了罗马法所要求的形式,他应当因正义的事实而使自己负担债务。[20]

---

〔18〕 Lessius, *supra* n. 7, lib. 2, cap. 18. dub. 2.

〔19〕 Lessius, *supra* n. 7, lib. 2, cap. 18. dub. 2.

〔20〕 Molina, *supra* n. 7, disp. 262.

依勒西乌斯所见,莫里纳没有认识到允诺产生债务仅因为它们是允诺,而不是因为它们据以作出的确切意图。[21] 然而, 75
格劳秀斯采纳了莫里纳的观点。要具有可执行性,允诺必须"完整"(perfect);格劳秀斯解释说,允诺人不仅仅要表示,他的"意愿由表明将来保持(允诺)的必要性的充分标志而加以确定";他还必须附加"一个希望授予他人适当权利的标志"。他重复了莫里纳的说法,一个已交付的赠与物成为受赠人的财产。[22] 普芬道夫和巴贝拉克赞同格劳秀斯的观点。[23] 依巴贝拉克的观点,说受诺人因为没有失去什么,因而没有遭受任何不正义,就是假定受诺人对允诺给他的赠与物没有权利,(但是)这正是争执的焦点。[24]

尽管格劳秀斯、普芬道夫和巴贝拉克继续了后期经院哲学家的争论,但他们的论证较为简单,也不太准确。他们没有正确辨别勒西乌斯的观点,并试图对它加以回答。格劳秀斯和普芬道夫采纳了莫里纳的观点,但就罗马法形式的解释却是勒西乌斯的而非莫里纳的:形式是谨慎允诺的标志,而不是允诺人

〔21〕 Lessius, *supra* n. 7, lib. 2, cap. 18. dub. 2.

〔22〕 Grotius, *supra* n. 17, 11. xi. 1, 3—4.

〔23〕 Pufendorf, *supra* n. 17, 111. v. 5—11. 主要的不同在于,普芬道夫说起不完整和不可强制执行来,就像它们是外来物种(exotic fauna)似的。他认为,有些法学家很难找到有关它们的例证。他确信存在一些例证:比如,一个人或许另一个人"说话算数",他将履行允诺,就像是由于"(他)自己的德性驱使"他去做那样。(Ibid. 111. v. 6.)莫里纳的看法与之适成鲜明对比,他认为,关涉"诚实"(honesty)义务的允诺相比于"公正"(justice)义务的允诺,"在人与人之间更为常见"。(Molina, *supra* n. 7, disp. 262.)不过,普芬道夫认为,如果无偿允诺是将来时态的用词:"我会给"而不是"我给",这种允诺被认为是不完整的。(Ibid. 111. v. 8.)

〔24〕 Barbeyrac on Pufendorf, n. 10, to 111. v. 9; see Barbeyrac on Grotius, n. 2 to 11. xi. 1; n. 1 to 11. xi. 3.

意图授予受诺人权利的标志。[25]

但是,由于沃尔夫的论证,这一后期经院哲学的争论消失了。他对允诺的定义来自格劳秀斯和普芬道夫,间接来自莫里纳:“一个人充分表明他希望为另一个人实施某个行为、给与某物或做某事,且将要求其履行、给与或做的权利转让给此人,就被说成是对那个人做了某种允诺。”[26]不过,他没有讨论这种允诺是作为正义的事实而具有约束力,还是仅仅作为忠诚的事实而具有约束力。根据允诺的定义给予允诺人执行允诺的
76 权利,他证明了允诺是可执行的。“允诺人实际上将要求履行允诺的权利转让给了受诺人,因此,如果允诺人自己不希望履行允诺,受诺人可以强制他履行。”[27]于是,沃尔夫不再根据德性——哪怕是含糊不明的亚里士多德意义——去解释允诺的约束力。[28] 代替它的是,允诺根据定义就是可以强制执行的。在那方面,我们以后会看到,他先于 19 世纪的法学家。

所有这些讨论都是出于执行允诺的学理考虑,而非要变革罗马法。大多数法学家把罗马法规则作为业已确立的有效实证法而加以接受,毋庸置疑是出于正当的实际理由。但是最

---

〔25〕 Grotius, *supra* n. 17, 11. xi. 4, 2; Pufendorf, *supra* n. 17, 111. v. 11. 巴贝拉克似乎对要式口约是否服务于何种有用目的持不可知论的态度。(Barbeyrac on Pufendorf, n. 2 to 111. v. 11; Barbeyrac on Grotius, n. 7 to 11. xi. 4.)

〔26〕 “Qui sufficienter declarat, se aliquid alteri praestare seu dare vel facere velle, ac in ipsum jus transfert a se exigendi, ut praestet, seu det vel faciat, is ei quid promittere dicitur.” [C. Wolff, *Ius naturae methodo scientifica pertractatum* (FrankfurtonMain, 1764), iii, § 361.]

〔27〕 “Promissor enim transfert in promissarium jus a se exigendi praestationem promissi [§ 361], consequenter ipsum cogendi ut praestet, nisi sua sponte praestare velit.” (Ibid. 111, § 363.)

〔28〕 沃尔夫愿意谈论德性。他把德性定义为指导一个人按照自然法行动的习惯:“virtus sit habitus actions suas legi naturali conformiter dirigendi...” (Ibid., “Probegomena”, § 6.) 但是,和亚里士多德与阿奎那不同,他试图从定义而非有关德性或达致一个人终极目的的行动关系的独立论断中引出德性或自然法要求之物。

后,这些规则或者是被成文法,或者是被司法裁决,或者是被那些宣称某些罗马法规则没有被接受的学者在整个欧洲大陆改变了。交换合同可以强制执行,无论它是有名合同还是无名合同。赠与允诺仅当完成特定形式之时才可强制执行。

如果不是后期经院哲学家们的争论,这一变化可能不会采取它已经采取的那种方式。如果不是理论家们首先断言交换合同原则上作为正义的事实可以执行,整个欧洲大陆都决定执行交换合同是不大可能的。罗马法拒绝执行其中的某些合同变得不正常了。尽管最初法学家认为拒绝有某种正当的实用主义的理由,比如阻止诉讼,但很难发现这种理由。巴尔多鲁在 14 世纪已看出这个规则缺少实际效果,因为无名合同一般都经过公证,莫里纳持相同观点。[29] 他们大概是说一些重要的合同(如土地交易)不管怎样都会被公证,于是唯一被否认可以执行的无名合同是关于马的互易合同。无论如何,大陆的法官、立法者和学者最终认为,没有任何充分的理由偏离交换合同应当执行的原则。但是,要质疑该原则,他们得首先对其 77
加以考察。

根据这场争论的大多数参加者的看法,罗马法要求可执行的赠与允诺应具备特定形式的规则也偏离了该原则。但是,取消该规则的实际效果可能是实质性的,而且大陆法系不愿容忍它们。然而,理论争论产生了一个影响。如果少数观点获胜,执行任何无偿允诺可能看起来都有些不正常。这种允诺可以因采取特定形式而可执行的规则最终可能会被取消。取代它的可能是加耶当所倡导的规则,某些美国法学家如埃森伯格

〔29〕 Bartolus de Saxoferrato, *Commentaria* to C. 4. 6. 2; Molina, *supra* n. 7, disp. 255.

(Melvin Eisenberg)现在也倡导该替代规则:无偿允诺仅在受诺人因信赖它们而遭受损失的限度内可以被强制执行。作为替代,格劳秀斯采取大多数人的观点,后期经院哲学家追随了格劳秀斯。不愿执行无偿允诺被解释成对原则的偏离,形式要求则得以保留。

不过,刚刚说到的这一争论的实际意义很小。这一争论仅仅对改革罗马法关于无名合同的可执行规则作出了间接的贡献,并且,如巴尔多鲁和莫里纳所见,那些规则的实际效果不值一提。这一争论的意义在于,合同何时应被强制执行的理论问题首次在法学家之间展开了辩论。

原　因

依据原因学说,每一个可执行的合同应当基于两个原因或理由中的一个而订立:“慷慨”,或者为某人自己的履行获取回报而接受履行。我们看到,这个学说在 14 世纪由巴尔多鲁和巴尔杜斯所提出。它在 17 世纪和 18 世纪被多马和波蒂埃以基本相同的方式加以表述。[30]

我们看到,巴尔多鲁和巴尔杜斯依据亚里士多德关于区分慷慨和交换正义的思想构造了该学说。但是,他们构造这个学说是为了解释他们的罗马法文本。毫无疑问,后期经院哲学家满足于该学说对这些文本的解释,但和中世纪法学家不同,他
78 们更大的兴趣是理论。对他们来说,这一学说表达了理论上很重要的观点,通过允诺,一个人可以实施交换正义的行为或慷慨行为。如果一个人作出允诺,既没有“在适当的时间给予适

〔30〕 J. Domat. *Les Loix civiles*(Paris,1713),1. i. 1,5—6;1. i. 5,13;R. Pothier,*Traité des obligations*(Paris,1861),§ 42.

当的人以适当的数量”,也没有收到等量的回报,他就没有使用任何德性。他要么缺乏谨慎,要么就是不诚实。

实际上,后期经院哲学家陈述这一观点时,一般将合同分为负担债务性质的或无偿的,或者认为合同是基于无偿原因或有偿原因而订立的。[31] 格劳秀斯在《战争与和平法》中把所有合同都分类为无偿的或负担债务性质的——用他的术语说是“有益的或交换性的”(permutorial),提到原因时只说基于不诚实的原因(*causa vitiosa*)订立的合同是无效的。值得怀疑的是,格劳秀斯是否看出了这种表述方式跟直接说每一个有效允诺一样,要么基于无偿原因,要么基于有偿原因作出之间的区别。[32]

原因学说让现代学者费解,因为它看上去是同义反复:允诺人对他的允诺要么得不到什么回报,要么得到回报。对于后期经院哲学家来说,这一学说并非同义反复,因为“慷慨”并不仅意指一个人得不到什么回报,而“交换正义”也不只是意指一个人得到回报。但是,这个学说没有对执行允诺施加什么实际限制则是真实的。如果这个学说从来没有被发明出来,法庭仍然不会执行不合法或不道德的合同。尽管存在这个学说,法庭却仍然常常执行愚蠢的赠与允诺。没有人指望他们会去询问,允诺人是否像慷慨行为要求的那样“在适当的时间给予适当的人以适当的数量”。

可以想见,允诺的可执行性受到这一规则的限制,即允诺

---

〔31〕 关于后期经院哲学体系对合同的分类,参见 pp. 102—5 below。

〔32〕 Grotius, *supra* n. 17, 11. xii. 1—7. 在《荷兰法导论》(*Introduction to Dutch Law*)中,他用“原因”来推导出必然相同的区分。他说道,罗马人有时要求采取要式口约的形式,而“自古以来的德国人”则强制执行“所有出自任何合理原因的合同”。“任何时候,当合同或允诺以赠与或附属于某些别的交易(handelinge)的方式订立或作出”,就存在一项“合理的原因”(*redelicke oorzacke*)。[H. Grotius, *Inleiding*... (Oxford, 1926), 111. i. 53.]

的原因必须在公证文书中予以陈述,它取代了罗马法形式要件的要求。[33] 某些后期经院哲学家说这一规则创设了一个推定:如果原因未加陈述,受诺人有义务证明允诺的作出是出于慷慨。[34] 如果公证书形式构成对一般书面形式的合理竞争,这一规则就不大可能对限制愚蠢行为提供多少限制效果。

79 把原因学说看作是法庭限制允诺可执行性的努力,就没有看到它的真正意义。它是这样一个重要的理论主张:允诺的作出和执行存在两种合理的理由,即慷慨和交换正义德性的践行。

要约和承诺

我们已看到,就要约在被另一方当事人接受前是否具有约束力的问题,尽管罗马人只有间接涉及,但中世纪法学家则对其加以思考。对于这个问题,后期经院哲学家试图提出与他们的合同法理论相契合的答案。答案并非显而易见。如果所有的允诺都是有约束力的,允诺(是否)需要被接受就不清楚了。甚至更不清楚的是,允诺(是否)需要传达给受诺人。

阿奎那曾说允诺要有约束力必须传达(给受诺人)。前面提到,他的理由是允诺在一个人与另一个人之间建立了秩序,就像誓言在人和上帝之间建立秩序一样。由于上帝知道我们所想,和他建立那样的秩序不需要有任何言辞或符号,但对于凡人,它们则是必要的。[35]

索托和莫里纳似乎认为,这一主张仅仅证明了在允诺对外表达之后实证法才执行它。如果允诺人真是希望自己受约束,

[33] D. 44. 4. 2. 2. See Accursius to D. 44. 4. 2. 2 to *sine causa*; Baldus to C. 4. 30. 13.

[34] e. g. Molina, *supra* n. 7, disp. 257.

[35] *Summa theologica*, 11—11. q. 88, a. 1. See Ch. 2, p. 12.

那么即使他什么也没有说,他根据自然法原则上也负有履行义务。毕竟这个意思是允诺具有约束力的原因。他们指出,依据实证法,甚至没有表达的内心意愿有时也发生效力,如某人希望抛弃他的财产时即是如此。[36]

勒西乌斯不同意这种观点。他说,阿奎那论点的真正力量在于,言辞不仅是允诺了某事的标志。言辞实际使它们标示的东西具有效力。[37] 因此,他这个观点比奥斯汀(Austin)的言辞行为(speech-acts)概念早了几个世纪。[38] 格劳秀斯同意勒西乌斯的看法,自然法要求允诺人的意愿应对外表示,这一次,普芬道夫赞同格劳秀斯的立场。[39] 80

假定允诺业已传达,进一步的问题是它是否被接受了。科瓦鲁维亚斯、[40]索托[41]以及莫里纳说,既然所有的允诺都是有约束力的,原则上一项承诺就是不必要的。莫里纳解释说,只是因为他已经作出了允诺,允诺人才有义务履行诺言,因为该义务产生于允诺而非承诺。应当承认,订立有偿合同的允诺在另一方当事人接受前是没有约束力的,但那是有偿合同的特殊规则。既然有偿合同使双方互负义务,它们就要求相互同意,因此要求允诺应被承诺。为支持其观点,莫里纳指出罗马

---

〔36〕 Soto, *supra* n. 9, lib. 8, q. 2, a. 1. Molina, *supra* n. 7, disp. 266. See Cappellini, *supra* n. 8, pp. 500—12.

〔37〕 Lessius, *supra* n. 7, lib. 2, cap. 18, dub. 5("Ratio est; quia promissio et donatio sunt signa quaedam practica, efficientia idipsum quod significant"). See Cappellini, *supra* n. 8, pp. 513—19.

〔38〕 J. L. Austin, *How to Do Things with Words*(New York, 1962).

〔39〕 Grotius, *supra* n. 17, 11. xi. 11; Pufendorf, *supra* n. 17. 111. vi. 16.

〔40〕 D. Covarruvias, *Variarum ex iure pontificio, region et caesareo resolutionum*(Lyons, 1568), p. 2, § 2, no. ult., § 4, No. 6.

〔41〕 Soto, *supra* n. 9, lib. 3, q. 5, art. 3.

法中的允诺制度。前面已经提到，允诺是向市镇允诺无偿提供公共服务或为获得的荣誉而做某事的允诺。依一个罗马法文本，尽管一个协议由双方当事人共同同意构成，允诺则仅要求一方当事人的同意。[42] 莫里纳赞同允诺是一项罗马法实证法制度。然而，实证法不应偏离自然法太多而导致不必要的非正义。如果允诺人依自然法不负有履行义务，那么，要求履行一个未被接受的允诺就是不公平的。因此，要是假定罗马法规则是公平的，自然法使允诺人负有履行未被接受的允诺的义务。[43]

勒西乌斯对此表示异议。他承认，当所有允诺都有约束力时，允诺而非承诺是允诺人义务的根源。但是，承诺是必要的，因为它是允诺人受其允诺约束的必要条件（*sine qua non* condition）。只有以这种方式才能解释，即使所有的允诺都是有约束力的，为什么允诺订立有偿合同的当事人在对方承诺前也可以撤销其允诺。而且，如果承诺是允诺具有约束力的必要条件，就很容易解释罗马实证法如何在不导致非正义的情况下也可以执行未被接受的允诺。实证法并不能创造一个本不存在的义务。它只是禁止在承诺的必要条件满足前撤销允诺。[44]

81 然后，勒西乌斯转向另一个问题，即承诺生效的时间。既然承诺是允诺有约束力的必要条件，允诺人就可以选择它生效的时间。依勒西乌斯的看法，在有偿合同中，允诺人可能在他知道允诺被接受（承诺）前不希望受约束；在无偿合同中，他甚至在履行前也可能希望受约束。[45]

就允诺在被接受前是否具有约束力的问题，勒西乌斯表示

---

〔42〕 D. 50. 12. 3.

〔43〕 Molina, *supra* n. 7, disp. 263.

〔44〕 Lessius, *supra* n. 7, lib. 2, cap. 18, dub. 6.

〔45〕 Ibid.

了某些疑虑。然而,格劳秀斯毫无保留地赞同勒西乌斯的观点。关于实证法为什么有时会执行未被接受的允诺,格劳秀斯使用了勒西乌斯的论证。以同样的方式,他也认为在受赠人接受前,所有权的无偿转让是不生效的。[46] 普芬道夫、巴贝拉克和波蒂埃都同意格劳秀斯的观点,[47]所有允诺都要求要有承诺的学说,作为自然法的一项原则得以牢牢确立起来。

关于承诺生效的时间,格劳秀斯和普芬道夫也采纳了勒西乌斯的观点:一旦无偿合同的受诺人表示同意,或者有偿合同允诺人知道受诺人同意之时,承诺就生效。和勒西乌斯一样,他们说,这是允诺人想要受约束的时间。[48] 既然事情取决于允诺人的意愿,其他解决方案也是可能的。巴贝拉克说,仅当受诺人没有在知道允诺后立即表示承诺,而是花时间考虑的情况下,承诺(应为"允诺"——译者注)才可以被撤销。[49]

但是,由于沃尔夫的原因,后期经院哲学家的争论才逐渐消弭。对后期经院哲学家以及追随他们的自然法学家来说,允诺作为忠诚的事实而有约束力。于是,为什么未被接受的允诺不具有约束力就有了一个理由。相反,如我们所见,沃尔夫证明了一项允诺基于其定义而具有约束力。[50] 类似的,他定义权利的转让要有受让人的同意,然后根据该定义证明承诺的必

---

〔46〕 Grotius, *supra* n. 17, 11. xi. 14.

〔47〕 Pufendorf, *supra* n. 17. 111. vi. 15; Barbeyrac on Grotius, n. 1 to 11. xi. 15; Pothier, *supra* n. 30, § 4. 普芬道夫认为,格劳秀斯对允诺的解释和 D. 50. 12. 3 的规定不一致,该规定把允诺仅仅看作一方当事人的行为,而不是看作等待另一方当事人接受的不可撤销的许诺(promise)。他自己的解说是,城邦(state)——允诺的另一方当事人——应当被认为已经提前接受了许诺(promise)。

〔48〕 Grotius, *supra* n. 17, 11. xi. 15; Pufendorf, *supra* n. 17. 111. vi. 15.

〔49〕 Barbeyrac on Grotius, n. 1 to 11. xi. 15; Barbeyrac on Pufendorf, n. 10 to 111. xi. 15.

〔50〕 See pp. 75—6 above.

82 要性。[51] 波蒂埃以类似的方式从合同是相互同意的定义证明承诺的必要，并试图从该定义中推导出合同具有约束力的时间。[52] 我们将会看到，就试图从定义中推导出这些结论来说，他们早于19世纪的法学家。

订立合同的同意

我们看到，后期经院哲学家根据亚里士多德关于信守诺言、慷慨和交换正义的原理解释允诺的约束力问题。从他们的分析中产生了一个每一位现代私法学者都熟悉的主张：允诺如果是基于正当原因作出并被接受，原则上就具有约束力。现在我们将看到，后期经院哲学家利用亚里士多德和阿奎那关于人类理智和意志来分析合同中的同意。根据该分析，产生了在今天同样为人熟知的主张，即胁迫、错误和欺诈使合同订立中作出的同意无效。罗马人业已知道，要订立合同，当事人必须要合意。他们在胁迫、错误和欺诈情况下给予救济。后期经院哲学家将罗马法规则组织成一个学说，并为其提供理论支持。

依阿奎那所见，如果一个人的行为源于其理智和意愿，他就应对其负责。他必定知道行为的本质特征，并选择实施它。否则，它就不是人的行为。[53] 阿奎那追随亚里士多德认为，除非一个行为出自一个人特有的内在信念，（否则）它就是非自愿的。如果一个人不知道自己在干什么，或者他知道但由于身

---

〔51〕 沃尔夫（*supra* n. 26）从“一项没有被接受的允诺是无效的”（iii, § 595）命题证明“一项允诺在被接受前可以被撤销”（iii, § 596），而前一命题又是从“一个人自己的所有权或其他权利除非有另一方接受，否则是不能转让给另一方的”（iii, § 7）的命题推论出来的。

〔52〕 R. Pothier, Traité du contrat de vente (Paris, 1861), iii. 1, § 32.

〔53〕 *Summa theologica*, 1—11, q. 6, aa. 6, 8.

体被强制而不能选择,其行为就不是自愿的。如果一个人知道自己在做什么,即使他选择两种恶之中较小的一个,就像在暴风雨中船长决定抛弃货物一样,其行为也是自愿的。[54]

胁 迫

在分析胁迫时,后期经院哲学家不仅利用这些一般性的评论,而且利用阿奎那关于因胁迫而扭曲的誓言之约束力的讨论建立其学说。依阿奎那所见,依起誓而允诺的人要承担两种义 83
务:一是对受诺人;二是对上帝。如果受诺人以胁迫方式扭曲了允诺,则这两种义务中的第一种就被去掉了。"使用强力的人不值得对他信守诺言。"对上帝的义务是较为困难的问题,因为一个人应当承受其损害,而非不顾该义务而免于损害。然而,对上帝的誓言不能使一个人承担作恶的义务。允许受诺人对允诺人施以损害是不公平的,因而也是邪恶的。因此,即使允诺人曾起誓说不那样做,他也仍然可以去法庭要求受诺人赔偿损害。[55] 在讨论婚姻问题时阿奎那也做了类似论证。[56] 阿奎那因此保持了对亚里士多德原理的忠诚:因胁迫作出的同

---

〔54〕 Nicomachean Ethics, 111. I. 1119^a—1110^b.

〔55〕 *Summa theologica*, 11—11, q. 89, a. 7, ad 3.

〔56〕 阿奎那首先讨论的是那些人们在结婚时所做允诺之外的其他允诺。允诺如果是在胁迫之下作出的,这种允诺不是绝对无效,而是允诺人可以解除其义务。原因在于,允诺之所以具有约束力,乃是因为诚实和真实(faith or truth)的德性缘故。但是,一个在胁迫之下作出允诺的人并没有撒谎。在那个时候,他的确真正想要两害相权取其轻,并愿意履行所做允诺。但是,他以后可以诉请解除允诺,并收回其已经给付之物。那么可以假定,他允诺不提起诉讼或主张收回已经给付之物。阿奎那以与考虑誓言问题相同的论证方式来回答这个问题:允诺宽恕非正义就是允诺作恶,而这种允诺是不能具有约束力的。(*Summa theologica*, suppl. q. 47, a. 2, ad 4.)依据教会法,由于胁迫而缔结的婚姻是绝对无效的。阿奎那解释说,其理由在于婚姻是不可解除的。一个人要是不同意永远在一起生活,并且在不法胁迫行为消除后不试图撤销婚姻,就不会同意结婚。但问题是,在胁迫之下作出不撤销婚姻的允诺是没有约束力的,因为该允诺是受害人宽恕非正义的允诺。因此,受胁迫作出对婚姻的同意从一开始就是无效的。(Ibid., suppl. q. 47, a. 3.)

意不是同意。受强制的誓言和婚姻不具有约束力,因为存在非正义之事。

索托曾一度不赞同阿奎那和亚里士多德。他知道,根据教会法,如果一位妇人由于被威胁而起誓加入宗教组织,这个誓言是无约束力的。他说,原因在于她不想要起誓,因此其誓言不是自愿的。相反,如果她是在暴风雨中为求得神灵的帮助而起誓,誓言是有约束力的,因为她在那时想要她得到的东西。索托认同亚里士多德关于受胁迫的允诺不是允诺的主张。但如果是那样,一个由于威胁而起誓的妇人即使教会不要求她坚守誓言,她在良心上也要受到约束。索托主张,教会法不要求她坚守誓言,原因在于它认为她没有同意。[57]

84 勒西乌斯和莫里纳考察了一般因胁迫而作出的允诺的效果,进而得出一个可以包容亚里士多德和阿奎那自愿理论的解决办法。因胁迫而允诺的当事人的确表示了同意,因此,他的允诺并不根本无效。然而,他可以选择宣告允诺无效,因为受诺人由于威胁他而对他造成了"损害"。[58] 换句话说,胁迫是一个侵权行为或者不法行为,可以允许受害人不履行允诺而给予救济。这一观点似乎暗示了,如果一个人由于受第三人威胁而作出允诺,且这些威胁不为受诺人所知,合同是有效的,因为受诺人并没有实施任何加害行为。允诺人唯一能够获得的救济是起诉第三人。然而,就像勒西乌斯所承认的那样,这种合同在罗马法中是没有约束力的。但是勒西乌斯表示怀疑,他指出罗马法只是多种实证法中的一种。[59]

---

〔57〕 Soto, *supra* n. 9, lib. 8, q. 2, a. 1.

〔58〕 Molina, *supra* n. 7, disp. 352; Lessius, *supra* n. 7, lib. 2, cap. 17, dub. 6.

〔59〕 Lessius, *supra* n. 7, lib. 2, cap. 17, dub. 6.

这一理论不容易解释为什么受强迫作出的誓言是没有约束力的。在起誓的场合，受诺人是上帝，因此不法威胁必然是由第三人作出的。勒西乌斯反驳说，尽管受强迫作出的同意仍然是同意，一项誓言只有在不受强迫时才具有约束力，因为，决定起誓时，“一个人是他自己的法律和仲裁人”。[60] 不自由的同意不是那种可以使誓言具有约束力的同意。勒西乌斯援引了一个著名的罗马法文本以支持他的观点：相比于胁迫，“没有什么比它更与同意相反的了”。[61]

是否可以不一般性地使用这种关于合同的论证，也能得出它们要求同意不受不法强制影响的结论呢？勒西乌斯在某一点上非常接近于此。他说：“受胁迫压制的人被加害行为剥夺了自由（liberty）；因此他必须回复到他的最初状态，以使他可以自由同意或不同意该合同。”[62]受强迫的同意仍然是同意。但是，勒西乌斯暗示说，存在某种关系，其中一个人不能因受强迫并因而不自由地表示同意而受约束。

格劳秀斯、普芬道夫、巴贝拉克和波蒂埃，甚至包括沃尔夫，均保留了后期经院哲学家的观点。格劳秀斯声称，这个主题因“受到受诺人或其他人公平和不公平的影响而恐惧之间的”区分以及诸如此类的区分而变得“纠缠不清”，以此开始他有关胁迫的讨论。在引导我们相信他将开拓新的道路之后，他 85
然后在他所采纳的纯粹形式的莫里纳和勒西乌斯不法行为理论（delictual theory）主题下说了四句话——“由于恐惧而允诺的人要受（允诺）约束：因为这里存在同意，不像错误允诺情形

〔60〕 Ibid.，cap. 40，dub. 3.

〔61〕 D. 50. 17. 117.

〔62〕 Lessius，*supra* n. 7，lib. 2，cap. 2，dub. 6.

那样是附条件的，而是绝对的”——如同亚里士多德在讨论抛弃货物以避免沉船事故的人时所说的那样。不过，如果受诺人不公平地导致恐惧，允诺人基于选择可以不受约束，“不是因为允诺无效，而是因为不法导致了损害”。如果恐惧是由第三人导致的，允诺人仅能根据实证法而非自然法享有宣告合同无效的权利。[63]

普芬道夫在做了调整之后接受了不法行为理论。因恐惧而同意的人仍然表示了同意。然而，受诺人不能强制执行因胁迫而被扭曲的允诺，那是因为，他不能从他的不法行为中取得权利。不能那样讲，就好像他已经获得了权利，只是现在被强制取消了似的。[64] 巴贝拉克回到勒西乌斯的论点：“允诺和协议所要求的同意并非是完全自由的，它是自愿负担义务的行为。”[65]波蒂埃详尽讨论了格劳秀斯、普芬道夫和巴贝拉克的观点。他赞同即使根据自然法允诺是有约束力的，实施非正义也会使不法行为人有义务解除受害人所受约束。[66] 沃尔夫说，一个人不能获得权利是因为“以强力或胁迫方式扭曲同意是不合法的”。[67]

错误和欺诈

亚里士多德说，一个人要自愿行为就必须清楚“有关行为

---

〔63〕 Grotius, *supra* n. 17, 11. xi. 7.

〔64〕 Pufendorf, *supra* n. 17, 111. vi. 12.

〔65〕 Barbeyrac on Pufendorf, n. 5 to 111. vi. 10. 多马认为，如果一方当事人“没有同意的自由”，协议就是无效的（*nulle*）。因此，如果“（订立协议的）自由因某种形式的胁迫而受到损害”，协议“……是无效的”。（Momat, *supra* n. 30, 1. I, pp. v. 10）尽管他是如此说的（我们将看到，这种方式对《法国民法典》可能产生了影响），但很难相信他说的是同意（在这种情况下）完全不存在。他是一个传统的法学家，并且，他也没有主张过自己关于同意的任何新的理论。较为可能的是，他想要采纳勒西乌斯和巴贝拉克的观点。

〔66〕 Pothier, *supra* n. 30, § § 22—3.

〔67〕 Wolff, *supra* n. 26, iii, § 574，他证明了一个人不能使用强力或胁迫以扭曲允诺（iii, § 575），那又进一步证明了以这种方式得到允诺的人不能取得权利（iii, § 576）。

的具体情况”。〔68〕阿奎那解释说，“当一个人对某些情况不知情……并因而做了他如果知情就不会做的事时……”行为是不自愿的。〔69〕选择是“意愿的原因，否则一个人就不会有此意 86
愿”，不知情则阻止了它。〔70〕这一结论很容易就与亚里士多德和阿奎那关于如何作出选择的观念相一致。人类为了达到某个目的而行为，并将它作为达到另一个进一步目的之手段，这进一步的目的经过一系列这样的过程又成为达到他终极目的的手段。一个人在选择时对某个情况不知情，可能使他不能达到这些更远的目的，并因而使其行为在某种程度上是不自愿的。

但是，假定一个谋杀犯辩解说他从来没有同意杀人，因为他对某个情况不知，否则就不会杀人——这个情况就是他会被抓住。或者，假定妻子辩解说她从来没有同意结婚，因为在结婚时她不知道对方的脾气或有酗酒的习惯。阿奎那的回答是，不法行为人不被抓住不是谋杀的本质，配偶体贴周到或沉稳也非婚姻的本质。只要谋杀犯知道他在实施谋杀这一本质要素，尽管他没有选择被抓住，但确实选择了谋杀。只要妻子知道她是在结婚这一本质要素，尽管她没有选择坏脾气或酗酒的伴侣，她的确选择了结婚。〔71〕阿奎那大概认为，这一分析也可以

---

〔68〕 *Nicomachean Ethics*, 111, i. 1111^{a}.

〔69〕 *Summa theologica*, 1—11, q. 6, a. 3.

〔70〕 Ibid.

〔71〕 因此，阿奎那认为，如果当事人对关系到“婚姻本质”（*de essential matrimonium*）的事项发生错误，婚姻是无效的。（*Summa theologica*, suppl. q. 51, a. 2.）这类错误的一个例子是就与之结婚的人的身份发生错误，因为那是有关与之结合的特定人的本质事项。这种错误否定了同意。相反，有关于别的事项的错误，如配偶的“高贵”（nobility）或“体面”（dignity），就无关婚姻的本质，因此婚姻（仍然）是有效的。（Ibid., ad 5.）阿奎那将其类推适用于不当行为（wrongful acts）。（Ibid., ad 3.）要想被原宥，行为人必须对自己行为中使其成为不当行为的属性毫无所知。否则，不管他是否知晓某事都仍然应受责难。

用于其他合同分析，因为在讨论结婚的同意表示时，他将其与买卖做了类比。[72]

不过，即使一个人知道本质要素，依阿奎那的观点，也存在一个誓言、誓约或允诺没有约束力的某些情况。他把这个观点建立在亚里士多德关于平等适用法律的观念基础之上。我们已经看到，对亚里士多德和阿奎那来说，人类最终的善具有目的特征。一个人关于达到该目的所必要的手段的看法只在大多数情况下才是正确的。因此，无论何时制定法律，立法者自
87 身并没有指望法律会予以适用的特殊情况总是可能发生。就“公平”而言，法律不应该适用于这些情况。[73] 阿奎那解释说，誓言、誓约和允诺是一个人为自己所立的法律。在允诺人并不意图受约束的情况下它们是没有约束力的。[74] 当然，阿奎那也认识到，就像在赌输了或婚姻失败的情况一样，即使情况如此不如意，以致他如果当初知道就不会允诺，允诺人在这些情况下还是要受约束。在赌博情形，以及在阿奎那所考虑的婚姻情形，允诺人为了达到他的目标，必然同意在这些情况下受约束，之所以如此，乃是存在某些理由的。但是，在别的情形，如果情况不仅不令人称心，而且处于他愿承担义务的范围之外，则他就不受约束。一个父亲有义务无论天晴还是下雨都带他孩子到动物园去，即使在下雨的情况下他会后悔所作的允诺；但如果孩子病了，允诺就没有了约束力。

依阿奎那的观点，在行为人最终目标不能达到的限度内，行为是不自愿的。如果行为人不了解他所作行为的本质要素，

---

〔72〕 Ibid. ,Suppl. q. 51,a. 2,ad 7.

〔73〕 Ibid. 11—11,q. 120,a. 1.

〔74〕 Ibid. 11—11,q. 88,a. 10;q. 89,a. 9.

即使在更为激进的意义上行为也还是不自愿的。在那种情形，他根本就没有选择实施那类行为。进言之，如果允诺人知道誓言、誓约或允诺的本质要素，他也只在意图承担义务的情况下才受约束。后期经院哲学家在讨论错误和欺诈时使用了所有这些论点。

前文提到，一个罗马法文本说，如果买卖合同一方当事人犯了实质性错误，他就没有表示同意。[75] 在亚里士多德的哲学中"物质"(substance)和"本质"(essence)具有相似的含义，尽管前述文本的作者肯定没有这方面的意识。[76] 不过，勒西乌斯和莫里纳引用该文本支持阿奎那关于未认识到行为本质要素的后果的论断。[77] 勒西乌斯解释说，如果一个当事人就他所订立合同的本质要素犯了错误，比如把宝石当玻璃卖了，就是"缺乏同意的本质，因为他没有同意要这件物品而是另一件物品，出于偶然才使他信以为真。"[78] 我们业已看到，巴尔多鲁和巴尔杜斯在 14 世纪就将相同的哲学论断赋予了这一文本。

后期经院哲学家将阿奎那其他有关不自愿的观点赋予罗 88
马法关于欺诈的文本。这些文本不时引证当事人订立合同的原因或理由。从 12 世纪起，这些引证被解释为是，如果欺诈与合同原因相关，合同可被宣告无效。原因上的欺诈被解释为是导致当事人订立了他如果不被欺诈就不会订立的合同的欺

〔75〕 D. 18. 1. 9.

〔76〕 See Ch. 3, pp. 57—8.

〔77〕 Molina, *supra* n. 7, disp. 340, 342.

〔78〕 Lessius, *supra* n. 7, lib. 2, cap. 17, dub. 5.

诈。[79] 一个传统的关于欺诈的例子就是,通过欺诈使他人确信自己的马再没有用处了而向其出售一匹马。[80] 另一个例子是,为购买一套教令集而告诉出卖人说它很快将被一套新的教令集代替。[81] 原因上的欺诈与"附带欺诈"不同。"附带欺诈"的受害人没有欺诈也会签订合同,但合同条款会更有利。他的确想买一匹马,但关于他所买的这匹马的质量,他受到了欺诈。对他的救济不是宣告合同无效,而是诉请返还欺诈所影响的合同价格差额。

后期经院哲学家如康拉都斯(Conradus)把这些传统规则解释为是指原因上的欺诈破坏了同意。康拉都斯引用亚里士多德《伦理学》论证说,如果一个当事人没有欺诈就不会表示同意,那么根据自然法就没有同意,也没有合同。[82] 表面看这一解决办法是亚里士多德和阿奎那式的。我们看到,阿奎那曾说,"当一个人对某种情况不知情……并因此做了他如果知道就不会去做的事情"时,行为是不自愿的。如果我们把原因上的欺诈看作是指进一步目标或目的因上的欺诈,不管多么遥远,它导致行为人作出了行为,欺诈似乎就使该行为成为不自愿的行为。

但是,如刚刚所提到的那样,阿奎那认为,即使一个行为在它没有达到行为人最终意图的意义上是不自愿的,但只要他理解其本质要素,他就同意了该种行为。莫里纳随后认为康拉都

---

[79] Rogerius to C. 4,44. See Vacarius, *Liber pauperum* (London, 1927), 1v. 51 to D. 19. 2. 22. 3 to *quaemadmodum*; Distinctiones, Collectio senesis xxviii.

[80] Vacarius, 1v. 51 to D. 19. 2. 22. 3 to *quaemadmodum*.

[81] Hostiensis "de pactis", *Summa aurea* (Venice, 1574), 111. 17, par. 7.

[82] Conradus Summenhart, *De contractibus licitis atque illicitis tractatus, compendium* (Venice, 1580), q. 57, p. 22.

斯的观点是错误的。只有本质性或根本性的错误才破坏同意,
原因上的欺诈则并非如此。对欺诈给予救济仅仅是因为一方
当事人对另一方当事人导致了损害。因为,依莫里纳看来,欺
诈影响合同的方式与胁迫相同。它构成侵权行为或不法行为
或者致害行为。[83] 在原因上的欺诈情形,损害因解除当事人 89
本来不会同意订立的合同而得到修复。在非本质性欺诈情形,
通过给予损害赔偿而得以修复。

莫里纳声称,这一观点对罗马法和教会法提供了最好的解说。它解释了为什么在第三人实施欺诈而受诺人不知情的情况下罗马法不给予救济的原因:允诺人表示了同意而受诺人没有致其损害。它也解释了婚姻尽管存在原因上的欺诈也并不无效。(根据教会法,婚姻不能因这种原因而宣告无效,但莫里纳认为那应是归因于婚姻的牢不可破性质)它也解释了为什么有偿合同因原因上的欺诈可被宣告无效,但不是由于欺诈而导致的原因上的错误则既不使之无效也不使之可宣告无效。莫里纳说道,在所有这些方面,实证法都依循了"事物自身的本质"。[84]

勒西乌斯赞同莫里纳的观点,尽管存在原因上的欺诈,但仍然具有"本质上的同意",因此合同并不根本无效。在这些情形,"并无事物本质上的错误,仅仅在原因方面存在使当事人倾向于订立或不订立合同的错误"。当事人"在这里且现在对这件事"确实表示了同意,这一错误"并不关乎事物的本质,仅仅与其非本质性的东西相关"。[85]

---

[83] Molina, *supra* n. 7, disp. 340, 352.

[84] Ibid., disp. 352.

[85] Lessius, *supra* n. 7, lib. 2, cap. 17, dub. 5.

勒西乌斯以与阿奎那相同的方式区分了本质性错误和非本质性错误。我们看到,对阿奎那来说,一个行为根据其近似或直接目的加以界定。因而,有关这一目的的错误属于行为本质的错误。关于直接目的(它是更为遥远目的的手段)的错误仅仅是偶然性的错误。勒西乌斯和阿奎那一样区分了"确定行为类属"的"主要原因"错误和"偶成条件和次要原因"的错误。主要原因的错误使同意根本无效,因为当事人"就行为自身的本质"存在错误。关于次要原因的错误则并不使同意无效。[86]

但是,勒西乌斯认为,次要成因欺诈或错误仍然会对同意产生某种后果。他采纳了阿奎那的观点认为,允诺仅仅在允诺人意欲使它们具有约束力的情况下才是具有约束力的。勒西乌斯说:"原因在于允诺仅仅由于允诺人的意愿和意图才具有效力……因此,它在超出那一明确表示或审慎解释出来的意图
90 范围时不具有约束力"。[87] 他使用阿奎那的类比解释说,允诺就像法律一样。不管它们的措辞如何绝对,法律"在立法者明确表示的或者通过解释希望将其排除除外的情况下不能设定义务,允诺是允诺人自愿加于自身的某种特别法令"。[88]

勒西乌斯推论说,与因胁迫订立的合同不同,后者"仅仅基于损害的原因"就可以被撤销,因欺诈订立的合同须"由于损害和同意方面的瑕疵"而被撤销。[89] 同意并不根本欠缺,就像在他就所订立的合同没有本质性错误时可能存在的情况那

---

〔86〕 Lessius, *supra* n. 7, lib. 2, cap. 18, dup. 17.

〔87〕 Ibid., cap. 18, dub. 10.

〔88〕 Lessius, *supra* n. 7, lib. 2, cap. 17, dub. 10.

〔89〕 Ibid., cap. 17, dub. 5.

样。然而,“没有人意图以那种方式遵守合同,即使在他只是由于重大错误才订立合同,并因而欠缺充分同意的情况下他也不能撤回”。[90] 的确,勒西乌斯说,当“动机方面的欺诈或错误给予其理由(*cause*)”时,无偿允诺应当可以被撤销,因为这与“当事人正常和默示的意图相关”。尽管有偿合同取决于双方而非一方当事人的同意,最合理的结论仍然是可以撤销,只要撤销方当事人没有过错,并且双方当事人的地位没有改变(*res... est integra*)。如果他们的地位发生了改变,则撤销对方当事人可以诉请赔偿其所遭受的损失。[91]

后期经院哲学家试图把阿奎那的观点与他们所继受的据称是有关欺诈和错误的罗马法规则结合起来。在17世纪,格劳秀斯、普芬道夫、巴贝拉克、波蒂埃以及沃尔夫概述了他们所持观点。但是,这些作者重述了后期经院哲学家的结论却没有采纳他们的分析方式,甚至可能没有理解它赖以建立的那些观念。

据格劳秀斯所述: 91

> 关于因错误订立的协议的讨论极其让人困惑。一个通常作出的区分是事物本质性错误和非本质性错误;关于欺诈是否给予合同原因;关于协议对方当事人是否参与了欺诈……
>
> 但是基于有关普遍接受的法令效力和有效性的原则,找到自然真实的方法是向我们开放的。如果法

[90] Ibid.

[91] Lessius, *supra* n. 7, lib. 2, cap. 17, dub. 10.

> 令立基于某种事实前提之上，而事实的确不是所要求的那样，则该法令是没有约束力的，因为在事实真相并非要求的那样时，法令的整个基础就都丧失了。当法令如此制定之时，它所依据的基本事实、语词以及实际情况汇集成前提事实。因而，与此相似，我们可以说，如果允诺建立在某种事实前提之上，而事实的确在本质上与所要求的不同，允诺是没有约束力的，因为在缺乏某种事实上没有满足的条件情况下，允诺人是没有同意的。[92]

尽管他再一次声称将开辟新的道路，格劳秀斯也只是重述了勒西乌斯关于原因错误的观点，而舍弃了他关于本质错误的主张。他就法令的效力做了与勒西乌斯和阿奎那相同的论证。而且，像勒西乌斯那样，他推论说，“如果允诺人在查问事实或表述这一含义时具有过失，使另一方当事人因此遭受了损失，允诺人就有义务赔偿该损害……”[93]

但是，人们会问，格劳秀斯在多大程度上保留了勒西乌斯的观点。在勒西乌斯说到允诺原因的地方，格劳秀斯则说允诺“建立”的“前提条件”。他从来没有解释“前提条件”是否具有与原因不同的含义。他在提到一系列后期经院哲学家别的区分时提到原因上的欺诈，但认为它们“很大部分来源于罗马法而非自然法”，并且，“它们中的某些是不充分或不准确的”。[94]

---

〔92〕 Grotius, *supra* n. 17, 11. xi. 6.

〔93〕 Grotius, *supra* n. 17, 11. xi. 6. 3.

〔94〕 Ibid. 11. xi. 6. 1.

当考虑格劳秀斯就情势变更所作讨论时,关于"前提条件"错误的含义甚至变得更加难以理解时,勒西乌斯依据同样的阿奎那原理对原因错误和情势变更的效果都做了解释:一项允诺和一项法令一样,在它从来没有指望予以适用的情况下是没有约束力的。依据格劳秀斯的看法,情势的变更必须是与"我们所谈到的"允诺的"唯一原因"相关。[95] 此前他曾提到"唯一原因"是"驱使允诺人的唯一且有效的原因",没有它允诺将变得"不公平而且无用"。允诺的言辞应当扩展其文义以包括处于"唯一原因"之内的所有情况。[96] 格劳秀斯并没有解释这个"唯一原因"或者"唯一且有效的原因"如何与后期经院哲学家所说的原因相区分。他没有解释(如果要解释的话)它和作出允诺的前提条件之间如何区分。人们很快迷失在这些特别用来抨击具体问题的含义不明的用语之中。很难找到一个关于同意的基础理论来给这些用语以意义。

人们在读普芬道夫、巴贝拉克和沃尔夫的著作时也有同样 92
的感受。他们说,当错误与作为同意条件的某种前提事实有关时(普芬道夫),[97] 或者错误是作出同意的"唯一原因"(unique cause)时(巴贝拉克),[98] 或者是缺了它允诺就没有作出的"唯一原因"(unique reason)(沃尔夫)[99] 时,允诺是没有约束力的。他们中没有人比格劳秀斯更为清楚地解释了这个错误是

---

〔95〕 Ibid. 11. xvi. 25. 2.

〔96〕 Ibid. 11. xxi. 20. 2.

〔97〕 Pufendorf, *supra* n. 17, 111. vi. 6.

〔98〕 Barbeyrac on Pufendorf, n. 3 to 111. vi. 6.

〔99〕 Wolff, *supra* n. 26, iii, § 504. See ibid. iii, § § 569—70. 沃尔夫又一次追随格劳秀斯认为,如果错误归因于一方当事人的疏忽,这该当事人应赔偿对方因此所遭受的任何损失。(Ibid. iii, § 571.)

什么。普芬道夫和巴贝拉克没有说明它如何与原因上的欺诈相关,他们说在后一情况下合同可以被撤销。[100]

实际上,比起格劳秀斯,普芬道夫和巴贝拉克更加难以理解,因为他们也认为合同可以因“本质性的”错误而无效,而区别于“偶然性错误”,巴贝拉克称之为“有效的”错误,以区别于“伴生性的”错误。很难说他们是如何思考这种错误的,更别说是如何认为它与“前提条件”或“唯一原因”有关的了。根据普芬道夫的说法,“通常所说的合同因本质性错误订立应为无效”是指,合同不仅由于“组成协议订立基础的事物自然本质的那些事项”错误而无效,而且由于“协议订立人具体看到的那些品质”的错误而无效。[101] 原因在于,“常见的是……事物的品质被看作是最为重要的,而它的物质要素(physical substance)只被认为是必要的附属物”。尽管普芬道夫保留了“本质错误”的措辞,但他并没有对他所借鉴的人类选择原理保持任何真正的忠诚。本质错误似乎仅仅意味着以某种未加界定的方式对某一当事人是重要的东西。在他的工作开始时,他就自愿行为如何预定了理解给出一个含糊的亚里士多德式的解说,但根本没有提及有关本质的问题。[102]

巴贝拉克认为普芬道夫的讨论过于亚里士多德化了。他给出的理由表明,亚里士多德的哲学即使是像他那样有教养的人也不再理解了。他说:“作者[普芬道夫]和那些道德家们追随巡游学派(亚里士多德学派)的观点,后者以行为人在行为之后表示或没有表示出来的抱憾或懊悔为标准,区分了不同类

---

〔100〕 Pufendorf, *supra* n. 17, 111. vi. 8; Barbeyrac on Pufendorf, n. 2 to 111. vi. 8.

〔101〕 Pufendorf, *supra* n. 17, 111. vi. 7.

〔102〕 Ibid. 1. iii. 10.

型的错误或者不知情。请参看亚里士多德《尼各马可伦理学》第 3 卷第 2 章。”巴贝拉克说,那是不正确的,因为那样的话, 93
“任何后悔的人都可以不承担责任……”在表达这一观点之后[他似乎与《伦理学》第 3 卷第 2 章完全无关,与普芬道夫和巴贝拉克所代表的另一法学家提休斯(Titius)的观点也无关],他并不比亚里士多德知道得更多,反而冲淡了主题且没有解释:不知情如果与“事物本质要求必须具有的那些事实”相关,则排除同意。[103]

波蒂埃追随了普芬道夫。无论错误是与“物品本身”相关,还是与“当事人订立合同时首要关注的并构成事物本质的物品质量”相关,它都排除同意。[104] 就欺诈来说,合同并不绝对无效,但由于非正义的原因将给予救济。[105]

格劳秀斯、普芬道夫、巴贝拉克、沃尔夫和波蒂埃在语词上(如果不是在精神上的话)仍然保留了后期经院哲学家在阿奎那关于人类选择理论基础上建立的对不知情问题的解决办法。他们也保留了后期经院哲学家对罗马法所进行的理论重组。错误不再是买卖法中的一个特殊问题,欺诈也不再是对诈欺之诉(*actio de dolo*)的特别评论。有关错误和欺诈的规则就像有关胁迫的规则一样,都被组织在拒绝遵循一般原则的学说之下。

这些变化一定再一次具有最少的实际意义。错误的案件并不经常发生。无论如何,人们想知道,如果许多法官依循格劳秀斯和普芬道夫而不是勒西乌斯、莫里纳或者罗马法文本,

---

[103] Barbeyrac on Pufendorf, n. 2 to 1. iii. 10; n. 2 to 111. vi. 6.

[104] Pothier, *supra* n. 30, § 18.

[105] Ibid., § 29.

是否会形成不同的结论。勒西乌斯和莫里纳关于胁迫的不法行为理论,的确质疑了第三人实施的胁迫行为可以导致合同被宣告无效的罗马法规则。但是,两位法学家都将其作为有效的实证法规则加以接受,而且要求适用该规则的案件再一次减少。这一变化,如同我们所看到的其他情形,就是合同法被理解的方式。

对合同义务表示的同意

一个现代的私法学者,尽管不熟悉亚里士多德的德性学说,也会认识到基于正当原因作出且被接受的允诺是具有约束力的原则。尽管不熟悉亚里士多德关于人类选择的理论,但他还是熟知有关胁迫、错误和欺诈的学说。相反,后期经院哲学家关于当事人对合同义务表示同意的思想在现代法上只留下
94 极少印记。现代法律学者仅仅熟知后期经院哲学家用这些思想解决的问题:合同中什么样的条款是公平的?除当事人明确表示同意的条款外,还有什么条款属于合同条款?

在解释这些事情时,后期经院哲学家又一次追随阿奎那。我们已经看到,阿奎那认为可以从一个具体交易的定义开始,然后导向这个交易所产生的义务的描述。这些义务要么包括在用于构造这个定义的概念之中,要么是实现该交易被定义的目的的手段。因此,在根据对等定义了交换正义,以及买卖是一种有关交换正义的行为之后,阿奎那解释了根据对等概念所产生的出卖人和买受人的义务。我们将首先检视后期经院哲学家关于对等的看法,然后看看他们就具体合同项下的义务又谈了些什么。

等价交换

根据亚里士多德和阿奎那的看法，交换正义的行为要求对等。后期经院哲学家发现很容易把它和罗马法进行整合。我们看到，注释法学家通过解释罗马法为极不公平价格的交易提供了救济。[106] 巴尔杜斯曾说这一救济建立在“自然公平”基础之上。[107] 后期经院哲学家就罗马法给予救济的原因解释说，交换正义要求对等。必须承认，罗马法仅仅对超过公平价格一半的行为提供救济，但那是出于担心扰乱商业或者鼓励诉讼的实际考虑。与此相似，阿奎那解释说，罗马法之所以只矫正重大偏离，是因为人定法（human law）不能支配所有的德性行为。[108]

困扰现代学者的问题是，后期经院哲学家和持有亚里士多德传统的学者所称等价交换指的究竟是什么。他们当然不是意指交换中个别利益的对等或者当事人从交换中获得的利益均等。换言之，他们坚称出卖人不应收取超过物品公平价格的价款，即使买受人从物品中获得了更大的利益。[109] 相应的，某些学者曾经认为，他们想象物品有某种神秘的内在价值。其他人则认为交易价格应等同于物品的生产成本。我们将会看到， 95
正确的观点属于更为晚近的学者：他们将公平价格确认为我们在竞争性市场上可以要求的价格，这个价格在这一天与那一天、此地与彼地是不同的。我们将提出的问题是，他们为什么认为波动的价格仍然保持了等价。

---

[106] Ch. 3, p. 65.

[107] Ch. 3, p. 67.

[108] *Summa theologica*, 11—11, q. 77, a. 1, ad 1.

[109] e. g. Lessius, *supra* n. 7, lib. 2, cap. 21, dub. 4; Molina, *supra* n. 7, disp. 348.

后期经院哲学家将公平价格看作神秘的内在价值的观点，可以追溯到18世纪克里斯汀·托马休斯(Christian Thomasius)的著作。他说，那些相信公平价格的人把价值看作就像颜色一样的事物的内在特征。这是一个建立在沙地上的学说，因为价值“仅仅取决于人的判断”。[110] 但是，后期经院哲学家头脑中并没有这种价值概念。他们似乎乐意指出物品的公平价格与它们的内在价值或效用并不相同。在非经济的意义上，人的内在价值比动物更多，动物比石头更多；维持生命的面包内在地就比宝石之类的奢侈品更为有用。因此，依后期经院哲学家的看法，经济价值与内在价值或效用并不相同。否则，一个宝石将比一只老鼠卖价更低，因为后者具有更多的内在价值；它也比一块面包卖价更低，因为后者更为有用。[111]

认识到经院哲学家既没有关于物品价值就是授予买受人利益的“主观”理论，也没有价值是物品内在特征的“客观”理论之后，一些学者声称物品的公平价格等于其生产成本价格。[112] 这解释了为什么他们相信公平价格的交易保持了等价。出卖人只能获取他自己的花费和劳动的回报。因此买卖不会使他更富有或更贫穷。与此相似，买受人也不会更富有或

---

[110] C. Thomasius, *De aequitate cerebrina legis II: Cod. de rescind. vendit. et eius usu practico*, cap. 11, § 14, printed as Dissertation LXXIIIin his *Dissertationum Academicorum varii inprimis iuridici argumenti*(HalleonSaale, 1777), 111. 43.

[111] Covarruvias, *supra* n. 40, 11. iii, No. 4; Molina, *supra* n. 7, disp. 348; Soto, supra n. 9, lib. 6, q. 2, a. 3. See Cappellini, *supra* n. 8, p. 184.

[112] e. g. Hagenauer, *Das "justum pretium" bei Thomas von Aquino* (Stuttgart, 1931). 哈格诺尔赞同更早些时候的经院哲学家们的观点，他们把需求和稀缺性这种“主观”因素与劳动与花费这种“客观”因素加以区分，并相信托马斯强调后一方面的因素：例如，R. Kaulla, *Die geschichtliche Entwicklung der modernen Wertteorien* (Tubingen, 1906), 53; E. Schreiber, *Die volkswirtschaftlichen Anschauungen der Scholastik seit Thomas von Aquin* (Jena, 1913), 120。

更贫穷，因为他总是可以将物品以减去已消费部分的价格再次出售。 96

这些学者指出，持亚里士多德传统的人似乎常常认为，物品应当以生产它们的成本价格出售。亚里士多德说，在房屋建造人和制鞋人之间的交易中，房屋对鞋子的价格必定与建造人和制鞋人所花费的生产成本一致。[113] 阿奎那和他的老师大阿尔伯特（Albertus Magnus）就此解释说，房屋的价格对鞋子的价格必定与生产这一个和生产那一个的花费比例相等。大阿尔伯特说，如果房屋的价格更低，则房屋不会被建造。[114] 后期经院哲学家、格劳秀斯和普芬道夫解释说，生产成本只是决定公平价格的一个因素。[115]

不过，这些人中没有一个人认为物品的公平价格总是与生产它们的成本相等。他们都相信，在缺乏公共管制的情况下，公平价格就是物品的一般交易价格。大阿尔伯特认为公平价格是出售物品时市场估定的物品所值的价格。[116] 阿奎那举了一个例子，一个商人在将粮食运到一个饱受饥饿折磨的城市的路上，看见其他运送粮食到那儿去的船只。对他而言，问题不在于饥馑时出售的粮食价格是否公平，而是这个商人是否可以不告知有关别的运送粮食的船只将要到来的事实，而以某个价格出售粮食。阿奎那说道，就正义而言，这个商人可以保持沉

---

〔113〕 *Nicomachean Ethics*, v. 1133^a—1133^b.

〔114〕 Thomas Aquinas, *In decem libros ethicorum Aristotelis ad Nicomachum expositio* (Turin, 1934), lib. 5, lec. 9; Albertus Magnus, *Ethica* (Paris, 1890), v. ii, 9—10.

〔115〕 See n. 118, infra.

〔116〕 Albertus Magnus, *Commentarii in quattuor libros sententiarum Petri Lombardi* (Paris, 1890), dist. 16, art. 46.

默并出售粮食。[117] 索托、莫里纳、勒西乌斯、格劳秀斯以及普芬道夫解释说,如果公共机构没有确定价格,公平价格就是在不存在垄断情形下物品的一般交易价格。因此,公平价格这一天与那一天、此地与彼地是不同的。他们说,公平价格不仅取决于生产成本,而且取决于对物品的需求和它们的稀缺性。[118] 如朗霍尔姆(Odd Langholm)曾经提到的那样,后期经院哲学家的这些观点几乎都不是原创性的,因为所有这三个因素在中世
97 纪关于亚里士多德《伦理学》的评论中一次又一次被提及。[119] 就此而论,尽管不是很清楚,但阿奎那已经提到了所有这三个因素。[120]

更晚些时候,像努南(Noonan)和德鲁弗(de Roover)等学者断言,在缺乏公共管制的情况下,公平价格就是竞争性的市场价格。[121] 基于我们刚刚提到的理由,那个命题必须加以纠正。不过,这不是事情的全部。如果公平价格就是竞争性的市场价格,为什么后期经院哲学家相信公共机构可以确定一个不同的价格并被看作公平价格呢?后期经院哲学家如何能够期望波动的市场价格仍然可以保持等价?

---

[117] *Summa theologica*, 11—11, q. 77, a. 3, ad 4.

[118] Soto, supra n. 9, lib. 6, q. 2, a. 3; Molina, *supra* n. 7, disp. 348; Lessius, *supra* n. 7, lib. 2, cap. 21, dub. 4; Grotius, *supra* n. 17, 11. xii. 14; Pufendorf, *supra* n. 17, v. i. 6. See Cappellini, *supra* n. 8, pp. 184—96.

[119] O. Langholm, *Price and Value in the Aristotelian Tradition* (Bergen, 1970), 61—143.

[120] Aquias, surpra n. 114, lib. 5, lec. 9. [提及劳动、花费和需求(*indigentia* or need)]稀缺性的作用在其有关出售谷物的商人的案例中隐约可见。

[121] J. Noonan, *The Scholarstic Analysis of Usury* (Cambridge, Mass., 1957), 82—8; de Roover, "The Concept of the Just Price Theory and Economic Policy, *Journal of Economic History*, 18(1958), 418. Similarly, Ambrosetti, Dritto private ed ecomia nella seconda scolastica", in *La seconda scolastica nella formazione del diritto private moderno*, *supra* n. 1, 23 at 28.

在检视后期经院哲学家如何思考市场运作之后，我们就可以回答第一个问题。他们相信竞争性的交易价格依据生产成本、稀缺性和需求确定，与现代经济学家相信价格依据供求关系确定极为相似。差别在于现代经济学家相信供求相等时存在唯一的均衡价格以及市场出清。后期经院哲学家不知道均衡价格或者决定适当价格的独特市场机制。当科瓦鲁维亚斯、索托、莫里纳、勒西乌斯、格劳秀斯和普芬道夫描述如何确定市场价格或公平价格时，他们说在需求条件、稀缺性和成本一定的情况下，存在一个或多或少是公平价格的范围。人们交易的价格将依据通常价格（*communis aestimatio*），即出卖人和买受人关于最能反映供求关系的价格的判断确定。[122] 要考虑到唯一的均衡价格，后期经院哲学家将不得不想象单个的供需表。他们没有做到这一点。尽管他们知道导致价格上涨和下降的因素是什么，他们并没有把每一个因素作为独立的变量分别加
以研究。如朗霍尔姆曾提到的那样，“基本没有做到将供求关 98
系分割为价格公式中的个别论证”，是“亚里士多德市场模型的一个缺陷，在后期经院哲学传统中它从来没有被讲清楚过”。[123] 由于不知道唯一的均衡价格，于是他们认为，需求、稀缺性和成本多少可以充分反映可能的价格范围。由于不知道达成供需平衡的不可更易的隐形市场机制，他们将妥当解说需求、稀缺性和成本的作用归因于人类的判断力。

---

〔122〕 Covarruvias, supra n. 40, 11. iii, No. 4; Soto, supra n. 9, lib. 6, q. 2, a. 3; Molina, *supra* n. 7, disp. 348. Lessius, *supra* n. 7, lib. 2, cap. 21, dub. 2; Pufendorf, *supra* n. 17, v. i. 8. 格劳秀斯明显持有类似观点，因为他说决定价格应“考虑到”这些不同因素，并且他使用 *communis aestimatio*（通常价格）说明保险合同中如何为风险定价。（Grotius, *supra* n. 17, 11. xii. 14, 23.）

〔123〕 Langholm, *supra* n. 119, p. 116.

由此，我们可以理解，为何后期经院哲学家、格劳秀斯和普芬道夫批评垄断却赞成公共机构的价格管制。垄断是不好的，因为市场价格被认为是需求、稀缺性和成本的反映而非少数人牟利欲望的反映。[124] 管制价格是正当的，因为公共机构确定价格只是以他们自己关于最能反映需求、稀缺性和成本的价格判断，取代了出卖人和买受人的通常价格（*communis aestimatio*）。[125] 由于后期经院哲学家相信需求、稀缺性和成本多少充分地反映了一个价格范围，他们不会像现代经济学家那样担心唯一均衡价格被打破，并因此导致购买力不足。

余下的问题是，他们为何认为波动的市场价格不管如何加以确定仍将维持等价。如晚近的学者所指出的那样，问题是这些人相信公平价格取决于需求和稀缺性以及生产成本。然而，如更老一辈的学者所指出的那样，仅当公平价格等于生产成本时，等价才能得以维持。只有在那时，出卖人和买受人既不更富也不更穷，因为出卖人所得到的刚好等于他的花费和劳动，买受人也只是可以再次出售以收回取得该物的成本。因此，朗霍尔姆曾提到，“仅当公平价格的观点所述内容刚好就是我们现在所称的长期价格均衡”时，这些人关于等价和成本的讨论
99 才集中在有关需求和稀缺性的话题。[126] 在长期价格均衡情况下，依据稀缺性和需求所确定的市场价格刚好等于生产成本。但是，他注意到那不可能是更早那些人的意思，因为他们所说

---

〔124〕 e. g. Soto, *supra* n. 9, lib. 6, q. 2, a. 3; Lessius, *supra* n. 7, lib. 2, cap. 21, dub. 21; Grotius, *supra* n. 17, 11. xii. 16.

〔125〕 Molina, *supra* n. 7, disp. 347; Lessius, *supra* n. 7, lib. 2, cap. 21, dubs. 2 & 4. 与此相似，格劳秀斯和普芬道夫也把管制价格看成与市场确定的公平价格的范围一致。（Grotius, *supra* n. 17, 11. xii. 14; Pufendorf, *supra* n. 17, v. i. 8.）

〔126〕 Langholm, *supra* n. 119, p. 34.

的公平价格是波动着的市场价格。而且,如我们所见,他们并不知道均衡价格,更别说长期均衡了。

为了解决这个问题,让我们再次考察亚里士多德关于房屋建造人和制鞋人的例子。大阿尔伯特和阿奎那解释说,它意指房屋的价格和鞋子的价格之比必定与生产前者和后者的花费和劳动之比相同。大阿尔伯特说如果房屋的价格更低,建造人将不会建筑。我们知道,大阿尔伯特和阿奎那把公平价格看作是波动的市场价格。因此,我们应将他们的评论理解为是指建造人和制鞋人应能够收回生产成本(尽管他们不是在每一个交易中都能够这样),如果他们不能(在正常情况下或最终)收回成本,他们将不会生产。于是,在正常情况下或最终来说,出卖人应当能够收回其成本;但如果他不能,那似乎也并不使阿奎那或大阿尔伯特感到为难。

出卖人有时收回之物多于或少于其成本并不使他们为难的一个理由可能是,他们知道价格必定因需求和稀缺性而波动。如果这种波动是必要的最小的恶,那么它们在个别交易中产生的不等价就得被容忍。如果它们不是必要的,那么,如后期经院哲学家所说,公共机构就可以介入并确定管制价格。因此,在缺乏管制价格的情况下,就它在考虑了需求和稀缺性的限度内仍维持了等价的意义上讲,竞争性的市场价格是公平的。相反,如勒西乌斯所述,当一方当事人利用了另一方的"不知情"或"急需",以高于市场价格的要价向其出售某物,或以低于市场价格的出价向其购买某物,就没有正当理由去容忍由此产生的更大程度上的不等价。[127] 相似的,也没有正当理

〔127〕 Lessius, *supra* n. 7, lib. 2, cap. 21, dub. 4. Similarly, Soto, *supra* n. 9, lib. 6, q. 3, a. 1.

由允许垄断方为了自身利润而提高价格。

持亚里士多德传统的人为什么对于市场价格不等于生产
100 成本并不感到困扰可能还有另外一个理由。他们可能认为，只要出卖人最终或正常收回其成本，他在一个具体交易中收回得更多或更少就无关紧要。从足够多的合同来看，最终结果将是相等的。而且，在任何一个具体交易中，收回之物比他的生产成本更少的出卖人可能刚刚在另一个交易中收得更多。因此，从每一方当事人输赢风险相同时赌博就是公平的意义上讲，该交易也是等价的。

索托为解释为什么市场价格是公平的做了一个论证：

> 规定一个人始终应以他的购买价加劳动价值以及承担的风险再加利润所得之和出售物品的规则是极端错误的。情况毋宁是，如果一个商人缺乏技巧并对业务无知，而以高于公平价格的价格购买某物，或运气不佳，如由于不曾预料到的物品供给过剩，他不能刚好收回其成本。相反，如果某人坚持不懈或更为幸运，由于幸运之神的眷顾，他碰巧以较低的价格购得某物，而且此后发生了意料之外的物品短缺，他肯定能够以更高的价格出售物品，实际上，尽管商品质量并没有以任何形式得到提高，他仍然可能在同一天和同一地做到这一点。由于买卖业务受制于很多种偶然事件，商人就应当自负风险，另一方面他们也可以期待好运气。[128]

---

[128] Soto, *supra* n. 9, lib. 6, q. 2, a. 3.

其他后期经院哲学家就价格波动风险较少明确表达意见。不过，他们的理解是，由于合同给予当事人的既可能是收获也可能是损失，因此它可以是公平的。莫里纳为即使在交付前物品毁损风险也由买受人承担的规则辩护道，依此做法，就像在物品毁坏时他会受损失一样，在情况好转时他也可以获利。[129]他也提到出卖人的成本包括像出卖前物品毁损之类的“风险”以及“劳动力”和“花费”。[130] 补偿其所承担的风险的价格并非是不公平的，即使风险没有现实发生，亦是如此。与此相似，勒西乌斯认为，“这就是商人的境况，如果他们取得物品时花费很小，则他们就可能获利；如果花费不成比例或过大时，他们同样可能遭受损失。”[131]因此，莫里纳和勒西乌斯认为，合同可
能是等价的，因为当事人一方既可能获利也可能受损，尽管他 101
们没有像索托分析市场价格波动的风险那样使用这一分析。[132]

于是，持亚里士多德传统的人为何没有被市场价格波动且因此并不总是等于生产成本的事实所困扰，存在两个原因。他们可能认为，由于价格波动导致的不等价不得不被容忍，因为价格必然随需求与稀缺性而调整。他们也可能认为价格波动不会破坏等价，因为没有收回成本的当事人一方可能曾在别的交易中获利。这些人常常不明确表态，他们也看不出有什么必要如此。到那时为止，还没有人指责他们维护一个神秘且自相

---

[129] Molina, *supra* n. 7, disp. 366.

[130] Ibid., disp. 348. Similarly Pufendorf, *supra* n. 17, v. i. 10.

[131] Lessius, *supra* n. 7, lib. 2, cap. 21, dub. 4.

[132] 与之相似，安布罗塞蒂认为公平价格(the just price)是公平的(fair)，因为对于后期经院哲学家们来说，损失要么是由于不幸，要么是由于无能而遭受的。(Ambrosetti, *supra* n. 121, pp. 31—2.)

矛盾的价值观念。

当托马休斯在18世纪开始指责时,较为早期的等价交换概念不再被理解。否则,托马休斯将不会坚持认为他的反对者们把价值看成是像颜色一样的事物的内在特征。巴贝拉克赞同托马休斯的观点。[133] 波蒂埃和沃尔夫重申了等价交换的需要,但他们可能没有想到更早期的观念。波蒂埃称对损害(lésion)必须给予救济,因为"公平是契约之王"(equity must reign in conventions),而且"在商业交易行为中,公平在于等价"。但是,他补充说,"受害当事人同意中存在不完善之处",因为他仅仅由于认为他将收回与他给予之物价值相等的东西而订立合同。[134] 诉诸同意的不完善性可能并不表示基础理论的变化,因为,如我们以后将会看到的那样,后期经院哲学家和自然法学家也认为,当事人一般想以公平价格订立合同。[135] 波蒂埃明显感到这个学说需要补充早期学者没有提供的正当化要件。[136] 沃尔夫试图根据没有人在可以得到回报时有义务无偿给予的命题来证明,出卖人应当以公平价格出售,价格是应付出什么作为回报的判断。[137] 早先付出交换正义和等价交
102 换的思想变得模糊不清而难以辨认了。

无论如何,后期经院哲学家已经对公平价格要件给出一个一般性的理论上的正当理由,即使在波蒂埃和沃尔夫的著作中为它提供这样一个理由的努力仍然存在。再一次,变化是理论

[133] Barbeyrac on Pufendorf, nn. 1 and 2 to v. iii. 9.

[134] Pothier, *supra* n. 30, § 33.

[135] See pp. 109—11 below.

[136] 多马也没有进行这样的解释。他仅仅说对损害(lésion)应当给予救济。(Domat, *supra* n. 30, 1. I, vi. 9.)

[137] Wolff, *supra* n. 26, iv, §§ 268, 271, 273, 322.

上的,并没有多少实际效果。我们看到,注释法学家对价格为何是公平的没有什么理论。不过,他们以基本相同的方式思考了公平价格问题。它是物品在给定的地点和时间被交易的价格。注释法学家允许当事人在合同中抛弃救济。巴尔多鲁和巴尔杜斯原则上允许他这么做,尽管他们找到一些使抛弃无效的方法。后期经院哲学家关于这些抛弃有效性的提议太过含糊,不能在实证法上引发任何决定性的变化。一些人声称导致当事人以不公平价格订立合同的不知情或紧迫情况可能同样导致他放弃救济。[138] 一些人认为把抛弃写入合同更多的是因为它们出现在公证书簿中,而非仅仅由于当事人的同意。他们主张,这种抛弃要么无效,要么只在当事人要求这样的条款时,或者对当事人做了宣读,或者他们亲自书写时才予以支持。[139] 但更为典型的是,后期经院哲学家要么忽视了这一问题,要么像巴尔多鲁和巴尔杜斯那样做了妥协。一个抛弃可以得到支持,但它必须是具体的,而且不能由不正常的轻率之人作出,比如"妇女、小孩以及乡下人"。[140] 而且,如果偏离了公平价格的一半,如果这种价格偏离过大且不同寻常(not only *enormis* but *enormissima*),当事人就不能抛弃。[141] 尽管可能存在持续的压力,要求限制抛弃救济得到认可的情形,在有效法律中的任何变化可能仍然很小。

---

[138] See P. Parisius, *Consilia*(Venice, 1543), cons. xii, No. 88. 科瓦鲁维亚斯对该观点加以了讨论, Covarruvias, *supra* n. 40, 11. iv, No. 3; Molina, *supra* n. 7, disp. 349。

[139] 科瓦鲁维亚斯对这些观点都加以了讨论, Covarruvias, *supra* n. 40, 11. iii, No. 4. 他对其持批判看法。

[140] See Covarruvias, *supra* n. 40, 11. iv, No. 3; Parisius, *supra* n. 138, cons. xii, No. 5; P. Decius, *Consilia*(Venice, 1570), cons. clxxx, No. 4.

[141] Covarruvias, *supra* n. 40, 11. iv, No. 5; Molina, *supra* n. 7, disp. 349; Parisius, *supra* n. 138, cons. xii, nos. 80—1; J. Rubeus, *Consilia*(Lyons, 1540), cons. ci, No. 2.

合同类型和通常条款

对于后期经院哲学家来说，就像对阿奎那一样，一旦确定了交易定义，就可以从这个定义展开对该交易所产生的义务的描述。可以通过确定它的目的，并将其归入某种更大的行为类
103 型或种类之中来定义一个交易。因此，我们看到，阿奎那通过把合同定义为有关慷慨或交换正义的行为并确定每一交易所追求的目的，对合同做了与常见的罗马法分类相似的分类。某些合同转移某物的所有权，如买卖；某些转移物的使用权，如租赁；某些为保障物的安全而予以转让，如寄存；或者为担保债务而转让，如质押与保证。[142]

大部分的后期经院哲学家采纳了阿奎那关于合同的分类方案，仅做了很小的改动。莫里纳和勒西乌斯为给封建采邑以及与之相似的被称为永佃权（*emphyteusis*）的罗马法制度找到了位置，而对该方案做了一些修补；在这两种情况下，他们称没有一种是只转移所有权或使用权，而是介于二者之间的某种东西，来自他们称为用益所有权（*dominium utile*）的制度。[143] 勒西乌斯把寄存重新分类为某种租赁（lease），即照管寄存物的服务的租赁。[144] 索托把为补偿而转移某物使用权的合同再分类为：如果物被使用但未被消费，则为租赁；如果被消费，则为不合法的高利贷合同。[145] 此外，这些法学家仍维持了阿奎那的体例不变。

不过，阿奎那的分类并没有预示超出阿奎那自身试图追求

[142] *Summa theologica*, 11—11, q. 61, a. 3. See Ch. 2, pp. 14—15.

[143] Molina, *supra* n. 7, disp. 259; Lessius, *supra* n. 7, lib. 2, cap. 17, dub. 3.

[144] Ibid., lib. 2, cap. 17, dub. 3.

[145] Soto, *supra* n. 9, lib. 3, q. 5, a. 3.

的目标之外更大事业的可能性：设计一个分类系统以涵括所有可能的合同类型，并将分类减少到某个自然类型的数量水平。这种系统在理论上是否可能，就阿奎那原理而言还不清楚。加耶当主张人类协议的唯一自然的区分就是分成慷慨行为和交换正义的行为。阿奎那所做进一步的分类只是一些例证，“诸如此类的质料（*materia*）之中”含有一种“等价物”。“交换正义的种类并没有因这种分类而增加。”[146]

然而，某些后期经院哲学家并没有因这些理论难题而感到沮丧。在别的时代可能被称为植物学家的康拉都斯认为存在30种自然类型的合同。[147] 索托在其著作中一个部分几乎原封不动保持了阿奎那的体系，在另一个部分却称可以将所有自愿合同减少为7种，甚至可以进一步减少为5种。在互易（*cambi-* 104
um）中，为取得某物而付出某物；在买卖（*emptio*）中，为取得价款而付出某物；在消费借贷（*mutuatio*，所指明显多于罗马法中的 *mutuum*）中，为取得同一物或相同数量之物而付出某物；在 *emphyteusis*（永佃权）［它所指的比罗马法上的永佃权（*emphyteusis*）也更多］中，为取得价款而转让某物的使用与收益（*ususfructus*）；在使用借贷（*commodatio*）仅仅转让某物的使用，转让是无偿的；在使用易换（loanbarter，*permutata accommodatio*），为取得他人之物的使用而转让物之使用；在租赁（*locatio*）中，为取得价款而转让物的使用。然后，索托试图将互易归入买卖，使用互换（loan-barte）归入租赁。

据此，索托的分类体系建立在区分合同的两种自然方法的

---

〔146〕 Cajetan, *supra* n. 15, to *Summa theologica*, 11—11, q. 61, a. 3.

〔147〕 Summenhart, *supra* n. 82, q. 18, p. 51.

思想基础上。第一种是依据是否无偿或为取得回报而付出某物而分类的方法。第二种是依据合同是转让物之所有权[索托称为"关于物的实质(substance)的权力"],还是转让物之使用和收益(索托称为"关于物的品质和附质的权利"),或者仅仅转让使用而分类的方法。[148] 人们当然想知道为什么物之可转让利益只能以这种方式加以区分,索托为什么不考虑别的在逻辑上可能的转让这些利益的方式,如为取得使用和收益而转让使用和收益。

格劳秀斯建立了或许是最好的包罗一切的合同分类体系,他比索托更接近常见的罗马法合同类型。依据格劳秀斯的看法,有时出于"施惠"(无偿地)而给予利益,有时为"互惠"(为获得的利益)而给予利益。无偿授予的利益有时立即转让,有时在将来转让,如在赠与允诺中那样。有时,它的转让创设了受领人方面的义务。在后一情形,如果受领人是被给予物之使用,合同是使用借贷(*commodatio*),如果受领人被给予服务,就是无偿委托(*mandutum*)。格劳秀斯进一步把"互惠性"合同分为产生共同利益的合同[如合伙(*societas*)],以及产生对立利益的合同。后者又依据交易中所给予的内容做进一步分类。在互易中,为某物而交易某物;在买卖中为价金而交易某物;在货币交易中为金钱而给予金钱;在租赁中为价金而给予物之使用(或提供服务),除非服务是防止风险的担保,比如在保险合同情形下那样。[149]

105 在这一方案中,格劳秀斯提出了一个他称之为"自然的"

---

〔148〕 Soto, *supra* n. 9, lib. 4, q. 1, a. 1; lib. 6, q. 2, a. 1.

〔149〕 Grotius, *supra* n. 17, 11. xii. 1—7.

且“简单的”合同分类表。[150] 他的定义建立在任何发达社会中可能出现的如此基本的区分之上。至少在这个意义上,它们是“自然的”类型。通过组合这些“简单”合同的要素,格劳秀斯解释说,人们可以订立“混合”类型的合同,如将无偿合同和租赁合同要素组合而订立的封建采邑合同。因此,简单合同是构造其他合同的素材,通过理解简单合同可以进一步理解其余合同。普芬道夫和波蒂埃则提出了别的分类体系。[151]

并非所有的后期经院哲学家都试图将合同穷尽分类为一定数量的简单而自然的类型。不过,他们都试图恰当界定每一种合同。对他们来说,就像对阿奎那和格劳秀斯那样,定义是理解的第一步。从定义开始,他们相信他们可以确定某种合同中当事人一般应受约束的义务。

如中世纪法学家巴尔杜斯所说,这些义务是“自然”属于那种合同的。应当记住,巴尔杜斯发展了合同条款的三重区分,直到波蒂埃时代都一直被采用。[152] “必备”条款是特定类型合同必须具有的条款,是“通常”条款由之产生的“最初根源”。在当事人没有其他相反约定时,“通常”条款构成合同的内容。“偶然”条款只有在当事人明确规定时才具有约束力。我们看到,为了做这种区分,巴尔杜斯自己受到亚里士多德哲学的影响。大致来说,后期经院哲学家像巴尔杜斯一样,认为

---

〔150〕 他将依自然法成立的“通常”(natural)类型的合同与依实证法在有名合同和无名合同中确立的特征加以对比。“At ius naturae ignorat haec discrimina;neque vero qui innominati ab illis dicuntur contractus,aut minus sunt naturals,aut minus antiqui. . . ”(Grotius, *supra* n. 17,11. xii. 3. 3.)他将“简单”形式的合同和由简单合同组合而订立的“混合”合同区别开来。(Ibid. 11. xii. 7;11. xii. 5.)

〔151〕 Pufendorf,*supra* n. 17,v. ii,8—10;Pothier,*supra* n. 30,§§9—15.

〔152〕 参见 Ch. 3,pp. 63—5. 波蒂埃的著作中存在这一区分。Pothier,*supra* n. 30,§§6—8.

特定合同的“通常”条款是罗马法中当事人没有明确约定时构成合同内容的那些条款。后期经院哲学家试图找到亚里士多德和阿奎那关于它们为何是“通常的”解释。

一个例子是后期经院哲学家关于出卖人对货物瑕疵披露义务的分析。如中世纪法学家解释的那样,如果出卖人没有披露,罗马法给予买受人两项救济:他可以撤销合同,或者要求赔偿有瑕疵的物品价值与没有瑕疵情况下他所支付的价款之间的差额。后期经院哲学家把这个规则解释为是对阿奎那原理的适用,即为了避免买受人遭受损失并因而在合同中产生非正义和不对等,出卖人必须披露瑕疵。莫里纳和勒西乌斯说,出卖人有义务“主动”(*ex officio*)披露,因为他对货物有更多了解,并且是“为了获取公平价格”而提供货物。[153]

106

勒西乌斯和其他人就罗马法为何存在两种救济——撤销和赔偿差价——找到一个解释。在买受人不知情的情况下,如果他知道就不会订立合同,于是出卖人的隐瞒构成原因上的欺诈,所以第一个救济是恰当的。当隐瞒只是影响了买受人所支付的价格时,第二个救济是恰当的。[154] 罗马法的救济因此被依据勒西乌斯和其他人用以解释不自愿的相同原理来解释。

就瑕疵由什么构成的问题,无论是罗马人还是他们中世纪的解释者都不是特别清楚。他们仅仅在货物毁损灭失时把它看作是有瑕疵的。后期经院哲学家通过直接使用阿奎那关于瑕疵是什么的说明而扩大了瑕疵的概念。在讨论形而上学问题时,亚里士多德说事物在四个方面可以发生变化:物质上、数

---

〔153〕 Lessius, *supra* n. 7, lib. 2, cap. 21, dub. 11; Molina, *supra* n. 7, disp. 353.

〔154〕 Lessius, *supra* n. 7, lib. 2, cap. 21, dub. 11.

量上、品质(质量)上以及方位上。[155] 阿奎那解释说,如果出卖人的货物在物质上有瑕疵(如出卖的酒是水),或者数量上有瑕疵(如他标错了货物重量),或者品质上有瑕疵(如把病马当好马出卖),他必须对此负责。[156] 后期经院哲学家一般也对之做同样解释。[157]

在别的问题上,阿奎那原理的含义不是很清楚,而且后期经院哲学家之间存在分歧。例如,没有披露瑕疵的出卖人的出卖价格即使存在瑕疵也是公平的。加耶当和索托认为买受人不能获得救济,因为他以公平价格获得货物,并没有遭受损失。[158] 莫里纳认为,如果瑕疵使货物"明显"不适合于购买目的,出卖人可以撤销合同;否则,由于他没有遭受损失,出卖人 107
不能获得救济。[159] 勒西乌斯似乎把莫里纳的解决办法限制在这些情况下,其中买受人向出卖人询问有关货物的情况,但出卖人没有告诉他真相。没有询问的买受人"相信了自己的判断",于是只要货物的价格是公平的,他就不能获得救济。勒西乌斯注意到这一解决办法与一个罗马法文本的冲突,这个文本说"出卖人须向买受人披露所有隐蔽瑕疵",[160] 否则买受人有权撤销合同。他的回答是,这个文本要么是描述实证法,要么是假定买受人已经询问了货物情况。[161] 因此,后期经院哲

[155] *Physics*, iii. 200^{b}—201^{a}.

[156] *Summa theologica*, 11—11, q. 77, a. 2.

[157] e. g. Soto, *supra* n. 9, lib. 6, q. 3, a. 2; lib. 2, cap. 21, dub. 11(提到了质量和数量,但没有提到物质).

[158] Cajetan, supra n. 15, to *Summa theologica*, 11—11, q. 77, a. 3; Soto, *supra* n. 9, lib. 6, q. 3, art. 2.

[159] Molina, *supra* n. 7, disp. 353.

[160] D. 19. 1. 14.

[161] Lessius, *supra* n. 7, lib. 2, cap. 21, dub. 11.

学家以不同的方式,将他们的自愿理论、交换正义的理论、对实际情况的直觉与罗马法文本进行调和。

无论是格劳秀斯还是普芬道夫都没有对后期经院哲学家的学说做太多修正。格劳秀斯在保持这个原理时再一次忽视了它的细节。“在合同中,自然要求等价”,且这一要求扩展到合同缔结的“先期行为”,由此“就任何物品订立合同的当事人,应当将其所知的物品瑕疵予以披露,这不仅是市民法的通常规则,而且也符合行为的本质”。在那些让人想起莫里纳和勒西乌斯就出卖人的“职责”所做论述的言辞中,格劳秀斯解释说出卖人有告知义务,因为在为“通常效用”订立的合同中,在当事人之间比在其他关系中存在“更为密切”的“联系”或“结合”。〔162〕说到“更为密切的联系”时,格劳秀斯似乎仅仅是指有偿合同当事人之间的关系要求对等,因而应披露(瑕疵)。普芬道夫在否认该解释时说,他要么是指“人类的结合”在这种合同中“更加牢固”,要么是指当事人“依据合同本质的要求”而负担这种义务。不过,普芬道夫以与前者相同的方式解释这个规则:出卖人必须披露瑕疵,因为不这样做当事人就不能确定保持对等的公平价格。〔163〕

考虑到未披露的瑕疵,这个问题对后期经院哲学家来说,就是找出阿奎那对该问题所给出的解决办法的详细情况。对他们来说幸运的是,这一解决办法与罗马法买卖规则完全契
108 合。但是,大多数时候亚里士多德和阿奎那原理的含义并不清楚。不过,对于他们试图解决的问题,罗马法包含了数量巨大

〔162〕 Grotius, *supra* n. 17, 11. xii. 9. 1.

〔163〕 Pufendorf, *supra* n. 17, v. iii. 1—3. 由于巴贝拉克对公平价格学说持怀疑态度,因此对这一理由也表示怀疑。(Barbeyrac on Pufendorf, n. 3 to v. iii. 2.)

的具体解决办法。后期经院哲学家将罗马法作为自然法的规则加以接受,然后为它设计了一种解释。或许是无可避免,这些解释仅仅部分成功。后期经院哲学家的确常常以与更大的原则相一致的方式解说这一规则,但他们没有表明这个规则是唯一与那些原则一致的规则。

例如,阿奎那从来没有处理货物毁损灭失风险何时转移给买受人的问题。根据罗马法,即使毁损的风险通常归于所有权人,并且买受人在交付前并非所有权人,但只要出卖人为保存货物尽到了注意义务,则在交付前风险就由买受人承担。[164] 后期经院哲学家和欧洲北部自然法学家接受了这一罗马法规则并为它给出一个解释。

根据莫里纳的看法,尽管在交付前出卖人享有货物的所有权,但他对买受人负有义务并可以通过交付而清偿这一债务,不论它们碰巧成为什么样子。那个结果是公平的,因为就像在货物变好时买受人可以获取利润一样,在货物毁灭时他也必须承担其损害后果。[165] 根据勒西乌斯的看法,依据自然法,合同一经订立,买受人就享有货物的所有权。实证法可以改变自然法,在这个例子中罗马法就这样做了,规定在交付前出卖人享有货物所有权。但是,罗马法并没有改变自然法规则的一个后果:损失的风险直接转移给买受人。那确定了风险所在之处,因为买卖合同的当事人意图使买受人从货物将来境况的变化中或得或失。[166] 根据格劳秀斯的看法,尽管"所有权在没有交

---

〔164〕 W. W. Buckland, *A Manual of Roman Private Law* (Cambridge, 1953), 282; M. Kaser, *Das Römische Privatrecht*, 2nd edn. (Munich, 1971), i. 552.

〔165〕 Molina, *supra* n. 7, disp. 366.

〔166〕 Lessius, *supra* n. 7, lib. 2, cap. 21, dub. 12; lib. 2, cap. 3, dub. 3.

付情况下可以在合同订立时发生转移”，并且这是“最为简便的”，不过，“物品风险必须马上转移给买受人的规则”是市民法的一个“虚构”。关于当事人为何不能在某个别的时间点转让所有权的问题并不存在任何理由。[167] 根据普芬道夫的看
109 法，交付前损失的风险仍应归于出卖人，只要货物没有立即交付的原因是出卖人需要时间为交付做准备；如果交付延迟是由于适应买受人需要的原因，风险就应当归于买受人。[168] 于是，我们就有了一系列解决办法，每一个都是可行的，但没有一个是相同的。当亚里士多德和阿奎那没有对这些问题表示看法时，就很难达成一致意见。

不管所达到的综合是如何不完善，后期经院哲学家还是为罗马法上的具体合同提供了一个理论。罗马人谈到很多具体合同的规则，但很少谈到一般合同法原则。后期经院哲学家和自然法学家试图用他们的分类体系和通常条款学说在一般原则与具体合同之间架起一座桥梁。阿兰·沃特森（Alan Watson）在谈及格劳秀斯的分类体系时注意到，它完全是以非罗马法的方式谈论罗马法上的合同。[169]

他们所建立的理论具有一个现代合同法理论所不具有的

---

〔167〕 Grotius, *supra* n. 17, 11. xii. 15. 1. 这个观点不算什么创新。莫里纳和勒西乌斯就认为，当事人可以将任何时点明确约定为（标的物）灭失的风险转移至买受人的时间。（Molina, *supra* n. 7, disp. 366; Lessius, *supra* n. 7, lib. 2, cap. 21, dub. 12.）

〔168〕 Pufendorf, *supra* n. 17, v. v. 3. 巴贝拉克认为，如果货物在买卖成立之时并不在现场（were not present），应推定当事人想要由出卖人承担风险，因为买受人通常不愿承担可能发生任何意外的风险。（Barbeyrac on Pufendorf, n. 8 to v. v. 3.）在多马看来，当事人达成合意之时就是标的物归属于买受人而非出卖人之时，风险也因此发生转移。（Domat, *supra* n. 30, 1. ii. vii. 1, 2.）但是，如果出卖人迟延交付，则风险仍由其承担。（Ibid. 1. ii. vii. 3.）

〔169〕 A. Watson, *The Making of the Civil Law* (Cambridge, Mass. 1981), 94—6.

有趣特点。现代理论倾向于设定对立的两极,当事人意愿是一极;法庭或立法者判断合同公平性的任何企图则是另一极。对后期经院哲学家和自然法学家来说,则不存在如此根本对立的两极。

使当事人受自然属于他们所订立合同的条款约束,就是使他们的意愿产生效力。用阿奎那的话来讲,每一类型的本质依据它所追求的目的来界定,合同条款是达到那一目的的手段。就像多马所解释的那样,合同因相互同意而成立。但不同的当事人具有不同的需要,与每一个当事人需要一致的是不同的合同类型:

> 协议是两个或两个以上的人相互同意所作的约定,他们自己在他们之间立法去做相互允诺之事。协议的使用是社会秩序以及上帝在人与人之间确立的协约的自然结果。对于他们的所有需要,上帝使其必须要互惠性利用他们的勤勉和工作,以及从事各种各
> 样的物品交易,这些需要主要通过协议来满足。因 110
> 此,为利用勤勉和工作,人们以各种方式相互交往、雇佣和行为。因此,为利用物品,当需要取得或转让它们时,他们通过买卖和互易从事交易;当他们只是想在一段时间使用它们时,他们出租或出借。由此,就其他不同的需要,亦存在不同类型的协议。[170]

多马说,一旦订立了某个特定类型的合同,行为人就“不

[170] Domat, *supra* n. 30, *livre preliminaire*, introduction.

仅受到明确表示的内容约束,而且受到协议本质所要求的所有内容的约束,以及公平原则(equity)、制定法和惯例(usage)施予行为人的义务的约束。"[171]不过,当事人可以根据他们的不同需要而改变他们的合同条款:

> 既然个人之间的约定必须与通过它们来满足的不同需要相匹配,所有能够从事这种约定的人都能够自由订立各种协议约束他们自己,依据所有类型的事务的差别,以及加入这些事务和情形的结合体的无穷多样性,这对它们是好的,且使它们多种多样。[172]

在自然属于合同的条款与当事人的意愿一致情况下,这些条款也是公平的。在交换合同中,这些条款在给予之物和获得之物的价值上维持了相等。对阿奎那、后期经院哲学家格劳秀斯或多马来说,对等要求不要把与当事人意愿相反的东西强加给他们。从事交换的当事人只能期望合同保持公平。如果一方当事人希望牺牲自己的利益使对方获益,他是在赠与而非交换。如格劳秀斯所说:"对任何人来说,把对方给予超过对等所要求之物的允诺看成是赠与,理由也是不充分的。因为那不是合同当事人的意图,也不能推定是那样,除非有情况表明有

---

[171] Ibid. 1. i. iii. 1.

[172] Domat, *supra* n. 30, *livre preliminaire*, introduction, "Traité des loix", vi. 9. 他补充说,只要合同不违法,或者违反社会秩序(就是如此)。(Ibid. vi. 10.)类似的,他在 *Les Loix civiles*, I. i. 4. 1 中说道:"由于协议是不固定的(*arbitraires*),并根据需要不同而纷繁多样,因而,在所有协议、契约以及协约(*traitez*)中,只要不违反法律或违背善良风俗,当事人可以添加各种各样的(补充)协议、条件、限制、一般收据(*quittance generales*)以及其他条款。"

此等意图存在。"[173] 于是,对格劳秀斯来说,就像对后期经院哲学家来说那样,在任何一方都不想赠与的有偿合同中要求对等,是尊重而非挫败合同当事人的意图。

当事人可以在合同中通过明示条款排除自然属于合同的条款。通常条款是达到合同目的的手段,并且如阿奎那所说, 111
在具体情况下最适于达到目的的手段是不同的。不过,他们这样做时不能与合同自身的本质冲突。因此,如莫里纳和多马解释的那样,当事人可以约定出卖人对没有披露的瑕疵不承担责任。但是,只有在出卖人降低价格以保持对等的情况下他们才可以这样做。[174] 莫里纳和多马并不认为他们忽视了当事人的意图。他们尊重实施交换的任何当事人都必定具有的意图。不想赠与的人不会牺牲自己的利益以使另一方获益。

这种分析合同债务内容的方式对我们来说很不自然。不自然的原因在于,欧洲北部自然法学派在传播后期经院哲学家学说的同时,却不予赞同它引为基础的亚里士多德关于本质的形而上学。

---

[173] Grotius, *supra* n. 17, 11. xii. 11. 1.

[174] Domat, *supra* n. 30, 1. iv. 2. 莫里纳补充说,只要出卖人在否认责任时不知道具体的隐蔽瑕疵,就可以维持对等。(Molina, *supra* n. 7, disp. 353.)

第五章　自然法传统中的断裂

112 我们看到，后期经院哲学的合同法理论建立在亚里士多德的一系列思想基础之上。合同的约束力以及合同成立的条件均依据亚里士多德关于信守诺言、慷慨和正义的德性思想来解释。订立合同的同意也依据亚里士多德关于选择的理论加以解释，即为了以人类的身份（*qua* human being）行为，一个人得理解其行为的本质。合同的后果被认为源于其本质，要么因为它们被包含于它的定义之中，要么因为它们是实现合同目的的手段。

在 17 世纪，（亚里士多德思想的）整个大厦受到了笛卡儿、霍布斯和洛克等哲学家的威胁。他们抨击了亚里士多德形而上学最根本的原则，如每一客体（object）都具有实质形式和目的因或目的的观点。他们清楚地知道，如果那些形而上学的原则是错误的，亚里士多德关于道德、选择以及知识（knowledge）

的解说也必定是错误的。从一个人获得达到其目的的能力的意义上讲,不可能存在任何德性。在一个人理解一个事物的实质形式或行动的概念意义上,也不可能存在任何本质。选择不可能建立在了解一个人行为本质的基础之上。知识不可能通过把握一个定义的本质进而据此得出结论的方式获得。

情况似乎表明,如果对亚里士多德哲学的抨击成功了,后期经院哲学的法律学说将不得不在新的基础上重新构造。悖谬的是,尽管在很多有教养的人眼里,对亚里士多德的抨击的确成功了,不过,如我们所见,很长时期内合同法理论仍然基本保持原样。在格劳秀斯著述之时,亚里士多德的哲学还占领着北方新教的大学以及南方天主教的大学。在17世纪中期,霍布斯还抱怨“基督教世界所有大学的哲学研习者们”都追随亚里士多德。[1] 在该世纪结束时,亚里士多德的学说失去了对大 113
学课程的控制。受过教育的人开始赞同德赖登(Dryden)的看法:

Longer tyranny ne'er swayed,	专制何其久,
Than that wherein our ancestors betrayed,	先辈使之成。
Their freeborn reason to the Stagyrite,	昧性奉斯人,
And made his torch their universal light.	普世唯彼尊。*

〔1〕 T. Hobbes, *Leviathan*(Cambridge, 1935), 1. i at 2.

* 德赖登的原诗是这样的:The longest tyranny that ever sway'd Was that wherein our ancestors betray'd Their free-born reason to the stagirite And made his torch their universal light 戈德雷教授引用有误,特此说明。“the stagyrite”也写作“stagirite”,原指斯塔吉亚人。由于亚里士多德出生于斯塔吉亚城,所以这里借指亚里士多德。——译者注

不过,那些赞同德赖登的法学家(如普芬道夫和巴贝拉克),依然保持了后期经院哲学家的理论,并且实际上在亚里士多德权威崩塌之时,还使它们传播得更加广泛。亚里士多德的概念和原理逐渐变得含混不清,最终在沃尔夫的著作中被抛弃。不过,还存在比人们之期望更多的连续性。要理解这一悖谬,我们必须首先探讨对亚里士多德哲学的挑战。

新哲学的挑战

17、18世纪的哲学家不再相信亚里士多德形而上学的一个原因是,他们深受伽利略以及随后的牛顿物理学发现的影响。这些发现所引发的不信任的原因不仅在于它们揭示了被亚里士多德所忽略的现象,如太阳在宇宙中的位置;人们还认为亚里士多德忽略了许多重要事实,例如非希腊民众对宪制政体的适切性(fitness),以及通过基督救赎世界。也不仅仅因为这些发现是通过强调观察实验和数学方法而获得才产生不信任。人们很久以后才看出这一方法与强调定义的方法之间的差别。根本问题在于,新科学对物体运动的描述无须考虑事物的实质形式或目的。它以运动所符合的数学规则来描述它们,这种符合并不出于任何可辨认的原因(reason)。看上去物体似乎并没有什么实质形式或目的。

尽管深受这些发现的影响,持新哲学观的哲学家们还是在不同基础上展开他们对亚里士多德的批评。他们重新回到一个曾经被提到的认识论问题,但并未回归由中世纪唯名论者所得出的逻辑结论。在亚里士多德的哲学中,人和梨树都存在物质(substances),我们可以通过了解其附质(accidents)(如色彩
114 和形状)而理解其本质。我们在理解的基础上在头脑中形成

一个概念，以及与人或者梨树的实质形式相一致的本质。但是，如中世纪唯名论者所指出的那样，无法通过事实上看到的附属形式合乎逻辑地证明本质的存在。[2] 笛卡儿通过询问一个人如何自我证明在他周围的物体确实存在提出了相同观点。他可能是在做梦，或者被魔鬼制造的幻觉所蛊惑。[3]

笛卡儿试图通过首先证明他自身的存在，然后是上帝的存在来证明外部世界的存在。他声称，上帝不会允许外部世界仅仅是一个幻觉。[4] 但是，根据这一解决办法，仅仅在感觉的基础之上，关于外部世界什么也证明不了。实际上，感觉如何与外部世界相关并不清楚。笛卡儿似乎是在超出人们可能提供的证据之外，要求上帝来保证关于外部世界真实性的断言。

像霍布斯和洛克那样的哲学家则认为，不应该就超出经验范围之外的外部世界作任何断言。洛克解释说，这个经验可以是与我们相关的外部物体的存在：我们看到的色彩和形状，我们感受到的冷热等。可供选择的是，它可以是我们内在的"心智活动"经验，比如思考、推理、感到满足或不安。我们使用的语词要有意义，必须要与经验或经验的组合有关。[5]

因此，根据霍布斯和洛克的看法，亚里士多德形而上学的基本概念如实质形式、属性（nature）、本质（essence）以及目的因或目的都是无意义的，或者像洛克所说，是不"重要的"。谈

---

〔2〕 e. g. William of Ockham, *Scriptum in librum primum sententiarum ordination*, lib. 1. prologus, q. 1, in *Opera theologica*(St Bonaventure, NY, 1970), i. 38—9.

〔3〕 R. Descartes, *Méditations* méd. I, in *Oeuvres*(Paris, 1967), ii. 404—13.

〔4〕 Ibid., méd. 6, in *Oeuvres*, ii. 480—505.

〔5〕 J. Locke, *Essay on Human Understanding*, II. i. 2, in *The Works of John Locke* (London, 1823), i. 82—3. See T. Hobbes, *Leviathan*(Cambridge, 1935), I. i at 1; 1. iv at 18—20.

一个人或梨树的“实质形式”或“目的”，既不是在描述它的色彩，也非讨论它的形状，更不是人们关于它的任何经验或经验的结合。这种概念描述的既不是一个人的经验，也不是从一个人的经验中推导出来的东西。[6] 洛克把对这种概念的使用看
115 作哲学错误的重要根源。主要的反对者是亚里士多德的基督门徒——“学院派人士和形而上学家”。[7]

因此，需要不使用本质概念去解释人类的思想，不使用人的目的概念去解释道德。根据霍布斯和洛克的看法，人类的思想进步不是通过对客体本质的抽象，而是将经验聚集起来而达到的。[8] 洛克把经验本身称为“简单观念”(simple ideas)。[9] 我们通过把它们加以组合而得到“复杂观念”(complex ideas)。[10] 有时我们把它们组合起来是因为我们看到许多简单观念“经常结合在一起”。[11] 比如，当我们看到某些色彩、线条以及形状位于一处，我们就把它们结合起来称为一个叫作“梨树”的复杂观念。有时我们“非常武断”地把简单观念组合起来，“……没有任何真实存在的样式或关联”。[12] 当数学家通过将直的、边、形状和“三”之类的简单观念组合起来创造“三角形”那样的复杂观念时，他们就是这么做的。[13] 因为我们自

[6] Locke, *supra* n. 5, II. xiii. 19, in *Works*, i. 166—7; II. xxiii. 1—2, in *Works*, ii. 1—5.

[7] Ibid. III. x. 2, in *Works*, ii. 269. Similarly, see Hobbes, *supra* n. 5, I. i at 2; I. iv at 19—20.

[8] Ibid. I. i at 1; I. iv at 18—20; I. v at 21—2.

[9] Locke, *supra* n. 5, II. ii. 1, in *Works*, i. 99—100.

[10] Ibid. xii. 1, in *Works*, i. 153—4.

[11] Ibid. xxiii. 1, in *Works*, ii. 1.

[12] Ibid. III. v. 2, in *Works*, ii. 196.

[13] Ibid. ii. 15—16, in *Works*, iii. 297—9.

己创造了这些复杂观念，它们的意义就刚好是我们所定义的那样。因此，我们关于它们的知识就“肯定不会错”。[14]

与此相似，得为道德哲学找到一个新的基础。人们不可能再去谈什么有助于实现人的目的的行为，或者是使这种行为成为可能的德性。依洛克看来，“过去的哲学家们徒劳地查问在财富之中，或者身体的愉悦之中，或者思考的德性之中是否存在至善（*summum bonum*）；他们也可能很理性地争论在苹果、李子或核桃之中是否可以找到最好的佐料”。[15] 人们只能说一个人感到某种经验是令人愉快的，而其他经验则是令人不愉快的。霍布斯把这些感觉称为“爱好”和“厌恶”，他具体描述为朝向或远离某个事物的“身体内部运动的小小开端”。[16] 洛克谈到追求快乐和避免痛苦时说，快乐是意味着一个人感到愉快的东西，而痛苦则是一个人感到不愉快的东西。他依照对快乐的追求重新定义善、快乐和义务。“在我们之中易于产生快乐的东西是我们称为善的东西，我们之中易于产生痛苦的东西是我们称之为恶的东西。”[17] 对一个人来说，学习可能是善的，对 116
另一个人来说可能是传播知识（hawking），对别的人来说可能是“奢侈且放纵的”。[18] “快乐”是“最大的愉悦”。[19] 我们有“义务”去追求它。[20]

如果事情的确如此，情况看上去可能是，一个人除了以任

---

〔14〕 Ibid. IV. iv. 5, in *Works*, ii. 386.

〔15〕 Locke, *supra* n. 5, II. xxi. 55, in V *Works*, i. 273.

〔16〕 Hobbes, *supra* n. 5, I. vi at 28—9.

〔17〕 Locke, *supra* n. 5, II. xxi. 42, in *Works*, i. 263; Similarly, see Hobbes, *supra* n. 5, I. vi at 30.

〔18〕 Locke, *supra* n. 5, II. xxi. 54, in *Works*, i. 273.

〔19〕 Ibid. 42, in *Works*, i. 262.

〔20〕 Ibid. 52, in *Works*, i. 271.

何可能的方式追求愉悦和避免痛苦之外,并无别的“义务”。霍布斯和洛克求诸于契约思想。契约似乎将自利转换成为对自利追求的限制。合同的每一方当事人为了自己获得某个好处而放弃某些东西。霍布斯和洛克把社会解释为一个契约,在其中每一个人为了从其他人承受的限制中受益,而限制自己追求愉悦和避免损害的方式。[21]

于是,在一个亚里士多德的哲学术语是不“重要的”世界中,契约被认为对于解释义务如何可能存在的问题是必要的。但是,这个解释要起作用,合同本身不得不用完全不同于后期经院哲学家的原理来解释。对后期经院哲学家来说,合同法像其他部门法一样,以德性和本质之类亚里士多德的概念为前提,霍布斯和洛克试图抛弃它们而进行解释。合同具有约束力是由于忠诚的德性。每一种合同都具备当事人能够理解从而达成合意的本质。某种条款依合同本质而产生,因此当事人应受这些条款的约束,即使他并没有考虑要对之表示同意。

在没有这些概念的情况下如何解释合同法并不清楚。对霍布斯和洛克来说,并不存在亚里士多德所说的那些德性。实际上,并没有超出当事人相互冲突的利益之外的最终行为标准。现在假定,人们受一个合同的约束,即使当他们可以违反它而摆脱约束,也是如此。不存在任何本质。另外假定,如政府之类复杂的现象可以通过简单的用语(社会契约)加以理解,各种后果依据它而产生。

霍布斯和洛克的解释似乎是一个即使在没有本质的世界

---

〔21〕 J. Locke, *Two Treatises of Government*, II. viii. 95, in *The Works of John Locke* (London, 1823), v. 394; Hobbes, *supra* n. 5, II. xvii at 119.

中也可以构造概念的解释,从这些定义中人们可以推论出他们的理论所必要的所有后果。根据霍布斯和洛克的解释,人们受 117
契约约束,因为根据定义,契约是有约束力的。如霍布斯所述,一个"相互转让天赋权利的关系,就是人们所说的契约"。[22] 如洛克在其《政府论(下篇)》中所言:

> 每一个人,通过与其他人订立契约而使自己成为政府之下的一个政治单位,使自己对那个社会中的其他每一个人负担一项义务,服从大多数人的决议并依据该决议而订立契约;否则,如果他像此前在自然状态下一样完全自由而不受任何其他约束,他和其他据此组成一个社会的人之间的原初协定就什么也没有标示,因此也就不称其为协定。[23]

那些订立社会契约的人所承担的义务,被认为依据逻辑推论产生于它的定义。霍布斯声称业已证明人们在几乎每一个事情上都有遵从主权者的义务。[24] 在《政府论(下篇)》中,洛克声称业已表明人们有遵守大多数人决定的义务;大多数人享有对"寡头统治者"或"君主"的代表权;政府必须依据由"获得授权的法官"强制执行的"已经颁布的法令"来统治,政府不能"杀戮、奴役它的臣民或蓄意使之穷困",除非依适当比例征

---

[22] J. Locke, *Two Treatises of Government*, I. xiv at 89.

[23] Locke, *supra* n. 21, II. viii. 97, in *Works*, v. 395.

[24] Hobbes, *supra* n. 5, II. xviii at 120—8.

税,也不能“未经其同意而拿走任何人的任何部分财产”。[25]

但是,由定义所作的论证不再能够以在阿奎那世界中的那种同样的方式作出。在那个世界中,一个道德行为的本质由一个目的来定义,该目的自身又是达到人的最终目的的手段。据此,人们可以从这个定义推论出大量后果。现在,定义不得不加以构造,并以别的方式从中推论出后果。

洛克在他的《人类理解论》中试图解释如何构造这种定义。定义是将简单观念组合起来的“复杂观念”。简单观念被组合起来,要么是因为它们“经常处在一起”,要么是“非常武断地……没有任何真实存在的样式或关联”。像“政府”和“契约”之类的道德概念的定义没有被首先作出。人们不会因为常常看到服从政府的人们订立社会契约而以社会契约去定义
118 政府。人们也不会因为常常看到订立契约的当事人碰巧受义务约束而以义务定义契约。因此,道德概念的定义是以武断地组合简单观念而作出的。但是,如果事实的确如此,从这些定义中推导出的结论似乎也就同样是武断的。就像洛克自己所提出的问题那样,如果“道德知识应当置于我们自己的道德概念思考之中”,而这些概念是“我们自己创造的”,那么,“如果每一个人都可以创造他所喜欢的概念,是不是会造成德性和邪恶的混淆呢?”[26]

洛克给出的一个答案是下定义的人只是在为某个简单观念的组合选择名称时是武断的。可能

[25] Locke, *supra* n. 21, II. viii. 97, in *Works*, v. 395; II. ix. 132, in *Works*, v. 415; II. xi. 136, in *Works*, v. 419; II. xi. 135, in *Works*, v. 418; II. 138, in *Works*, v. 421.

[26] Locke, *supra* n. 5, IV. iv. 9, in *Works*, ii 388.

> 不存在事物本身以及关于它们的推理的任何混淆或混乱;如果一个人可以让三角形有四个角,或者一个梯形有四个直角:也就是说,用直白的英语来讲,改变图形的名称,以一个名称来称呼它(在数学中常常以另一个名称来称呼),这也不会[在数学中]产生更多证明上的困扰,在图形特征方面以及它们相互之间的关系的改变也是如此。由此,让一个人去自己创造一个有三个角的图形,如果他高兴,他可以叫它为等边形或梯形或任何别的什么,关于这个概念的特征及证明与他称之为长方形三角形时完全相同。[27]

哲学家大卫·休谟认识到这一回答并不令人满意。因而,他否认为道德义务建立理性基础的任何可能性。洛克的回答假定简单观念以某种不取决于下定义的人的选择而相互关联。数学证明是可能的,因为下定义的人不可能"为自己创造"具有任意多个直角的几何图形。实际上,如果定义完全是一个武断的选择,除了下定义的人所作的武断选择之外,证明就什么也不能告诉我们。例如,如果一个人可以把政府定义为既可以要社会契约也可以不要社会契约,或者可以把合同定义为既可以是具有约束力的也可以是不具有约束力的,或者可以把社会契约定义为既可以服从大多数人也可以不服从大多数人,凡此种种,那么洛克的证明就是不可能的。

在休谟看来,"简单观念"构成的定义可与如下四种方式相关,没有任何一个与法律或道德有关。它们可以由于相似而

〔27〕 Ibid.

119 相关(如类似的形状或情感);在数量上相关(如不同长度的线条);以它们所拥有的共同品质的程度相关(如色彩的深度);或者逆相关,就是说其中一个必定排斥另一个。在这四种情况下,尽管概念是依经验而给出的,仍可以说它们之间存在无论何时被体验都必定具有的关系:如某种深度的色彩比其他深度的色彩更红,或者直角三角形的斜边比其他两边更长。道德推理不是证明性的,因为它和这四种关系都不相关:

> 如果你断言,德性和恶习可以构成具有确定性并可证明的关系,你必然把自己限制在只容许有不同程度的证据的那四种关系之中;在此情形下,你将陷入你永远也无法摆脱的荒谬之中。[28]

可能是看到这些困难,洛克也给出另一个回答:

> 复杂观念……依赖于心智并由它以很大的自由来创造,但它们并不是任意创造的,并非没有任何理由地杂乱组合起来。尽管这些复杂观念并非总是自然的复制,但它们总是与创造抽象观念的目的(end)相适合。[29]

但是,关于这些"目的",某些定义是否比别的定义更为恰当?人们不再谈论人的最终目的,而仅仅谈论互不相同并相互

[28] D. Hume, *A Treatise of Human Nature* (London, 1886), bk. 3, pt. 1, sect. 1 at ii. 240.

[29] Locke, *supra* n. 51, III. v. 7, in *Works*, ii. 199.

冲突的个人目的。而且，在洛克的世界中，和亚里士多德和托马斯·阿奎那不同，定义不是通过抽象的行为作出，而是把简单观念组合起来。如果简单观念确实在下定义的人将它们组合起来之前相互间并无关系，就很难看出这种武断的组合如何比另一个定义更有用。

休谟愿意面对智识上的后果。他断定，道德并不建立在推理基础上。“推理是对真实或虚假的发现”。真实和虚假要么依赖于前面提到的四种“观念的真正关系”，要么依赖于“真实存在和事实”，也就是说，依赖于简单观念之间实际被经验感受到的关系。因此，关于道德的陈述就是关于情感（feelings）的陈述，对此无法给出理由。[30] “由此，当你说某个行为或性格是邪恶时，除了基于天性而令你想到它时有谴责的情感或感觉外，你什么也没有表明。”[31] 120

无论如何隐蔽，休谟还是试图解放他自己关于合同法中忠诚的德性的讨论。关于合同为何应当具有约束力，并没有任何理由。问题是要解释为什么人们不管怎样还是认为其具有约束力。这个情感不可能是直觉性的，因为像合同这种观念是“无限复杂的”，“要准确界定它们，人们会发现即使是成百卷法律，成千卷评论也是不够的”。[32] 因此，这一情感开始在如此之小的社会中形成时，以致合同仅仅是不要自利，因为，如果一个人违反他所订立的合同，其他人将立即失去与他合作的激励。当社会更大时，人们已经习惯于看到合同被遵守，且在看

---

[30] Hume, *supra* n. 28, bk. 3, pt. 1, sect. 1, at ii. 236.

[31] Hume, *supra* n. 28, bk. 1, pt. 1, sect. 1, at ii. 245.

[32] D. Hume, *An Enquiry Concerning the Principles of Morals*, sect. 3, pt. 2, in *Essays* (London, 1882), ii. 195.

到合同被违反时感到不快,即使他们并非遭受损害的人。[33]如查理斯·弗里德(Charles Fried)提到的那样,休谟的解释没有给一个人遵守合同的任何理由,实际上,通过向他表明不存在任何这种理由,可能因此鼓励他违反合同。[34]

休谟也不相信,在"成百卷法律,成千卷评论"中所包含的规则,可以从合同这种"无限复杂的"观念的定义中提取出来。有时,人们可以通过考虑"公共利益"而形成这些规则,休谟把它看作是个人利益的集合。但更为经常的是人们不能做到这一点。于是,这些规则必定是任意制定的,或者建立在心理联想、"幻想"或"想象"基础之上。"为了避免导致永久性分歧的琐碎和含混,应保持最低的相似性……许多律师的推理都具有这种类似性质,并依赖于非常微弱的想象上的联系。"[35]在休谟看来,"毫无疑问,大多数规则都存在公共利益的目的,它们
121 确定财产;但我仍然怀疑,这些规则主要是依想象,或者是依我们思想观念上更加琐碎的方面来规定的"。[36] 他大概对合同

---

〔33〕 Hume, *supra* n. 28, bk. 3, pt. 2, sect. 2, at ii. 262—4, 270—2; bk. 3, pt. 2, sect. 4, at ii. 283—4; bk. 3, pt. 2, sect. 5, at ii. 284—93.

〔34〕 C. Fried, *Contract as Promise: A Theory of Contractual Obligation* (Cambridge, Mass., 1981), 15.

〔35〕 Hume, *supra* n. 32, sect. 3, pt. 2, in *Essays*, ii. 189—90. 因此,"律师们的很多推理""依靠的是一种莫测高深的类比"(caprious anaology)。(Ibid., sect. 4, in *Essays*, ii. 201.)休谟提到,律师们使用的推理和经院哲学家们使用的推理之间存在相似性。"如上所示",有着"经院哲学的精致"和"爱抽象的经院哲学家"习惯("habit of scholastic refinement" and of "metaphysical schoolm[e]n")的"耶稣会士们"(Jesuits),他们的"决疑式精巧"(casuistical subtleties)"比起律师们使用的机巧(subtitles)来,或许不会更胜一筹";但是,"前者是有害的(pernicious),而后者是无害的,甚至是必要的"。(Ibid., sect. 3, pt. 2, note, in *Essay*, ii. 193, n. 1.)

〔36〕 Hume, *supra* n. 28, bk. 3, pt. 2, sect. 3 n., at ii. 275, n. 1. "我将继续解释这些原因,"休谟说道,"读者是更喜欢源于公共效用的那些原因,还是那些源于想象的原因,留给他们自己去取舍。"(Ibid.)

法规则也持相同看法。

霍布斯和洛克声称，通过抛弃亚里士多德的形而上学和伦理学，人们可以拥有一个新的道德哲学，在其中，如洛克所说，“从自明的主张中，依据像数学中那种无可争辩的必然结果，可以找出正确和错误的判断方法”。〔37〕休谟揭示了这些主张的错误。推理不能判定正确和错误，道德科学是不可能的，法律推理，甚至包括实证法，通常都是武断的。

法学家的回应

这些哲学上的发展呼唤法学家的回应。格劳秀斯在他们之前就开始著述——实际上是在笛卡儿开始发表对亚里士多德的抨击之时。但是，人们可能曾指望普芬道夫和巴贝拉克或者维护亚里士多德哲学，或者拒绝它而依照霍布斯和洛克所指出的道路重构他们的合同法理论，当然也可以屈服于休谟那样的怀疑主义。作为其他选择，普芬道夫和巴贝拉克在拒绝了亚里士多德的情况下仍然坚持后期经院哲学家的学说。他们舍弃了亚里士多德之后并没有真正接受霍布斯或洛克的哲学，甚至没有与这些哲学家所提出的问题扯上关系。因此，尽管他们声称他们的法律学说立基于更高层次的哲学原理，这些学说还是失去了它们在亚里士多德哲学中的停泊地，却没有找到一个新的哲学抛锚处。法律学说和道德哲学开始漂移无所。

但是，历史学家们通常对格劳秀斯、普芬道夫和巴贝拉克的著作具有完全不同的看法。他们将其看作哲学家反叛运动的参与者。格劳秀斯的确打破了经院哲学的分类写作传统，普

---

〔37〕 Locke, *supra* n. 5, IV. iii. 18, in *Works*, ii. 368—9.

芬道夫和巴贝拉克仿效了格劳秀斯，并在其与过去的决裂之中看到了新法学的创立。不过，把他们对于经院哲学传统的否弃与新哲学家们对经院哲学和亚里士多德哲学的否弃相等同，则
122 是引人误解的。法学家们从事了一个不同的反叛运动，那与哲学家们的反叛运动没有关系。

格劳秀斯精通亚里士多德的哲学世界，并不想质疑它的假定。如像克娄斯特（Chroust）、梯梅尔（Thieme）、芬斯特拉（Feenstra）、维亚克尔以及沃尔夫等学者所指出的那样，关于格劳秀斯反叛经院哲学传统的说法是一个谜。[38] 历史学家对这种观点赋予某种近代性的，或至少非中世纪的、非经院哲学的或者非亚里士多德的特征，从而使它成为永远的谜。但几乎是无可避免地，这个观点可能为某个后期经院哲学家或者其他信守亚里士多德传统的人所持有。

例如，格劳秀斯认为，由于上帝创造人时赋予人以理性和社会本质，人类就服从于自然法，他可以通过一个进行抽象的行为理解第一原理，就像一个数学家从实际物体抽象出图形一样。由于自然法产生于人类本质，一旦上帝创造了这一本质，他就不可能废除这一法律，就像他不能要求 2 乘以 2 不等于 4

---

〔38〕 Chroust, "Hugo Grotius and the Scholastic Natural Law Tradition", *The New Scholasticism*, 17(1943), 101; Thieme, "Qu' est ceque nous, les juristes, devons à la seconde scolastique espagnole?" in *La seconda scolastica nella formazione del diritto private moderno* (Florence, 16—19 October 1972), ed. P. Grossi (Milan, 1973), 9—10; Feenstra, "L' influence de la pensée juridique de Grotius", XVIIe Siècle, 35 (1983), 487 at 493; K. Wieacker, *Privatrechtsgeschichte der Neuzeit under besonderer Beruecksichtigung der deutschen Entwicklung*, 2nd edn. (Göttingen, 1967), 270, 291, 299; Wieacker, "Contractusund Obligatio im Naturrecht zwischen Spätscholastik und Aufkl? rung", in *La seconda scolastica*, *supra* n. 38, 223—5, 238; E. Wolf, *Grosse rechtsdenker der deutschen Geisteschichte*, 3rd edn. (Tubingen, 1951), 256—60.

一样。实际上,尽管无神论是"最为邪恶的东西",即使没有上帝也会存在自然法。

所有这些表述,包括没有上帝的假定,都是由中世纪的著述者作出的,实际上是由持阿奎那和亚里士多德传统的人作出的。[39] 它们还是被作为格劳秀斯打破传统的证据,通常是作为唯一的证据。由于格劳秀斯相信以人类本性为基础的自然法原理,并且即使不存在上帝它们也是有效的,他被称为一个"斯多葛主义者"。[40] 基于同样的原因,并且由于他在论道德神学的论文中没有解释这些原理,他被说成是在发展一个世俗的、非神学的理论。[41] 由于他认为法学家以类似于数学家的方式进行抽象,并否认上帝既不能违反自然法,也不能要求数 123

---

〔39〕 关于假说,参见 Chroust, *supra* n. 38, pp. 114—16; M. Villey, *La Formation de la pensée juridique moderne*, 4th edn. (Paris, 1975), 346—7, 611—13。

〔40〕 M. Diesselhorst, *Die Lehre des Hugo Grotius vom Versprechen*, Forschungen zur neueren Privatrechtsgeschichte, 6 (Cologne, 1959), 40; Villey, *supra* n. 39, pp. 613—16; E. Cassirer, *The Myth of the State* (New Haven, Conn., 1946), 172. 维亚克尔提到,尽管斯多葛哲学对格劳秀斯产生过影响,但他的成果"基本上是和亚里士多德与阿奎那思想的经典传统联系在一起的"。(Wieacker, "Contractus", *supra* n. 38, p. 224.)

〔41〕 A. P. d' Entrèves, *Natural Law: An Introduction to Legal Philosophy*, 2nd edn. (London, 1970), 54—5; C. J. Friedrich, *Inevitable Peace* (Cambridge, Mass., 1948), 120—1; R. Tuck, *Natural Rights Theories: Their Origin and Development* (Cambridge, 1979), 76; Nutkiewicz, "Samuel Pufendorf: Obligation as the Basis of the State", *Journal of the History of Philosophy*, 21 (1983), 15 at 18; Hofmann, "Hugo Grotius", in *Staatdenker im 17. und 18. Jahrhundert*, ed. M. Stolleis (FrankfurtonMain, 1977), 51 at 74; F. Todescan, *Le radici teologische del giusnaturalismol lacio, i. Ilproblem della secolarizzazione nel pensiero giuridico di Ugo Grozio* (Milan, 1983), 96—7, 100, 10 6. 当然,格劳秀斯撰写了一部有关法律而非同时有关道德理论的著作,这是很重要的,可以将这一发展称作——用维亚克尔的话讲——"法律理论由一般道德学说中独立出来"的开端。(Wieacker, "Contractus" *supra* n. 38, p. 237.)但是,维亚克尔本人(Privatrechtsgeschichte, *supra* n. 38, pp. 266, 270—1, 301)和维利(Villey)(*supra* n. 39, pp. 611—13)、芬斯特拉("La Pensée juridique de Grotius", *supra* n. 38, p. 493)以及安布罗塞蒂[*Diritto naturale cristiano Lineamenti storici* (Roman, 1964), 152.],对格劳秀斯把法律理论世俗化的观点持批判态度。

学悖论,他因此被看作是"理性主义者"。[42] 他还被拿来与霍布斯甚至伽利略相比,因为他和他们一样,想把自己的体系建立在自然基础之上。[43]

类似的,格劳秀斯不是一个天主教徒的事实(不相信一个"独立的教会权威"),也被用来作为他把推理看作是"个人心智的一个功能"(这与经院哲学家不同)的证据。[44] 他对亚里士多德相对较少的异议却被冠以"对亚里士多德伦理学基础公开抨击"的特征。[45] 他被称为是一个"个人主义者",因为他

---

〔42〕 d'Entrèves, *supra* n. 41, pp. 55—6. See Todescan, *supra* n. 41, p. 101. 类似的观点似乎支持了克劳斯的看法,即格劳秀斯认为整个法律体系可以建立在理性基础上,但是后期经院哲学家相信自然法是一个隐形的(invisible)"框架法律"(Rahmenrecht),"仅当实证法与之冲突时它方才显露出来"。O. W. Krause, *Naturrechtler des sechzehnten Jahrhunderts: Ihre Bedeutung für die Entwicklung eines natürlichen Privatrechts* (FrankrurtonMain, 1982), 147. 但是,维亚克尔指出,格劳秀斯不是一个理性主义者。他不是从一般原则(axioms)而是依据神学或人文科学的根据(humanistic authorities)推导出结论。(Wieacker, *Privatrechtsgeschichte*, *supra* n. 38, p. 270.)他所诉诸的自明原则有着前笛卡儿思想家的特征,他们处于柏拉图和阿奎那思想传统之中。(Ibid., 270, 291)

〔43〕 Cassirer, *supra* n. 40, p. 165.

〔44〕 Friedrich, *supra* n. 41, p. 117.

〔45〕 塔克(Tuck)认为(*supra* n. 41, p. 74),"格劳秀斯在第一卷讨论 ius(法)的意义时,明显以一种更加技术化的方式展开其非亚里士多德式的正义理论"。塔克引用了《战争与和平法》(*De iure belli ac pacis*, I. i. 4—8),格劳秀斯在那里把"完整的权利"(perfect right)或"天赋"(faculty)与亚里士多德的交换正义相等同,把"不完整的权利"(imperfect right)或天资(aptitude)与亚里士多德的分配正义相等同。格劳秀斯的看法是,必须将对其具有权利的东西交给依交换正义而有权提出要求的人。相反,有权依分配正义要求某个职位或者接受某物的人,仅仅有权要求被公平对待(fair consideration)。格劳秀斯也还认为,亚里士多德把分配正义界定为依循几何比例的正义是错误的,因为合伙法(law of partnership)也依循同样的比例。塔克因此认为:"格劳秀斯对亚里士多德伦理学基础的公开抨击立即激起了信奉新教的同代人(的回应)。"在这个段落中很难看到对亚里士多德的"公开抨击"。为了证实它引起了信奉新教的亚里士多德主义者的敌意,塔克援引了费尔曼(Johannes Feldman)对格劳秀斯的批评。但是,这一批评不是因为格劳秀斯抨击了亚里士多德,而是因为他仿效了"经院哲学家不适当的言行(ineptitudes)",并且忽略了罗马法学家(the "Civilians")。(Ibid. 75.)

在奥格看来,人们可以在格劳秀斯有关对人的社会欲望(*appetitus societatis*)的讨论中看出他的个人主义思想,"那是一种西塞罗式而非亚里士多德式的思想"。[Augé, "Le

分享了后期经院哲学家的政府理论，[46]或者基于根本没有任何证据的观点，假定他“转而强调这些自然法理论的陈词滥调”。[47]由于他分享了后期经院哲学家关于自然法、允诺约束力的信念以及错误同意的效果等观念，他被称为是一个“唯意志论者”(voluntarist)或者“合意主义者”(consensualist)。[48] 124

Contrat et l'évolution du consensualisme chez Grotius", *Archives de philosophie du droit*, 13 (1968), 99 at 111.]如格劳秀斯自己所说，这个思想为斯多葛主义者所熟知。不过，很难看出为何格劳秀斯对那一思想的利用应被认为是一种“个人主义”象征。但是，赫劳斯特认为，它也很难看作是与亚里士多德传统的任何断裂。(see Chroust, *supra* n. 38, at 131—2.)格劳秀斯使用这一思想是主要主张，人依其本性不仅仅追求自身利益，而是渴望“过团体生活”(life in a community)，并且，“不是任何别的生活，而是和自己的同类过一种和平的，以适于其才智水平的方式组织起来的生活”。(“Prolegomena” §6.)他(甚至)可以引用亚里士多德“人是政治动物”的观点作出类似见解。

〔46〕 例如，奥格问道：“l'idée même d'une analtse contractualiste de l Etat n'est-elle pas un critère de individualisme?”(Augé, *supra* n. 45, p. 111.)但是，政治思想史家将这一思想经由格劳秀斯追溯至后期经院哲学家，再上溯至15世纪的教会会议至上主义者(conciliarists)。[See Q. Skinner, The Foundations of Modern Political Thought (Cambridge, 1978), ii. 135—73; Salmon, “An Alternative Theory of Popular Resistance: Buchanan, Rossaeus, and Locke”, in J. H. Salmon, *Renaissance and Revolt: Essays in the Intellectual and Social History of Early Modern France* (Cambridge, 1987), 136 at a36—8.]根据萨尔蒙(Salmon)的看法，自康斯坦茨会议(Council of Constance)之后，“反抗论理论家们认为，政治权力依全部社会成员的同意而创设，并且，如果它的实施与社会福祉相背，它可以被撤回”。但是，“反抗论的主流把社会看作是一个亚里士多德意义上的自足组织体(a selfsuffice Aristotlian entity)，并且缺乏先于政府契约而构思一种自然状态或社会契约的个人主义前提条件”。和过去决裂的不是格劳秀斯，而是洛克。尽管格劳秀斯对这些思想“有过评论”，但“从康斯坦茨会议到1688年，很少或者根本就没有任何东西……是洛克个人主义式观念突然发生的预兆”。(Ibid. 136—7.)

〔47〕 d'Entrèves, *supra* n. 41, p. 58.

〔48〕 Diesselhorst, *supra* n. 40, pp. 34—5, 40, 50—1, 97—9; Augé, *supra* n. 45, pp. 100—1, 104, 111—12; M. Lipp, *Die Bedeutung des Naturrechts für die Ausbildung der Allgemeinen Lehren des deutschen Privatrechts* (Berlinm 1980), 133—41. Diesselhorst (pp. 50—1)、Lipp(pp. 140—1)和Augé(p. 104)指出，格劳秀斯认为一个完整的允诺

125 为找到近代观点而对格劳秀斯的著作如此细致地挖掘,即只得到如此之少的结果,这个事实是他并不持有这种观点的最好证据。

相比而言,普芬道夫和巴贝拉克从新哲学家们那里更为自由地借鉴观念。普芬道夫赞同笛卡儿的观点,实际上他还是一个笛卡儿信徒的学生。巴贝拉克赞赏洛克。他们都声称独立于亚里士多德,而且不喜欢经院哲学。不过,相比于笛卡儿、霍布斯和洛克,对亚里士多德的反叛对他们具有不同的意义。这些哲学家在形而上学和伦理学的许多基本原理上不赞同亚里士多德。反之,普芬道夫和巴贝拉克没有把他们与亚里士多德之间的不同看作关于哲学原理的分歧。

他们对亚里士多德的抨击很像德赖登。问题不在于亚里士多德有多少错误,而是许多世纪以来他被认为始终是正确的。因此,普芬道夫嘲笑那些把亚里士多德哲学看作不可逾越

之所以有约束力,是因为允诺人要么转让一物,要么转让部分自由,[H. Grotius, *De iure belli ac pacum libri tres* (Leiden, 1939), II. xi. 4; H. Grotius, *Inleiding...* (Oxford, 1926), II. i. 1.]但要赋予那一表述很多含义,直到它相比于莫里纳和勒西乌斯的表述变得更像"唯意志论者"(voluntarist)或"合意主义者"(consensualist)的表述,莫里纳和勒西乌斯则认为允诺人为了请求履行向受诺人转让一项权利。而且,莫里纳在允诺和财产转让之间作出了相似的类比。[L. Molina, *De iustitia et iure tractatus* (Venice, 1614), disp. 262; L. Lessius, *De iustitia et iure, ceterisque virtutibus cardinalis libri quatuor* (Paris, 1628), lib. 1, cap. 18, dub. 8. See Wieacker, *supra* n. 38, pp. 228—30.]Augé(p. 112)认为,格劳秀斯"关于允诺和合同的新的二分法"显示了"对罗马法规则的一再否定。"芬斯特拉似乎也表示同意。(Feenstra, *supra* n. 38, pp. 496—7.)但是,我们看到,格劳秀斯对允诺和合同的区分,相似于后期经院哲学家对允诺行为(promising)和一个人通过允诺行为而履行的慷慨和交换正义行为的区分。他以与后期经院哲学家相同的方式解释允诺的约束力、合同分类和合同债务。并且,和后期经院哲学家一样,他把罗马法规则看作罗马实证法而非自然法的规则。

的高峰的人。[49] 不过，他经常引用亚里士多德并常常表示赞同。与此相似，巴贝拉克的主要兴趣是表明亚里士多德也会出错，并确实已经出了很多错误。他受到希腊政府形式非常大的影响，他对某些事情的处理太轻描淡写或太含混不清，没有关于人类平等的观念，实际上，还“使他自己看起来让人认为某些人天生就是奴隶。”而且，在允许堕胎的论述中称，“这个生而伟大的天才，这个为如此之多的人所极为崇敬的哲学家，极端明显地忽视这个最为显著的自然法原则，并毫无愧疚地将其踩在脚下”。[50] 但是，和他同时代的哲学家不同，巴贝拉克的观点是亚里士多德常常出错，但并非其基本原理是错误的。

与此相似，尽管普芬道夫和巴贝拉克憎恶经院哲学，他们 126
并不就哲学原理与他们争论。普芬道夫把他们说成是自利的、误入歧途的传教士。[51] 他不会引用他们的著作。巴贝拉克批评他们的“粗糙的语言以及可笑的故弄玄虚”。[52] 他说是亚里士多德的哲学导致了经院哲学的“粗糙”，它们是一个拼凑之物，一个“杂乱的集合体，没有任何规则或确定的原理”曾经“传遍整个欧洲”。[53] 于是，主要的批评既不是经院哲学存在错误的原理，也不可能是他们具有错误的法律学说，因为如我们看到的那样，普芬道夫和巴贝拉克的法律学说若以一个或许

〔49〕 S. Pufendorf, *De iure naturae et gentium libri octo* (Amsterdam, 1688), I. ii. 1.

〔50〕 Barbeyrac on Pufendorf, “Préface du traducteur”, § 24, p. lxxxviii.

〔51〕 Pufendorf, *supra* n. 49, I. iii. 4; I. iii. 5.

〔52〕 Barbeyrac on Pufendorf, “Préface du traducteur”, § 30, p. cvi.

〔53〕 Ibid., § 28, p. civ.

较不粗糙但的确不太准确的语言加以表述,却与之相同。〔54〕

而且,普芬道夫和巴贝拉克从来没有真正提出任何一套确定的近代哲学原理。普芬道夫尝试了几次对亚里士多德传统哲学的背离,每一次都几乎将他带回到起点。跟新哲学家们一样,普芬道夫以某种与亚里士多德传统格格不入的方式分割物质世界和道德世界。他将“物质存在”和“道德存在”相区分。后者依人的“责任”或神圣意愿而存在。〔55〕 因此,道德义务仅
127 通过一个上级意愿而存在,普芬道夫承认,这个观点接近于霍布斯的观点。〔56〕 不过,普芬道夫解释说,在创造了具有某种天性的人类之后,上帝规定了与该本质相适合的那些义务。〔57〕

---

〔54〕 不过,在南兹看来,普芬道夫新的哲学原理使他提出了“现代合同概念方面一些最为重要的要素”。它们是:(1)当事人相互处于平等关系;(2)是否订立合同和合同条款(“Abschlu βund Inhaltsfreiheit”),每一方当事人都享有“合同自由”;(3)合同关系依同意而创设;(4)当事人依据“自然法诚信指令”(“Vertragtreue”)而受约束。K. Nanz, *Die Entstehung des allgemeinen Vertragsbegriff im* 16. *bis* 18. *Jahrhundert*, Beiträge zur neueren Privatrechtsgeschichte, 9(Munich, 1985), 151—2. 但我们看到,对普芬道夫就像对格劳秀斯和后期经院哲学家一样,合同依同意而成立,依据诚信而具有约束力,要求其条款平等。结果,就不容易看出:(1)普芬道夫关于平等的观点在合同理论方面产生了什么变化,如果真有的话,它们只是哲学方面的创新;(2)他关于合同当事人“缔约及内容自由”(“Abschluβund Inhaltsfreiheit”)的界定还有些宽泛;或者(3)及(4)这些当事人的同意还是必要的或根据稍许不同的原则是必要的。南兹再一次看到普芬道夫先于19世纪提出了关于合同产生于“两个独立同意”的结论。不过,很多后期经院哲学家都作出过类似的结论。

〔55〕 Pufendorf, *supra* n. 49, 1. i. 1—4. See L. Krieger, *The Politics of Discretion*: *Pufendorf and the Acceptance of Natural Law* (Chicago, 1965), 57—8, 74; H. Welzel, *Die Naturrechtslehre Samuel Pufendorfs Ein Beitrag zur Ideengeschichte des* 17. *und* 18. *Jahrhunderts* (Berlin, 1958), 19—30; Wolf, supra n. 38, pp. 338—40.

〔56〕 Pufendorf, *supra* n. 49, I. iv. 1; 1. iv. 5.

〔57〕 Ibid. II. iii. 5. 因此,巴贝拉克解释说,如果我们没有认识到,在普芬道夫看来,“存在两种制度:一种是纯粹任意性的;而另一种立基于事物本身之上,且其必要后果早已预先决定了”,普芬道夫的“制度”(institution)用语会被误解。由此,上帝不必创造(was free to create)或者没有创造“人,也就是说,理性且具有社会性的人”,要是上帝那样做了,他也“仅仅给自己施加了对于这样一种造物(creature)的构造必然是适宜的义务”。(Barbeyrac on Pufendorf, n. 4 to 1. i. 4.)

相似的，为强加一项义务，一个世俗权威不仅仅需要强力，而且要有公正的理由，理由再一次依赖于人类天性。[58] 最后，普芬道夫的道德律依赖于人类天性概念，将道德世界和物质世界连接起来。

与此相似，普芬道夫也就如何从更为原初的人类倾向中发展出“社会性”给出了说明，这取自霍布斯，并实际上先于休谟。[59] 但是，普芬道夫所说的早期人类，与霍布斯和休谟不同，具有遵守自然法的倾向，那与他们的天性相称并对他们自己有好处。[60] 最后，普芬道夫不是通过人类倾向解释道德律，而是通过道德律解释人类倾向。

还与霍布斯相似的是，普芬道夫认为，道德推理必须依据从类似于数学一样的第一原理所做的证明来进行。[61] 实际上，不管亚里士多德和格劳秀斯观点如何，他认为由此衍生的道德结论是不可更易的，而非根据新的情况不断修正。[62] 因此，维亚克尔断言普芬道夫的革新在于他所使用的这种方法。实际上，维亚克尔把自然法学派分为早期阶段（格劳秀斯属于这一阶段）和第二阶段（奠基于普芬道夫所说的“系统的”或

---

〔58〕 Pufendorf, *supra* n. 49, I. vi. 9; I. vi. 18. See Krieger, *supra* n. 55, pp. 85—6.

〔59〕 Pufendorf, *supra* n. 49, II. iii. 14—15. See Welzel, *supra* n. 55, pp. 41—50; Wolff, *supra* n. 38, pp. 345—346.

〔60〕 Pufendorf, *supra* n. 49, II. iii. 16.

〔61〕 Pufendorf, *supra* n. 49, 1. ii. 2. 实际上，他对道德科学给出一个理性主义者的程序（programme）。形而上学的适当程序是“将一个人可以形成思想的所有起点（all beginnings）加以准确分类，然后依照一般性的正确界定，形成每一种属于这些类别的存在的本质和构造”。他希望在描述“道德存在”（moral entities）时遵循相似的程序。

〔62〕 Ibid. I. ii. 1.

128 “数学的”自然法）。[63]

但是，没有理由把普芬道夫关于方法的陈述看得比从新哲学家们借鉴的其他观点更重要。他在年轻时写了一本书叫《一般法理学的要素》（*Elements of Universal Jurisprudence*），在这本书里他试图用一系列公理和准数学性的证明来表述自然法。不过，在他的主要著作《自然法和万民法》（*De iure naturea et gentium*）中，他模仿了格劳秀斯的方法。他引用了古希腊诗人、罗马法和经文以及古代和近代的哲学家们。他并不严格区分公理和依据公理证明得出的论断。他并不把他的主张搞得像是数学证明一样。实际上，如果普芬道夫不宣称他正在创造一个建立在从原则得出的严格推论基础之上的完整道德律体系，将没有人会怀疑他试图在方法上进行革新。他的声明是他受其同时代哲学家鼓舞而作出大胆主张的又一个例子，从中却没有看到其背后的暗示之物。

尽管普芬道夫借鉴了新哲学家的观点，却没有偿还他的每一个知识债务。他的传记作家列奥纳多·克里格尔（Leonard Krieger）较为友善地写道：

> 普芬道夫作为二流的思想家，拥有比他的导师们更大的优势。他是一个机会性的哲学家——也即是说，他只是在更为世俗地考虑需要立足之所时才使用

〔63〕 Wieacker, *Privatrechtsgeschichte*, *supra* n. 38, pp. 270—1, 301, 307—8. 类似的，登泽尔（Denzer）也认为普芬道夫的目的是建立在理性基础上的封闭体系（a closed system）。Denzer, “Samuel Pufendorfs Naturrecht im Wissenschatfssystem seiner Zeit”, in *Samuel Pufendorf* 1632—1982, Ein röttschistoriskt symposium i Lund, 15—16 January 1982（Lund, 1986）, 17 at 19.

> 哲学分析——并且,分析的范围由其服务的情况来确定。他的机会性哲学足以使他对其时代的精神忠诚保持持续的关联,尽管这以其逻辑上的完整性为代价。曾经是一个严格体系的东西变成为一组富有弹性的假定,它因此使可分离且易于独立的发展屈从于更具伸缩性的精神性限制而非逻辑上的一贯性。[64]

与此相似,尽管巴贝拉克相信和过去做了很大决裂,但他并不视之为否定旧哲学而赞成新哲学。他认为格劳秀斯首次"打破局面",并在前人基础上提出了道德科学。[65] 但是,他赞赏格劳秀斯不是因为新原理的发现,而是他的"卓越的才智(netteté d'esprit),精妙的认识,深邃的思想,渊博的学识,广博的阅读……以及对真理的热爱"。[66] 他赞许格劳秀斯把握了"自然法真正的根本原理"。不过,巴贝拉克并不认同这一原理,并且他是否想到什么确定的发现也大可存疑。[67] 他赞赏 129
普芬道夫,后者更为完全地"使自己摆脱了这个学派[经院哲学]的偏见",[68]"创立并发展了极具特色的自然法基本公理"。[69] 但是,巴贝拉克似乎再一次没有想到什么特殊的哲学发现。在解释为什么普芬道夫的工作比格劳秀斯更优时,巴贝拉克没有提到普芬道夫的原理,而是其更为流行的风格,他的

---

〔64〕 Krieger, *supra* n. 55, p. 50.

〔65〕 Barbeyrac on Pufendorf, 'Préface du traducteur', § 28, p. civ; § 29, p. civ.

〔66〕 Ibid., § 29, p. civ.

〔67〕 Ibid., § 31, p. cx. 不管怎样,巴贝拉克提到,格劳秀斯基本没有使用这一原则。他仅仅在其著作的导论中提到这一点。(Ibid.)

〔68〕 Ibid., § 31, pp. cxxci.

〔69〕 Ibid., p. cxi.

工作的"秩序与排列",以及他是"完全系统的"事实。[70] 实际上,巴贝拉克赞赏普芬道夫"依循了格劳秀斯的精神与方法"。[71] 当他提到普芬道夫吸纳"新哲学"(笛卡儿的哲学)的思想时,他没有探讨笛卡儿的哲学原理,而是谈及这一研究如何使普芬道夫"保护了他的天生才能并使他能够胜任一项伟大的工作"。[72] 巴贝拉克自己为洛克所吸引,但不认为洛克的发现要求在新的基础之上重建法律。如果他是那样的话,就不会尽力译介和评述格劳秀斯和普芬道夫[的著作]了。

毫无疑问,普芬道夫和巴贝拉克相信他们从事的是一项格劳秀斯开创的反经院哲学传统的知识造反运动。但是,极为怪异的是,那似乎是一个没有原则的造反运动。普芬道夫和巴贝拉克没有利用任何新的哲学原理。格劳秀斯并没有突破跟亚里士多德与经院哲学的联系。

这种反叛并不像表面看上去那样自相矛盾。我们已经看到尽管在哲学原理上存在变化但还是存在知识延续性的例证,以及尽管原则上具有延续性但还是存在巨大改变的例证。重要的不仅仅是原则,还有适用这些原则的计划或任务。后期注释法学家如巴尔多鲁和巴尔杜斯相信不为(早期)注释法学家所知的亚里士多德的哲学原理,但没有什么改变。这一计划仍保持原样:根据其他所有文本来确定每个罗马法文本的含义。后期经院哲学家像巴尔多鲁和巴尔杜斯一样相信亚里士多德的哲学原理。不过,他们的计划有所不同。他们希望将亚里士多德和阿奎那的原理与罗马法结合。重大的知识变革因此应

---

〔70〕 Barbeyrac on Pufendorf, 'Préface du traducteur', § 28, p. civ; § 29, p. cx.

〔71〕 Ibid., § 30, p. cvii.

〔72〕 Ibid., p. cvii.

运而生。

格劳秀斯、普芬道夫和巴贝拉克通过实施一个与后期经院哲学家不同的计划而与过去决裂。那就是他们为什么和经院 130
哲学决裂而没有加入新哲学造反运动的原因。他们的计划就是将法学带入人文学科(*belleslettres*)领域。法和道德科学不是技术训练出来的专家的事务,而是人文教育培养出来的具有才智之人。通过使道德知识更易理解,他们期望提高人类行为的道德水准。

这一计划要求法律著作写作方式的改变。实际上,这些法学家和经院哲学家最为显著的决裂是在表述方式上。格劳秀斯发明了一种可以为非专门人士理解的法律写作方式。跟经院哲学家不同,他并不试图使每个论断都支持或反对一个结论,或追溯每一概念和学说的最终哲学基础。他的著作优雅而朴实。他也引用了经典作品以吸引当时受过教育的读者。他避免过于技术性。他的作品使那些没有受过正式哲学或法学训练的人也可以理解。这一写作风格为普芬道夫、巴贝拉克、多马和波蒂埃所仿效,并最终导致《法国民法典》简洁而优雅的风格。

法学家们并不认为他们仅仅是在从事文字上的尝试。他们认为,把真理表述得优雅而简洁几乎与发现真理同等重要。跟经院哲学家一样,他们相信真正的道德哲学是由简单原则和清晰的证明所构成。但是,他们的意思是说,原则的含义与证明的力量应易于领会,尽管巴贝拉克称其为"粗糙的语言和可笑的故弄玄虚",经院哲学家也曾寻求专业术语的简洁清晰。因此,关于这些法学家对经院哲学家的指责并把经院哲学家的结论当成自己的发现,并非猜测。他们首次将这些结论以易于理解的方式加以表述。实际上,由于普芬道夫和巴贝拉克很容易将浅显易懂的论断等同于清晰而有效的论断,用巴贝拉克的话说,他们极为真诚地相信普芬道夫曾"建立和发展富有特色的自然法基本公理,并依据极为准确的因果链条,从中推论出人类和公民的主要义务"。[73]

通过简洁地表述道德真理,他们希望依此影响人们的行为。就像格劳秀斯在其著作的导言中解释的那样,无论什么地
131 方的人民,如果无视这些最为根本的正义原则,那么绝大多数时候他们都是处在战争之中。学者终止非正义的贡献(尽管可能相当有限),就在于给人类提供一项立基于自然与理性的法律。

依普芬道夫所见,人们关于自然法的知识取决于学者。尽管"自然法为所有理智之人所知",但只有某些人"可以有条理地证明它的公理"。不过,

> 即使极为普通的心灵也至少可以领会呈现给他的这些证明,并可以通过把它们与他们的自然状况相比较而清楚地认识到它们之中的真理。即使那些从大众渠道和一般习惯而认识自然法的粗陋之人,也可以依据天分较高之人的权威……或者依据不可能找到任何明显理由以摧毁或动摇其确定性这一事实,以及依据从它们之中总是可以看到的明显效用,足可相信它的真实性。[74]

---

〔73〕 Barbeyrac on Pufendorf, "Préface du traducteur", § 31, p. cxi.

〔74〕 Pufendorf, *supra* n. 49, 11. iii. 13.

巴贝拉克赞赏普芬道夫对知识传播所做的这一贡献。尽管格劳秀斯的写作"纯净而精确"并有着"惊人的优雅与灵巧",但他"过于简练"。"他假定了许多需要很深入研究的事项,以致他的著作很少适合专家之外的人,普芬道夫则与之相反,其著作适合所有人阅读。"[75]巴贝拉克还意欲让自然法更易理解。他想为"有志于政治和教会职业的年轻人"翻译普芬道夫的著作。这些人常常对"如此普遍必要的最为一般的科学原则一无所知",拉丁语知识也如此贫乏,因而不能尝试阅读普芬道夫的原著。巴贝拉克还希望为那些如果不是"农民"或"体力劳动者",至少是受过适当教育的"普通人或没有学问的人"著述,因为他们这样的群体中对这些原则同样"蔓延着巨大的无知"。他们会发现这本书易于理解且不存在"难以跨越的障碍"。[76]

这一运动的意义在新道德科学家看作敌人的那些人中也得到反映。他们极少把任何人看作敌人,甚至包括亚里士多德,仅仅因为他从错误的原则或依据无效论证形成了正确的道德结论。敌人是干涉人类道德教育的那些人。经院哲学家把道德真理搞得含混难辨且不易理解。但是,更大的敌人是道德怀疑主义者,他就像巴贝拉克描述的那样,为怀疑而怀疑,并质疑所有的道德真理。[77] 格劳秀斯和古代的怀疑主义者卡涅阿 132
德斯(Carneades)进行了一场虚拟的辩论,[78]普芬道夫则跟霍布斯存在一系列冲突。

---

[75] Barbeyrac on Pufendorf,"Préface du traducteur", § 31,p. cx.

[76] Barbeyrac on Pufendorf,"Préface du traducteur", § 32,pp. cxiicxiii.

[77] Barbeyrac on Pufendorf,"Préface du traducteur", § 3,p. xiv.

[78] H. Grotius,*De iure belli ac pacis*,*supra* n. 48,"Prolegomena".

在某个意义上，这一计划成功了。法律原理的知识逐渐被认为是人文教育必不可少的组成部分。法律书籍和法律思想在许多非法律人中间传播。不是哲学家的法律人被鼓励用一般的法律原理而非技术性的职业解决办法进行思考。〔79〕

自然法学说的这一特殊传播情况将在下一章讨论。盎格鲁-美利坚的法律人在忽视理论和体系几个世纪后，开始利用格劳秀斯、普芬道夫、巴贝拉克、多马和波蒂埃的著作，将这一学说纳入普通法之中。当盎格鲁-美利坚的法律人可能在寻求更为一般的法律原理时，自然法学者通过将这种原理弄得易于理解而鼓舞了他们。

但是，抵销了易于理解方面的收获的，是哲学深度和论证严谨方面的损失。我们看到，时代的真正根本性的哲学问题被回避了。概念和原理被以优雅的语言表述，但如此不够准确，常常使人不能肯定其含义。哲学原理与被认为是建立在它们之上的法律学说之间的联系含混不清。

严格性的缺乏掩饰了在保留后期经院哲学家的法律学说时却否弃它们建立于其上的亚里士多德原理所面临的困难。普芬道夫和巴贝拉克可能讨论了忠实的德性或者合同的本质(essence)、实质(substance)或属性(nature)，却没有进一步考虑这些概念在一个非亚里士多德的世界中可能具有的含义。

沃尔夫与格劳秀斯奠定的传统决裂了。它似乎导致了与

---

〔79〕 关于格劳秀斯《战争与和平法》(*De iure belli ac pacis*)的影响，参见 Feenstra, *supra* n. 38, pp. 493—494。关于普芬道夫和巴贝拉克著作的传播情况，参见 S. Othmer, *Berlin und die Verbreitung des Naturrechts in Europa Kulturund sozialgeschichtliche Studien zu Jean Barbeyracs Pufendorfübersetzungen und eine Analyse seiner Leserschaft* (Berlin, 1970); Luig, "Zur Verbreitung des Naturrechts in Europa", *Tijdschrift voor Rechtsgeschichiedenis*, 40(1972), 539。

更加含糊的学说更为模糊相连的无根据的原理。他试图建立一个霍布斯和洛克想要的那种道德科学,学说可以从像数学一样经严格论证获得的第一原理中推导出来。他像一个数学家, 133
写下一系列编了号的命题和推导性论证。但是,第一原理不是霍布斯和洛克的那种原理。它们是一个理性主义者的亚里士多德版本。自然法是“由人类自身的本质和天性证明而来的”。[80] “德性”就是“引导一个人的行为与自然法一致的习惯”。[81] 人们必须依循自然法以实现“快乐”“至善”与“完美”。[82]

不过,悖谬的是,如我们所见,在沃尔夫的著作中,由普芬道夫和巴贝拉克保留下来的后期经院哲学家的学说开始消失了。实际上,我们将看到,他的某些结论开启了19世纪法学家的学说。我相信其原因在于,如常常被指出的那样,沃尔夫确实不理解他试图将其现代化和复兴的亚里士多德传统。因此,他不理解普芬道夫和巴贝拉克保留的亚里士多德学说的构造。跟他们不同,沃尔夫意图建立一个所有学说都很精确的严格体系。于是,他取消了他不理解的学说。我们将会看到,19世纪的法学家也以同样方式前进,通过取消看起来不再有意义的亚里士多德的构造,重构格劳秀斯、普芬道夫、巴贝拉克、多马和波蒂埃的学说。于是,他们中的某些人模仿沃尔夫的学说进行学说重构,也就不足为奇了。

区别在于,沃尔夫认为,自后期经院哲学开始就存在的道

---

〔80〕 C. Wolff, Ius naturae modo scientifica pertractum (FrankfurtonMain, 1764), "Prolegomena", § 2.

〔81〕 Ibid., § 6.

〔82〕 Ibid., § § 7—8.

德哲学和法律学说之间的联姻可以保留。像普芬道夫和巴贝拉克之类的法学家已经允许哲学原理与法律学说的脱离。解决办法是从一个现代化了的亚里士多德原理的版本进行法学结论的严格推导。困难在事后看来比他们当时更加清楚。在亚里士多德的传统被否弃了一个世纪之后,仅仅是理解它就需要一个关于历史的研究尝试,沃尔夫并不具有这种能力。面对新哲学家们的抨击去捍卫它,只有很少人(如果有的话)能够胜任,沃尔夫当然不在其列。事实上,到了世纪末,事情就清楚了,他的学说只是很不牢固地与它们被假定要由其衍生的哲学原理连在一起。

在 19 世纪,沃尔夫试图维护的哲学与法律学说之间的"婚姻"最终破裂了。

第六章　盎格鲁-美利坚的接纳

19 世纪的一位普通法学者注意到，在布莱克斯通的时代，“几乎没有与合同法相关的法律科学”。[1] 第一篇关于合同法的论文发表于 1790 年，作者是鲍威尔（Powell）。在此之前，如辛普森（Simpson）所说，除了在布莱克斯通的著作和已决案件的报告中有几页关于合同法的讨论外，几乎没有关于合同法的普通法文献。[2] 合同法没有理论或系统的理论结构。它不是由定义、学说和原理组织起来的，而是由盖印契约（covenant）和非密封允诺（assumpsit）等令状形式（在普通法法院中），以及一系列没有被明确表述的关于救济的理由（在衡平法法院中）组织起来的。 134

---

〔1〕 Carey, “A Course of Lectures on the Law of Contract: Lecture I”, *The Law Times*, 4(1845), 463 at 463.

〔2〕 Simpson, “Innovation in Nineteenth Century Contract Law”, *Law Quarterly Review*, 91(1975), 247 at 250—1.

从鲍威尔开始,著述家们对合同法提供了一个它曾缺乏的系统理论结构。如我们将在本章看到的那样,他们是通过借鉴格劳秀斯和普芬道夫等自然法学家,以及受其影响的法学家(如法国法学家多马和波蒂埃)的学说做到这一点的。他们所借鉴的学说又再次被普通法系国家的法官借鉴。我们将在表明这些法官对著述家的依赖所必要的限度内关注他们的工作。

著述家们借鉴了自然法学家们的学说,后者自己又追随建立在亚里士多德和托马斯·阿奎那哲学基础之上的后期经院哲学家的学说。这一哲学对19世纪法学家而言,近乎于难以理解。因此,这些著述家们常常肤浅地借鉴并重复自然法学家的用语,却鲜少理解其最初含义。他们常常有选择地借鉴,而忽略那些看起来陌生且令人反感的学说。

随着时间的流逝,普通法学者开始寻求他们借鉴而来却不
135 理解的用语的替代之物。他们也依赖并扩展他们借鉴而来的学说去做那些他们没有做过的事情。他们在大陆的同行也做了同样的尝试,重构由自然法学家继承而来的学说,使它们能够为19世纪所接受。在下一章我们将检视这些尝试。但我们首先得看看普通法学者借鉴了些什么。

合同的约束力

允诺的可强制执行性

自然法学者曾经认为,合同因当事人的协议而订立。19世纪的普通法著述家们根据协议或同意来定义合同。科米恩(Comyn)在1809年做了这样的定义,随之而来的,是纽兰德(Newland)在1821年、奇蒂(Chitty)在1826年(他补充说合同

是当事人相互同意的协议)、肯特(Kent)在 1827 年、多德(Dodd)在 1836 年、威廉·斯托里(William Story)在 1844 年(他把合同说成是“约定”)、卡雷(Carey)在 1845 年、帕森斯(Parsons)在 1860 年、利克(Leake)在 1867 年做了这样的定义。[3]

我们将在下一章看到,这些定义既是对自然法传统的借鉴,也是与它的决裂。普通法学者借鉴了合同依同意而订立的思想。他们没有借鉴同意具有约束力是因为信守诺言的德性,或者当事人通过表示同意而运用慷慨或交换正义之德性的思想。

现在与我们有关的问题是,依据协议定义合同,甚至对合同下定义本身对普通法学者来说就是一项革新。革新的程度通过他们所引用的权威表现出来。刚刚提到的作者们引用了科米恩的《汇编》(Digest,即《英国法汇编》——译注),或者普娄登(Plowden)或布莱克斯通的著作。科米恩的《汇编》在“协议”标题下有一个简要记载,说协议就是相互同意,或者引用普娄登的话说就是“意思合致”(*aggregatio mentium*)。[4] 普娄登报道了在爱德华六世时财政法庭(Exchequer)就 *Reniger v.*

---

〔3〕 S. Comyn, *Contracts and Agreements Not Under Seal* (Flatbush, 1809), i. *2[北不列颠:引注页码前加“*”指标注的页码是原版页码,该页码保留在所引用的版本中]; J. Newland, *A Treatise on Contracts* (Philadephia, 1821), 1; J. Chitty, *A Practical Treatise on the Law of Contracts* (1826), 3; J. Kent, *Commentaries on American Law* (Boston, 1884), ii. *450; Dodd, “On the Construction of ContractsAssentConstruction”, *The Legal Observer*, 12 (1836), 249 at 249; W. W. Story, *A Treatise on the Law of Contracts* (Boston, 1851), 1; Carey, *supra* n. 1, p. 464; T. Parsons, *The Law of Contracts* (Boston, 1860), i. *6; S. Leake, *Elements of the Law of Contracts* (London, 1867), 7—8。

〔4〕 J. Comyn, *A Digest of the Law of England*, 4th edn. (London, 1800), i. 400.

136 *Fogoss* 案所作的判决。[5] 一个商人的货物由于未付关税而被扣留,尽管事先跟海关已经约定在支付关税前先称货物的重量。商人求助于一项制定法,它规定了跟海关之间的"协议"可以作为未付关税的抗辩。皇室律师反驳说不存在协议,因为他没有任何可以强制执行的东西。商人的律师辩解说协议是"意思合致",即意见一致。对于普通法上的合同是相互同意的命题,很难再想象出更为不幸的权威见解。[6]

存留下来的权威是布莱克斯通。在他于 18 世纪晚期所写著作中有关合同的几页里,他开始着手后来由 19 世纪晚期和 20 世纪早期普通法学者所完成的工作:使合同法具有系统性和原则的一贯性。为了做到这一点,他不断利用自然法学家和民法学家的著作。他把合同定义为"有充分对价做或不做某项具体事务的协议"。[7] 除了他声称是在撰写英国法而非自然法外,他依据协议对合同所作的定义并没有什么新颖之处。因为,如我们将看到的那样,他关于对价的讨论在很大程度上明显源于自然法学家,可以合理假定他关于合同的定义也是如此。

如果 19 世纪的著述家或布莱克斯通搜寻得更远一些的话,他们可能会发现英国法官偶尔把合同解释为相互同意的言论。但是,这些言论是偶尔为之的,而且不得不尽力去搜寻它们。布莱克斯通和 19 世纪的著述家们依据协议或相互同意定义合同,不是因为普通法法官是如此定义的,而是因为他们确

---

〔5〕 *The Commentaries or Reports of Edmund Plowden*, Eng. trans. (Dublin, 1792), i. 1—17.

〔6〕 卡雷本人认为普娄登没有什么权威价值:Carey, *supra* n. 1, p. 463。

〔7〕 W. Blackstone, *Commentaries on the Law of England* (London, 1766), ii. 442.

信合同应当如此被定义。他们熟知 17、18 世纪自然法学家讨论合意或同意的著作。他们不是要开辟某种全新的道路，而只是将这些讨论适用于他们称为普通合同法的东西。实际上，当他们这样做时，他们开始从非密封允诺、盖印契约等普通法中创造普通合同法。 137

原因和对价

在 19 世纪之前，普通法法官发展出一项规则，除非允诺存在一个“对价”，否则不许提起违约赔偿之诉（assumpsit）。法官并不清楚对价是什么，人们也并不过分关注它们。相反，19 世纪的著述家们则希望做一个解释。我们已经看到，自然法学家认为在给予的允诺和交换的允诺之间存在根本区别。根据原因学说，这是两种应当具有约束力的允诺。普通法学者就此有所选择，声称他们的学说是指只有后一类型的允诺才是可以强制执行的。

实际上，对价学说和原因学说相互之间极少相关。关于最初提出对价学说的普通法法官是否受到了原因学说的影响，这个问题存在一个著名但没有结果的争论。不管事实如何，普通法法官所说的对价很快就不再类似于巴尔多鲁和巴尔杜斯、后期经院哲学家和自然法学家所说的原因。但根据普通法法官的观点，基于慷慨而订立的合同具有一项原因，慷慨并不构成对价。交换的允诺的确具有一项对价，但普通法法官并不把对价等同于一个有偿合同的原因。在很多从后期经院哲学家、自然法学家或具有通常理智的人看来是无偿的交易中，他们找到了对价。我们将看到，给未婚女婿一笔钱的允诺被认为具有对价，就像在各种无偿借款和寄托合同中一样。

实际上,将这两种学说进行比较,几乎可以说是引人误解的,因为它们是出于非常不同的目的而被构造的。我们在此前已经看到,原因学说更多是理论性的而非具有实际意义。受亚里士多德关于慷慨和交换正义区分观点的激发,该学说的构造者确定了允诺人或许具有的两种合理原因:慷慨和获取回报。这个学说对法律实际上强制执行的允诺没有效果。对价学说以相反的方式发展起来。普通法法官并不对人们为何作出允诺加以理论化。他们对提出一个一贯性的对价定义也不特别关心。他们的任务是实际的,即在违约赔偿之诉中限制可被强制执行的允诺。他们讲求实际地工作,努力在那些似乎特别值
138 得救济的案件中找到对价。通过利用与交换合同做有倾向性的类比,他们常常成功地找到对价。他们把交换合同看作是存在对价的典型合同,[8]但是,并不据此认为对价就是指交换或交易。对价意味着对某些案件可以根据违反交换允诺之类的先例给予救济。在疑案中是否给予救济是受限制的,它取决于法官将其与那些案件(指先例案件——译者注)进行不太令人信服的类比的能力和意愿。对价是一项限制违约赔偿之诉的技术,而非可以给予定义的概念。

然而,从布莱克斯通开始,希望找到一个对价理论或至少是具有一贯性的对价定义的普通法学者坚持把对价等同于原因。在布莱克斯通的讨论中,这样做的困难特别明显。他从基本与定义原因相同的方式定义对价开始:它是"一个人订立合同的原因"。尽管这一用语暗示了在一般情况下而非仅仅在一项交换的原因意义上对价意指原因,他立即补充说,对价是

---

〔8〕 e. g. *Sturlyn v. Albany*, Cro. Eliz. 67, 78 Eng. Rep. 327(QB 1587).

"相互或互惠性给予的某物——交换中给予的某物"。他说，要求具有对价的规则来自大陆法系（民法）关于裸约不产生诉权的规则。他用一些大陆法系（民法）的学问阐释这一规则；比如，对价存在于以物易物或以做易物（*do ut des*，*facio ut des*），以及其他情形中。他似乎因此而将对价等同于交易原因，对慷慨为何也是"一个人订立合同的原因"，他并不感到困惑。然后，他转而解释为什么英国法官在那些看起来不像交换的合同中找到了对价。当对价是"血缘亲情"时，允诺人得到的"满足"就是某种等价物。当允诺给予未婚女婿金钱时，和女儿结婚就是某种等价物。债据（bonds）和票据（notes）是对价的证据，但布莱克斯通从来没有解释其如何成为可能。[9]

尽管存在这些困难，19 世纪早期的著述家们有时引用布莱克斯通，有时则直接引用大陆法系权威，继续把对价等同于原因。肯特说道：

> 没有对价的合同是裸体简约（*nudum pactum*），在法律上没有约束力，尽管在良心上可能有约束力；普 139
> 通法的这一格言源于大陆民法，对价学说在其中被以经院哲学的晦涩方式进行处理。[10]

相似地，鲍威尔、泰勒（Taylor）、威廉·斯托里、科米恩、帕森斯以及史密斯（Smith）都将对价等同于民法学说。科米恩解释说对价是订立合同的"动机"，帕森斯和史密斯坚持大陆民

〔9〕 Blackstone, *supra* n. 7, ii. 444—6.

〔10〕 J. Kent, *supra* n. 3, ii. 630.

法的"原因",并认为普通法上的对价所指范围比单纯动机要窄。[11] 如辛普森注意到的那样,19 世纪早期的著述家们似乎把对价看作原因学说的一个地方版本。[12] 不过,像布莱克斯通一样,他们似乎只是想到有偿合同中的原因,因为他们都解释说纯粹的无偿允诺不能被强制执行。

要约和承诺

当第一篇普通法论文发表时,要约和承诺学说的第一缕微光出现在已决案件中。在 1789 年 *Payne* v. *Cave* 案中,判决认为拍卖会的竞买人在拍定前可以撤回其出价,因为"每一个出价不过是一项要约,在另一方同意前没有约束力"。[13] 在 1790 年 *Cooke* v. *Oxley* 案中,判决认为将货物出售给第三人的要约人在受约人承诺前并不受约束,因为在承诺前不存在合同。[14] 在 1818 年 *Adams* v. *Lindsell* 案中,判决认为在受约人寄出承诺通知后、要约人收到承诺通知前,要约人将货物出卖给第三人的,要约人要对受约人承担责任。在承诺通知寄出时合同即因承诺而成立。[15]

尽管在承诺前要约不具有约束力的规则对普通法是新的,但在自然法学家眼中它早已是陈词滥调。如果普通法法官没有从那一来源了解该规则,很难相信他们会突然开始把它提出

---

〔11〕 J. Powell, *Essay upon the Law of Contracts* (London, 1790), i. 331; W, Taylor, *The Laws of England and Scotland Relating to Contracts* (London, 1849), 16; Story, *supra* n. 3, 431, at 431, n. 1; Comynm *supra* n. 3, i. 8; Parsons, *supra* n. 3, i. * 355; J. Smith, *The Law of Contracts* (Philadephia, 1847), 88, n. a.

〔12〕 Simpson, *supra* n. 2, at 262.

〔13〕 *Payne v. Cave*, 3 Term R. 148, 100 Eng, Rep. 502(1789).

〔14〕 *Cooke v. Oxley*, 3 Term. R. 653, 100 Eng, Rep. 785(1790).

〔15〕 *Adams v. Lindsell*, 1 Barn. & Ald. 681, 106 Eng, Rep. 250(1818).

来。在 *Payne* v. *Cave* 案中,法官以自然法学家使用的民法表述解释这个规则:在承诺之前可以改变主意(*locus poenitentiae*)。[16] 不过,法官似乎只借鉴了这一规则本身,即在承诺前 140
要约人不受约束。在 *Cooke* v. *Oxley* 案中的结论——后来被推翻了——似乎是他们自己关于那一规则应如何适用的观点。相似地,在 *Adams* v. *Lindsell* 案中使用的推理表现出不能在自然法学家中间找到的混淆。法官认为,如果在要约人知道受约人承诺前合同没有成立,那么在受约人知道要约人已经收到他的承诺前合同也没有成立;并且,如果确实如此,则没有合同可以因一致表示而成立,因为要约人也得知道受约人清楚要约人收到了承诺,如此等等,以至无穷(*ad infinitum*)。[17] 这一推理把承诺什么时候生效的问题和双方当事人都不知道他们受到约束时合同是否可以成立的问题混为一谈。

当要约和承诺的学说还处在萌芽阶段时,普通法著述家们就把它们作为合同法基本原理。对肯特、多德、卡雷、威廉·斯托里、帕森斯、梅特卡夫(Metcalf)、利克、汉蒙(Hammon)和安森(Anson)来说,每一个合同都需要要约和承诺。[18] 如果自然法学家没有对它表示赞同的话,很难相信他们会形成这个结论。

---

〔16〕 3 Term. R. at 149, 100 Eng, Rep. 503.

〔17〕 1 Barn. & Ald. at 683, 106 Eng, Rep. at 251.

〔18〕 Kent, *supra* n. 10, ii. * 477; Dodd, *supra* n. 3, pp. 249—50; Carey, *supra* n. 1, p. 505; W. W. Story, *supra* n. 3, 370; Parsons, *supra* n. 3, i. * 399; T. Metcalf, *Principles of the Law of Contracts* (London, 1867), 12; Hammon, *General Principles of the Law of Contracts* (St Paul, 1912), 38; W. Anson, *Principles of the English Law of Contract* (London, 1898), 13.

订立合同的同意

在19世纪之前,英国法官曾对欺诈、胁迫和错误给予救济。他们这样做时并没有考虑同意由什么构成的理论问题。

他们判决有关欺诈和胁迫的案件时,只说欺诈和胁迫是不好的,并没有说到别的东西。19世纪的一些著述家也没有更多可说的。[19] 奇蒂仅仅解释说:"法律不认可不诚实的观点和行为……"[20]约瑟夫·斯托里(Joseph Story)就这一效果引用
141 西塞罗的话,"欺诈比强力更可恨"。[21] 相似地,威廉·斯托里也只认为欺诈"违反法律的精神"。

这一含混的道德化逐渐屈从于关于胁迫和欺诈如何影响同意的考虑。依一些英国和美国法学家的看法,这导致同意无效。[22] 其他人则认为给予救济不是因为缺乏同意,而是因为实施了非正义。[23] 我们将在下一章把这些论断与同时期大陆法学家提出的类似论断一起检视。在此我们仅仅需要提到,自然法学家熟知欺诈和胁迫如何影响同意的理论问题,而它对普通法来说却是崭新的就可以了。又一次,普通法学者自己不大可能突然对该问题感兴趣。

---

〔19〕 e. g. ,anno,"On the Law of Fraud in Contracts", *Journal of Jurisprudence and Scottish Law Magazine*,1(1857),488,513;2(1858),7,55.

〔20〕 Chitty,*supra* n. 3,222.

〔21〕 J. Story,Commentaries on Equity Jurisprudence(Boston,1918),i. 161—2. 尽管斯托里在第二句中援引了波蒂埃关于欺诈的定义,但其明显没有使用波蒂埃有关欺诈对同意所生效果的讨论。

〔22〕 e. g. Carey,*supra* n. 1, p. 505; Dodd,"Contracts Vitiated for Fraud", *The Legal Observer*,11(1836),505 at 505; Hammon, *supra* n. 18,142,188; Anson, *supra* n. 18,156,203,218.

〔23〕 e. g. E. Batten,*Specific Performance of Contract* (London,1849),27; Leake, *supra* n. 18,182; F. Pollock,*Principles of Contract* (London,1885),390.

但是，错误学说的发展更加清晰地说明了关于同意本质的这一崭新考虑。在18世纪和19世纪早期，普通法法院和衡平法法院给予救济时，几乎完全回避了关于错误同意的效果问题。

在18世纪和19世纪早期，如果书面文件与合同当事人的意思不一致，衡平法法院可以更改它。如果一方当事人就他根据合同可以受领之物存在错误，法院将驳回特定履行的请求，或者仅仅在另一方当事人对他支付一定赔偿时准予特定履行。但是，为什么原则上应当给予救济，法院还很不清楚。在某些案件中，特别是在18世纪早些时候，他们仅仅宣称可以对错误给予救济。[24] 在其他案件中，他们则只给出简短而含混的解释。但具有代表性的是，这些解释诉诸于含糊的公平观念的常识。

在1784年 *Howland* v. *Norris* 案中，掌玺大臣瑟洛（Thurlow）谈到，解除一个"诚实且勤勉"的人因错误而订立的合同所生义务是符合"正义"的。[25] 在1790年 *Calverley* v. *williams* 142
案中，一个出卖人错误地将另外七亩土地包括在销售启事中，瑟洛解释说，"任何一方当事人都不能遭受损失"。"在一方当事人意图以该价格购买整块土地时却强迫仅以该价格购买部分土地，或者在另一方当事人意图仅以该价格出售部分土地时却迫使他以该价格出售整块土地，都是不可能的。"[26] 在1801

---

〔24〕 e. g. *Martin* v. *Savage*, Barn, Ch. 189, 27 Eng. Rep. 1055(1749); *Baker* v. *Paine*, 1 Ves. Sen. 46, 27 Eng. Rep, 1140(1750).

〔25〕 *Howlan* v. *Norris*, 1 Cox 59, 61, 29 Eng. Rep. 1062, 1063(1784). 但是，大法官（Lord Chancellor）怀疑英国法在这方面是否如其希望的那样是意志决定论的。

〔26〕 *Calverley* v. *Williams*, 1 Ves. Jun. 210, 211, 30 Eng. Rep. 306(1790).

年 *Marquis Townshend* v. *Stangroom* 案中，埃尔登(Eldon)引用哈德威克(Hardwick)的言论作为支持："从道德观点来看，请求强制执行因欺诈订立的协议——它使另一方当事人感到意外——与要求执行可以被证明是出于意外而订立的协议之间只有很小的差别。"[27] 在 1806 年 *Halsey* v. *Grant* 案中，掌玺大臣厄斯金(Erskine)一般性地谈到"衡平法的矫正效力"，即通过"保留合同的实质部分但不强迫当事人接受不同的东西"而实现"实质正义"。[28] 这些评论暗示了许多有趣的事情：错误方当事人单纯的信赖；如果他给予的比他想给的更多或更少，一方当事人会遭受的损害；坚持让错误方当事人履行合同的不道德性；衡平法的矫正效力。它们并未暗示对错误同意的效果的理论兴趣。

在提到错误同意的效果时，它被含糊地给予描述并与其他事情交织一起。在 1813 年 *Clowes* v. *Higginson* 案中，副掌玺大臣有趣地发现，审理了相同当事人之间另一诉讼的案件主审法官"似乎认为这种错误的结果是他们之间实际上不存在协议……"主审法官认为，在这里可以适用的原则似乎类似于错误使同意无效的自然法原则。但是，在同一判决中，副掌玺大臣被认为提出了进一步的观点，即"建立在错误基础上的合同，不可能与执行的正义相一致：如此一来，一方当事人必须多付 2000 英镑，或者另一方当事人比他预想的少得 2000 英镑"。[29] 在其他地方，这个副掌玺大臣认为，错误可能使坚持

---

〔27〕 *Marquis Townshend* v. *Stangroom*, 6 Ves. Jun. 328, 337, 31 Eng. Rep. 1076, 1079 (1801).

〔28〕 *Haysey* v. *Grant*, 13 Ves, Jun. 73, 77—8, 33 Eng. Rep. 222, 223 (1806).

〔29〕 *Clowes* v. *Higginson*, 1 Ves. & B. 524, 530, 35 Eng. Rep. 204, 206 (1813).

请求特定履行的当事人显得“违反良知”，准许这种请求的法庭显得“不公平”，“并因此与衡平法院实施管辖的原则不一致”。[30] 关于是否存在合意的考虑从来没有和关于公平的模糊关注清楚区分。 143

既然英国的掌玺大臣试图在特殊案件中实现正义，而非分析抽象原则，他们欠缺清晰性就不令人吃惊了。而且，他们不是在处理那些对错误使合意无效的原则特别有帮助的案件。他们不是在处理教科书上的问题，如把黄金当作黄铜或把酒当做醋出售，而是人们可能犯错误中的更为复杂的合同。特别典型的是，一块土地的交易当事人没有把要转让的各种权利描述准确。文件错误地删除或包括了一项较大的不动产[31]或一座附属房屋，[32]或者缴纳什一税的责任，[33]或者收取租金[34]、收取什一税，[35]或者对一片林地[36]或牧场[37]的权利。以上所引的所有这些言论都是在这种案件中作出的。让一方当事人比他想通过交易获取之物得到更多或更少是不公平的，把注意力集中在这方面并不让人吃惊。究竟在哪一点上更多或更少变得如此具有实质性，以致当事人根本没有同意订立这样的合同，考虑这种问题意义不大。

衡平法院从来没有将他们关于公平的考虑转换成一个完

[30] 1 Ves. & B. AT 527, 35 Eng. Rep. at 205.

[31] *Marquis Townshend* v. *Stangroom*, 6 Ves. Jun. 328, 337, 31 Eng. Rep. 1076 (1801).

[32] *Stapylton* v. *Scott*, 13 Ves. 425, 33 Eng. Rep. 353(1807).

[33] *Howlan* v. *Norris*, 1 Cox 59, 29 Eng. Rep. 1062(1784).

[34] *Haysey* v. *Grant*, 13 Ves, Jun. 73, 77—8, 33 Eng. Rep. 222(1806).

[35] *Drewe* v. *Hanson*, 6 Ves. Jun 675, 31 Eng. Rep. 1253(1802).

[36] *Clowes* v. *Higginson*, 1 Ves. & B. 524, 530, 535 Eng. Rep. 204(1813).

[37] *Howlan* v. *Norris*, 1 Cox 59, 29 Eng. Rep. 1062(1784).

全让人满意的规则,以判定何时应当给予救济。在18世纪具有代表性的 *Howland* v. *Norris* 案中,掌玺大臣瑟洛勋爵说他本人所赞成的规则是:在当事人的错误导致"实质性的差异"时否定特定履行。[38] 不过,在他处理的案件中,尽管存在土地是否不需缴纳什一税,以及它是否包括一项无限制的一般权利,而非是只能放养绵羊的牧场的错误,他仍然批准特定履行。他说,原因在于先例就是如此处理的。当买方的"整个标的"是取得他错误相信该土地上并不存在的码头时,救济请求曾被驳回。[39] 瑟洛勋爵并不考虑前后是否一贯,他随后补充说,如果
144 一方当事人"纯粹为了这个特别需要"而购买,他将仍然否定特定履行。[40] 19世纪早期的两个案件明确否定了码头案,并选择了该规则不那么严格的构造。在 *Stapylton* v. *Scott* 案中,法庭说如果被上诉人(respondent)能够证明这项不动产的某个附属房屋是他决定购买的"强烈诱因",它将驳回特定履行的请求。[41] 在 *Halsey* v. *Grant* 案中,尽管就土地负担的某个财政税负存在错误,法院还是准予特定履行,不过,它声称,如果财产权相比于买方的期望存在"实质差异",它将驳回救济请求。[42] 就现在的目的来说,关键是这些惯用语——"实质不同""整个标的""特别需要""强烈诱因""实质差异"——并非是对错误何时破坏合意问题的回答。他们试图找到一个简短用语,去反映一个非理论性的、不系统的且常常表达得不清楚

[38] *Howlan* v. *Norris*, 1 Cox 59, 61, 29 Eng. Rep. 1062, 1063(1784).

[39] 1 Cox at 61, 29 Eng. Rep. at 1063.

[40] 1 Cox at 61, 29 Eng. Rep. at 1063.

[41] *Stapylton* v. *Scott*, 13 Ves. 425, 426, 433 Eng. Rep. 353, 354(1807).

[42] *Haysey* v. *Grant*, 13 Ves, Jun. 73, 76, 33 Eng. Rep. 222, 223(1806).

的要做的公平事情。

在普通法法院中，如辛普森提到的那样，在19世纪之前很少提到错误同意的效果。[43] 19世纪早期的一个案件，即1814年 *Thornton* v. *Kempster* 案，法庭赞同如下原则：在"当事人没有就一方意欲购买之物与另一方当事人同意出卖的相同之物达成合意时……在他们之间就不存在协议"。[44] 如果法庭关于错误如何影响同意曾想到某些更大的观念，它的观点也没有留下任何痕迹。而且，*Thornton* v. *Kempster* 案刚好就是这类案件，在该案中，法庭作出了这样的评论，但没有陷入就同一事项表示同意是什么意思的复杂理论问题之中。在 *Thornton* v. *Kempster* 案中，经纪人交给买方和卖方的文件对货物的描述是不同的：在一个文件中是"匹兹堡干净大麻"，在另一个文件中却是"里加莱茵大麻"。很容易判定，当事人没有达成合意。

一些理论家可能会认为，在随后一些案件中，当事人是否就同一事项形成了合意的问题，已经被清楚地提了出来。不过，普通法法官们仍然回避该问题。例如，在1815年 *Cox* v. *Prentice* 案中，[45] 买方购买了一块银锭，但就它包含多少盎司的银存在错误。法庭把整个问题处理为默示担保，没有涉及何种错误使合同无效的问题。 145
在1835年 *Dobell* v. *Hutchinson* 案中，[46] 买方购买了一块土地，在土地清单中描述说包括一块空地，但实际上并不包括。法庭宣告该合同无效，因为这块空地是"这项不动产的实质部分"，但没有更多探讨为什么合同应

---

〔43〕 *Simpson*, *supra* n. 2, pp. 265—269.

〔44〕 *Thornton* v. *Kempster*, 5 Taut. 786, 788, 128 Eng. Rep. 901, 902(1814).

〔45〕 *Cox* v. *Prentice*, 3 . & S. 344, 16 Rev. Rep. 288(1815).

〔46〕 *Dobell* v. *Hutchinson*, 3 Ad. & El. 355, 11 Eng. Rep. 448(1935).

当因为这种错误而被宣告无效。在 1846 年 *Smith* v. *Jeffryes* 案中,[47]卖方同意出卖"马铃薯"(ware potatoes),买方后来声称他想买的是一种叫"Regent's wares"的特殊马铃薯,而卖方则坚称出卖的是被称为"Kidney wares"的马铃薯。法庭驳回救济请求,因为法庭认为,在合同中模棱两可地说"马铃薯"可以指任何种类的"马铃薯",因此依照口头证据规则,关于买方如何理解的证据不能被认可。在 1858 年 *Scott* v. *Littledale* 案中[48],卖方出售一百箱刚果茶,以"东方之星"货轮运输,但结果向买方错误提供了完全不同的样品。在卖方发现这一错误之后,拒绝交付。法庭没有考虑当事人必须就同一事项表示同意的原则,驳回了救济请求。法庭认为,即使衡平法院也不会宣告这种合同无效,而仅仅要求买方就质量差别补偿卖方。

在此描述这些案件,是因为与衡平法上的典型案件以及其他许多案件不同,它们似乎就错误同意的效果表达了某些主张,即使是不甚清楚的主张。但法庭并没有通过考察始于 *Thornton* v. *Kempster* 案的原则——合同当事人必须就同一事项表示同意——而作出判决。

1864 年裁决了著名的 *Raffles* v. *Wichelhaus* 案,[49]该案确立了错误破坏合意的原则,这个原则后来被普通法著述家们所引用。合同出卖的是 125 包苏拉特棉,由"无敌号"(*ex Peerless*)直接从孟买运输。有两艘叫"无敌号"的轮船从孟买开出,卖方想的是其中一艘,而买方想的是另一艘。法庭认为不存在有效合同。裁决存在异议(*per curiam*),但没有说明理由。

[47] *Smith* v. *Jeffryes*, 15 Mee. & W. 561, 71 Rev. Rep. 761(1846).

[48] *Scott* v. *Littledale*, 8 Eliz. & Bl. 815, 120 Eng. Rep. 304(1858).

[49] *Raffles* v. *Wichelhaus*, 2 H. & C. 906, 159 Eng. Rep. 375(1864).

波洛克(Pollock)在他对律师的评论中暗示,他认为这个案件像是这种情况,其中一方想出售在某个特定仓库中的货物,而另一方当事人则想购买在另一个仓库中的相同货物;或者说一方当事人希望出售产自法国或西班牙某个种植园的葡萄酒,而 146
另一方当事人希望购买产自另一个有着相同名称的种植园的葡萄酒。律师就此评论说,没有对同一事项的合意(*consensus ad idem*)就不可能有具有约束力的合同,但他考察的评论含义不比 *Thornton* v. *Kempster* 案所做的更多。*Raffles* v. *Wichelhaus* 案是一个与 *Thornton* v. *Kempster* 案不同的案件,因为在这个案件中当事人没有达成合意,而在 *Thornton* v. *Kempster* 案中,他们的文件就是不同的。这是让原告律师恼火的事情,他辩解说:"意图是没有用的,除非是在合同订立当时就已作出。"

因此,即使在 1864 年,律师仍然可以辩称没有表示出来的意图没有用,而法庭的回答仍然含含糊糊。相反,普通法著述家在那之前就已经用自然法学家的语言解释错误同意的效果。根据鲍威尔、肯特、约瑟夫·斯托里、威廉·斯托里和富里(Fry)的看法,要宣告合同无效,错误必须是有关"本质"或"实质"的。[50] 他们都引用了民法权威。有时他们用自然法学家保留的亚里士多德其他术语解释这个原则。鲍威尔说,就土地是否免予缴纳什一税的错误不能使合同可被宣告无效,因为"是否如此只是附质,与合同的本质无关"。[51] 根据约瑟夫·斯托里的看法,当错误是"合同的动力因"时,它可以使合同被

〔50〕 Powell, *supra* n. 11, i. 147—8, 151; Kent, *supra* n. 10, ii. * 477(补充说明这是"普遍法理学的简明原则"); J. Story, *supra* n. 21, i. 213—14; W. W. Story, *supra* n. 3, 419, 424—426; E. Fry, *Specific Performance of Contracts* (London, 1892), 371.

〔51〕 Powell, *supra* n. 11, i. 148.

宣告无效。[52] 对富里来说,错误必须是“本质”上的而非“品质或附质”方面的。[53] 19世纪的著述家们再次借助自然法学家来构造普通法上的合同法。

合同中的合意

几乎与普通法学者借鉴自然法学家有同样重要意义的情况,是那些他们没有借鉴的方面。他们没有借鉴交换合同要求等价(equality)的学说。他们也没有借鉴合同可以分成自然类型,每一种合同都有一组订立这种合同的当事人要受其约束的自然义务的学说。在19世纪,这些学说显得太不可思议且不
147 正当而不值得被借用。然而,拒绝借鉴它们并没有使普通法停留在18世纪的水平。和18世纪的法庭不同,19世纪的著述家们寻求体系与理论。通过拒绝借鉴这些学说,他们使自己在不利用它们的情况下尽力去创建一个一贯性的理论。

等价交换

19世纪的著述家们讨论两个固有规则的等价交换问题。一个规则是普通法法院不能调查对价的充分性。我们将在下一章看到,他们把这项规则解释为是指不要求等价交换。他们认为,这种要求是家长式的。而且,谈论等价交换会牵涉大量不可知的经济价值的观念。另一个规则是衡平法院将对显失公平的交易给予救济。我们将看到,依著述家们所见,这个规则不要求等价交换。给予救济不是因为交换价格不对等,而是因为其条款的苛刻性是存在欺诈的证明。

著述家们想这样去解释法律是因为,亚里士多德关于对等

---

〔52〕 J. Story, *supra* n. 21, i. 213.

〔53〕 Fry, *supra* n. 50, 371.

的思想已经不被赞同了。如果这些思想仍然时髦的话,著述家们将很容易采取相反立场。他们可能会从允许对显失公平的交易给予救济的规则中发现等价原则,并解释说普通法不调查对价的充分性是不妥当的。实际上,这些方式中的任何一个都将是一项革新。普通法法院并不拒绝等价原则,衡平法法院也没有赞同它。

辛普森业已指出,[54]确立反对调查对价充分性规则的法官并没有面对苛刻交易(hard bargains)应如何处理的问题。他们裁决的是应执行什么样的允诺的问题。通过违约赔偿之诉执行允诺被施予某些限制,英国法院通过要求允诺应有对价施加了其中一项限制。在两个人的交易中,这个要件是简单直接的。允诺的对价可在允诺人将获得的回报中找到。如果这些是普通法法官唯一希望执行的允诺,关于对价的规则可能会发展得完全不同。作为替代,他们选择执行某些涉及三方当事人 148
的允诺,或者受诺人因信赖允诺而遭受损失,以及某些无偿事项如对未婚女婿的赠与、无息借款和寄托情况下的允诺。[55]尽管通过把它们与交换合同进行不那么令人信服的类比,法官常常在这些案件中找出对价,但在该语词的任何日常意义上,对价都不是一种补偿。在这些案件中,要求对价的充分性会挫败法官力图达到的目的,即在对价不是补偿的案件中强制执行允诺。因此,情况就变成这样,用 *Sturlyn* v. *Albany* 案[56]中的著名论断来说,就是:"一旦做了某事,不管它是如何微不足道,那也是一项行为赖以作出的充分对价。"在 *Sturlyn* v. *Albany* 案中,原告从第三人处租得一项财产,经其同意而转租给被告。

[54] Simpson, *supra* n. 2, pp. 445—9.

[55] Simpson, *supra* n. 2, pp. 416—52.

[56] *Sturlyn* v. *Albany*, Cro. Eliz. 67, 78 Eng. Rep. 327(QB 1587).

原告向被告要求支付租金,因为被告曾允诺,如果原告能够向他出示法律文件证明租金到期的话(就支付租金)。出示法律文件被说成是对价。辛普森指出,这些案件与强制执行苛刻交易无关。[57] 应当承认,强制执行苛刻交易是反对调查对价的充分性规则的一个偶然结果。然而,创立该规则的法官并没有面对等价交换的问题。

而且,在准予对显失公平的交易给予救济的情况下,衡平法院并没有采纳等价交换原则。他们肯定从自然法学家的著作中知道这一原则,但它似乎既没有影响到他们创立的规则,也没有影响到他们对它的解释方式。1750 年前,在几乎所有衡平法院认为是显失公平的案件中,要么涉及以较低价格出卖
149 他们遗产的贫穷继承人,要么涉及"南海泡沫"事件的影响。[58]

---

〔57〕 Simpson, *supra* n. 2, p. 447.

〔58〕 See Simpson, "The Horwitz Thesis and the History of Contracts", *University of Chicago Law Review*, 46(1979), 533 at 562—6. 有几个案件既不涉及贫穷继承人,也与"南海泡沫"案无关。但是,即使是在这些案件中,法庭也不支持等价交换的原则。*Osmond* v. *Fitzroy & Duke of Cleveland* [3 P. Wms. 129, 24 Eng. Rep. 997(1731)]并不涉及一起交易,更别说不平等的交易了。法庭基于信托关系的违反而驳回了一位仆人从他 27 岁的主人那里获得 1000 英镑的债据,他在主人还是个孩子时就开始对其给予照料。在 *Willis* v. *Jernegan* [2 AtK. 251, 26 Eng. Rep. 555(1741)],原告从被告那里购买了彩票(lottery tickets),双方约定原告可以保留转售取得的所有收益。法庭拒绝给予救济,它评论说,如果这是"一起极为苛刻和不公平的交易,只要一个人在订立协议时可以保持理智,衡平法不会仅仅因为这一点就相信他,除非他证明有欺诈存在……"(2 AtK. at 251, 26 Eng. Rep. at 555.)但是,这起交易并没有被证明为是不平等的。根据报告者所述,"原告本来可以把它们以非常好的价钱卖出去,但是,由于……坚持索要一个过高的溢价,而使自己损失很大。"(2 AtK. at 251, 26 Eng. Rep. at 255.)根据大法官的看法,原告实施这起交易是"用一副慢肠胃作出了快消化"("an easy stomach, and a quick digestion")。(2 AtK. at 252, 26 Eng. Rep. at 555.)在 *How* v. *Waldon & Edwards* [2 Ves. Sen. 516, 528 Eng. Rep. 330 (1754)],一名船员提前以低价出售了他享有的获取奖金的权利。主审官(The Master of the Rolls)准予救济,并评论说,"尽管价格不足本身不足以否定合同,但它是一个非常重要的因素……"(2 Ves. Sen. 518, 528 Eng. Rep. 331.)但是,我们还是无法知道法庭实际上会如何处理未受欺诈而订立的不平等的交易。在 *How* v. *Waldon & Edwards* 中得到奖金的风险对他被"极大地错误陈述"了,这一情况在法庭看来构成"严重欺诈"(gross fraud)。

当然,法庭会帮助贫穷继承人的事实并没有暗示他们赞同等价交换的一般原则。法庭可能只是考虑到家庭财产的挥霍问题。[59] 而且,在"南海泡沫"事件中得到救济的案件实际上与格劳秀斯之类的自然法学家所说的等价并不一致。对格劳秀斯来说,就像对后期经院哲学家一样,在缺乏政府管制情况下,公平价格就是市场价格。在有关"南海泡沫"事件的案件中,地产价格随着南海公司股价的升高而飙升。那些在这一高价购买土地的人有时也得到救济,不是因为他们支付的价格比市场价格更高,而是因为土地价格存在"欺诈"。[60]

并且,从创立显失公平原则时起直到18世纪结束期间,要在已决案件的律师代理意见和法庭意见中找到哪怕一点点等价交换原则的线索,也几乎是不可能的。关于一项交易是否是"不合理的"[61]"不公平的"[62]"不公正且显失公平的"[63]"苛刻的且不平等的",[64]或者是不是因"不充分的"或者"明显不 150

[59] 事实上,法庭提到这些考虑。在 *Johnson, Ex' r of Hill* v. *Nott* [1 Vern. 271, 272, 23 Eng. Rep. 464, 465(1684)],法庭认为,"从继承人那里购买(财产)的做法变得越来越常见了"。在 *Twistleton* v. *Griffith* [1 P. Wms. 310, 311, 324 Eng. Rep. 403, 404(1716)],法庭谈到了因这种合同对继承人的败坏(destruction of heirs),以及对他们的挥霍行为加以控制并强迫他们去找他们的父亲取得钱款是可取的。在 *Earl of Chesterfield* v. *Jannsen* [2 Ves. Sen. 125, 144—5, 28 Eng. Rep. 82, 93—4(1750—1751)]也类似地提到这些考虑。

[60] 例如,在 *Kien* v. *Stukeley* [1 Bro. 191, 192, 11 Eng. Rep. 506, 507(HL 1722)],被告辩称,由于"所有人都陷于其中的普遍性错觉","股票、地产以及其他所有东西的价格都涨得过高"。在 *Svile* v. *Savile* [1 Wms. 745, 746—747, 24 Eng. Rep. 596(1721)],法庭认为,"在这一合同订立时,全体国民(the nation)陷入普遍性错觉……他们认为全体国民有比实际上更多的金钱,从而认为地产(estates)具有想象中的(高额)价值"。

[61] *Earl of Arglasse* v. *Muschamp*, 1 Vern. 237, 238—9; 23 Eng. Rep. 438, 439 (1684); *Earl of Chesterfield* v. *Jannsen*, 2 Ves. Sen. 125, 130, 28 Eng. Rep. 82, 85 (1750—1751)(支持原告的见解).

[62] *Earl of Chesterfield* v. *Jannsen*, 2 Ves. Sen. 125, 130, 28 Eng. Rep. 82, 85(1750—1751)(支持原告的见解).

[63] *Chesterfield* v. *Jannsen*, 2 Ves. Sen. 125, 155, 28 Eng. Rep. 82, 100(1750—1751).

[64] *Kien* v. *Stukeley*, 1 Bro. 191, 192, 1 Eng. Rep. 506, 507(HL 1722)(支持被告的见解).

足的"对价[65]和通过"不合理的要求"[66]而订立,有很多讨论。但是,人们很难找到关于交换正义或者交换原则上要求等价的简单表述线索。一些案件略微提到民法规则,即当合同价格偏离公平价格的1/2时可以给予救济。但是,几乎总是把民法规则与英国法相对照,要求等价交换的原则也未被提及。[67] 例如,在有着细致论说的 *Earl of Chesterfield* v. *Jannser* 案中,保护继承人的民法规则多次被提及。关于不公平价格民法救济的一个线索是要求认可合同的律师异议。要求等价交换的思想在连篇累牍的论说中没有被提到。[68]

如果说17、18世纪的衡平法院并不赞同等价交换的原则,但他们也没有否认它。有时,与19世纪的法学家很相像,他们把过于苛刻的条款看作存在欺诈的推定根据。[69] 但如前面提

---

〔65〕 *Gwynne* v. *Heaton*, 1 Bro. C. C. 1, 6, 28 Eng. Rep. 949, 951(1778).

〔66〕 *Earl of Chesterfield* v. *Jannsen*, 2 Ves. Sen. 125, 145, 152, 156, 28 Eng. Rep. 82, 94, 98, 100(1750—1751); *Nichols* v. *Gould*, 2 Ves. Sen. 422, 423, 28 Eng. Rep. 270, (1752).

〔67〕 e. g. *Nott* v. *Hill*, 2 Chan. Cas. 120—122 Eng. Rep. 875, 876(1682); *How* v. *Weldon & Edwards*, 2 Ves. Sen. 516, 518, 528 Eng. Rep. 330, 331(1754). *Gwynne* v. *Heaton* [1 Bro. C. C. 1, 6, 28 Eng. Rep. 949, 953(1778)]援引了"杰出的著作家"多马关于未成年人合同及"合同瑕疵"(vices of covenants)的观点。他关于等价交换的观点却没有被同样对待。

〔68〕 *Earl of Chesterfield* v. *Jannsen*, 2 Ves. Sen. 125, 134, 28 Eng. Rep. 82, 87(1750—1751).

〔69〕 例如,在 *Earl of Chesterfield* v. *Jannsen* [2 Ves. Sen. 125, 155—6, 28 Eng. Rep. 82, 100(1750—1751)],掌玺大臣哈德威克认为,欺诈可能"明显源自交易本身的内在本质和对象(subject);就像一方面没有一个理智的未被蒙骗的人会那样去做一样,另一方面也没有一个诚实而公平的人会接受不公平且昧良心的交易……"另外,欺诈可以"根据具体情势以及缔约当事人的状况来推定……"除了在后一个案件中一方当事人"偷偷利用了另一方的软弱或窘迫,明知这样做同样是违背良心的……"之外,哈德威克没有说明明显的欺诈如何与推定的欺诈加以区分。哈德威克也没有解释,合同条款的苛刻仅仅是存在欺诈的证据还是实际上就构成欺诈。无论如何,救济的司法阐释并不一致。在同一个案件中,本内特(Burnett)法官认为,法庭不仅"基于一个人要不是因为被强迫就不会订立(合同)的推定"而给予救济,而且法庭在认定"窘迫单独就可以导致交易的缔结"时也要给予救济。(2 Ves. Sen. at 145, 28 Eng. Rep. at 94.)声称"缺乏欺诈或强迫"并不排除救济,那是令人奇怪的(2 Ves. Sen. at 149, 28 Eng. Rep. at 96.)。

到的那样,他们也谈到条款是否是“不合理的”“不公平的”“不公正的”“显失公平的”以及“不平等的”。有时,律师和法庭认为不对等本身并不能保证获得救济。实际上,在 1682 年主审 *Batty* v. *Lloyo* 案的克佩尔(Keeper)勋爵有一个表述说,自然法学家会发现那很骇人:“贫穷的人比那些不贫穷的人须以更便宜的价格出售物品”。[70] 但是,通常在这种案件中,律师和法庭会辩解说合同根本不是非常不公平的。[71] 在否认单纯不等价并不保证获得救济时,他们做了更多辩解。和 19 世纪的法学家不同,他们并未发动对等价原则的理论挑战。因此,如辛普森所见,19 世纪的法学家为等价救济提供了一个新的逻辑依据。价格不相称开始被认为是“存在欺诈的证据,(但)不是一个独立的实质性根据,也不构成艰难情势”。[72] 151

就像我们已经考察过的其他许多情形一样,重要的是要认识到,这些变化影响的是规则的解释方式,而非他们的适用方式。依著述家们所见,普通法法院不调查对价之充分性的原因

〔70〕 *Batty* v. *Lloyd*, 1 Vern. 141, 142, 23 Eng. Rep. 374(1682).

〔71〕 *Batty* v. *Lloyd*, 1 Vern. 141, 142, 23 Eng. Rep. 374(1682); *Willis* v. *Jernegan*, 2 AtK. 251, 252, 26 Eng. Rep. 555(1741); *Kien* v. *Stukeley*, 1 Bro. 191, 192, 1 Eng. Rep. 506, 507(HL 1722)(律师的见解); *Earl of Chesterfield* v. *Jannsen*, 2 Ves. Sen. 125, 131—2, 28 Eng. Rep. 82, 85—6(1750—1751)(律师的见解). 在 *Earl of Ardglasse* v. *Muschamp* [1 Vern. 237, 240, 23 Eng. Rep. 438, 440(1684)],克佩尔勋爵认为,法庭既没有否定这项交易,也没有从交易中的不对等推定存在欺诈。但他还是给予救济。

如果这些表述准确反映了英国法的状况,就几乎永远不会给予救济。这些表述和其他法官的表述也存在冲突。可以看到,这种冲突不仅存在于司法意见之间,而且存在于它们内部。在 *Gwynne* v. *Heaton*, [1 Bro. C. C. 1, 5, 28 Eng. Rep. 949, 951(1778)],大法官瑟洛(Thurlow)主张,“单单对价不充分不足以导致合同无效”。他马上补充说,在财产“以严重不足的价额出售的情况下,法庭绝不会放任不管”。然后他又说,当不对等“如此巨大、严重和明显”,以致引起“一个正常理智的人”的“惊诧”,合同就可以被否定。(1 Bro. C. C. at 9, 28 Eng. Rep. at 953.)

〔72〕 Simpson, *supra* n. 58, p. 569.

在于,评估一项交易的公平性是不妥当的。不过,即使是在他们的解释被更加广泛地接受时,该规则也很少要求认可一项不公平的交易。在马萨诸塞州,该规则被用来认可一份以一美元价格交换不经营一条竞争性公共马车线路的协议;〔73〕在明尼苏达州,它被用来认可一个公司会计以面值购买债券,但他后
152 来声称债券价值远远低于面值的协议。〔74〕 然而,在适用该规则的大量案件中,牵涉的问题完全不同。

在适用该规则的一些案件中,合同价格通过一个程序来确定,这个程序是为防止产生不公平问题而设计的。〔75〕 另一些案件与射幸(运气)合同有关,当考虑到所涉及的风险时,这些合同的对价就不再显得不充分。〔76〕 在其他一些案件中,尽管一方当事人所购买的权利在法律上无效,但他获得了实际(*de*

---

〔73〕 *Pierce* v. *Fuller*,8 Mass. 223(1811). 但是,从协议中受益的当事人主张存在其他对价,包括他对竞争性路线的购买。

〔74〕 *Minneapolis Land Co.* v. *McMillan*,79 Minn. 287,82 NW 591(1900).

〔75〕 在强制拍卖(excution sale)或由仲裁人确定价格的合同情形。常常引用来说明法律不调查对价的充分性的较早案件,涉及另一种程序;被告否认欠原告 100 美元,但允诺说,如果原告愿意起誓说确实存在这笔欠款,自己还是愿意偿还。原告的誓言被认为是偿还 100 美元的对价。*Brooks* v. *Ball*,18 Johns. 337(NY 1920).

〔76〕 *Cates* v. *Bales*,78 Ind. 285(1881). [购买似乎具有连锁信特征(the properties of a chain letter)的保险组合的合同];*Embola* v. *Tuppella*,127 Wash. 285,220 p. 789(1923)(矿工从一位朋友那里借了 30 美元到阿拉斯加,想要要回价值 500,000 美元的财产,该财产是在他被宣告精神失常时被其看管人出卖了;如果他获得成功,他将付给其朋友 10,000 美元)。与之类似的是在诉讼结果存在疑问时约定撤回诉讼的合同,如 *Flaanigan* v. *Kilome* [58 NH 443(1878)];从一个对讼争土地并无利益者购买放弃权利证书的合同,在购买当时其是否享有利益尚存疑问,如 *Mullen* v. *Hawkins* (141Ind. 363,40 NE 797 (1895);以及为保护一个当事人免受可能出现的权利请求的合同,尽管当时还没有出现任何权利请求,如 *Hubbard* v. *Coolidge* [42 Mass. (1 Met.)84(1840)]。当专利买卖合同为了和解或避免诉讼而订立时,涉及的情形也与之类似,如 *Hall Mfg. Co.* v. *American Ry. Supply Co.* [48 Mich. 331(1882)],或者在授予专利的发明被证明毫无用处的情形,如 *Hardesty* v. *Smith* [3 Ind. 39(1851)]、*Howe* v. *Richards* [102 Mass. 64(1869)]以及 *Nash* v. *Lull* [102 Mass. 60(1869)]。

facto)利益。〔77〕很多案件并不涉及双边交易。一些涉及赠与,如一个垂死之人给那些在他患病期间照顾他的人一大笔钱的期票(promissory note),〔78〕一个慈善家允诺给一个大学一笔钱以设立用她的名字命名的基金。〔79〕其他则牵涉信赖,如一个 153
人对另一个人的债权给予担保。〔80〕还有一些涉及三方当事人

〔77〕 例如,*Bartlett* v. *Holbrook* [67 Mass. (1 Gray) 114(1854)](无效专利但引起了事实上的垄断);*Marston* v. *Swett* [66 NY 206(1976)](情况相同)。引起实际效果的法律上无效的权利转让的一个案件——尽管该案件的处理结果可能是错误的——是 *Sanborn* v. *French* [22 NH 246(1850)]。在这个案件中,法庭认可了一位已婚妇女以50美元(票据)把一项终身享有的财产(a life estate)转让给第三人的合同。法庭提到,即使转让是无效的,它表面上也会给予第三人权利并减损该妇女的权利(cloud the woman's own title)。

〔78〕 例如,*Clark's Appeal* [57 Conn. 565,19 A. 332(1889)];*Worth* v. *Case* [42 NY 362(1870)]。类似地,在 *Earl* v. *Peck* [64 NY 596(1876)],法院认可了一位临近死亡的人将一张10,000美元的票据送给他的看房人,以此作为礼物及对其过去工作的酬劳。与此类似,法院强制执行了一份一位家庭成员允诺遗赠给另一位家庭成员一大笔财产的合同,后者曾允诺照顾前者直至其死亡;如 *Peter* v. *Griffin* [184 Iowa 1061,169 NW 441(1918)]、*Thompson* v. *Ramack* [174 Iowa 155,156 NW 310(1916)]及 *Brackenbury* v. *Hodgkin* [116 Me. 339,102 A. 106(1917)]。在某些案件中,不仅允诺人想要进行赠与,而且受诺人给予了信赖,或者考虑到允诺人可能会活很久的风险,对价就不会是不充分的。

〔79〕 如 *Allegheny College* v. *National Chautauqua County Bank* [246 NY 369,159 NE 173(1927)]。类似的是,在对价是保证以允诺人的名字给一个孩子命名时,主要为了赠与而作出的允诺得到强制执行,如 *Wolford* v. *Powers* [85 Ind. 294(1882)]及 *Gardner* v. *Denison* [217 Mass. 492,105 NE 359(1914)]。

〔80〕 这些案件中一些是这类案件,一方当事人向另一方当事人保证,如果其实施某个行为,将使其不受损失,如 *Lawrence* v. *McClamont* [43 US(2 How.) 425(1844)](母亲允诺说,如果向其儿子提供借款,自己将为债务担保);*Train* v. *Gold* [22 Mass. (5 Pick.) 380(1827)][债权人的律师允诺补偿司法行政长官(sheriff)因执行扣押对其提出的赔偿请求]。在其他案件中,合同看上去对信赖它的受诺人将不会是单边性质的,因为允诺人只是部分出于慷慨而行为,或因为合同涉及风险问题,或者因为交换价值的差异并不显著。在 *Ga Nun* v. *Palmer* [216 NY 603,111 NE 223(1916)],一位孤独未婚的年届70岁的老妪,对原告允诺说,如果她到自己这儿来并和自己结伴而居,将每月给她70美元,在自己死后给她20,000美元。原告照此做了,放弃了她的裁缝职业。卡多佐认为合同可以强制执行,理由之一是法律不审查对价的充分性。(Ibid. at 609,111 NE at 225.)

的情形,对于第三人而言,对价是不充分的。[81] 在 19 世纪和 20 世纪早期报道的美国案件中,不公平交易的强制执行从来
154 都只是该规则适用的偶然情形。

相似地,尽管衡平法院现在说价格不等仅仅作为欺诈的证据具有相关性,它的惯常做法并未改变。实际上,如果他们按照这一新的逻辑依据行动,他们将几乎完全不给予救济。当实

---

〔81〕 当合同涉及三方当事人,即 A、B 和 C 时,法院无法仅仅靠查看每一方从另一方受领之物的价值去判断,他们之中任何两方之间的合同是不是单边性的。A 可能先前和 B 订立了一份公平的合同,B 和 C 亦复如此,然后 C 和 A 订立一份看上去是单边性的合同,但该合同并不是不公平的,因为它解除了 A 对 B 以及 B 对 C 依先前合同所负的清偿义务。一个早先的例子可能是 *Sturlyn* v. *Albany* [1 Cro. Eliz. 67, 78 Eng. Rep. 327 (QB1587)]。在那个案件中,土地所有人只是想收回土地占有人应付所有人的直接佃户的租金。更为晚近的例子是 *Manson & MacPhee* v. *Flanagan* [233 Mass. 150, 123 NE 614 (1919)],在这个案件中,分承包人没有从主承包人那里获得物资和劳务支付,而是以放弃留置权换得房屋所有人的支付允诺。尽管分承包人只就他的劳务价值可以实施留置权,那只是所有人同意支付的物资和劳务价值一个很小的部分,法院仍然执行了这一合同,并认为,“仅仅对价不足”不能使合同无效。(233 Mass. at 153, 123 NE at 614.)

第二种可能,C 向 A 允诺的履行是 C 在其与 B 的先前合同中业已受约束的履行。A 可能得到一点或者什么也得不到,但无论如何 B 并没有失去什么。例如,在 *Perkins* v. *Clay* [54 NH 518(1874)],一位肉商出售了他的业务,允诺不跟业务收购者竞争,并且后来对从第一个购买者购买该业务的第二个购买者作了同意的允诺。法庭为第二个允诺找到了对价并予以强制执行,认为对价的充足性是无关的。

第三种可能,C 向 A 允诺说,如果 A 和 B 进行交易,在 B 不履行时自己将为此承担责任。这是一个有关一方对另一方允诺,如果后者实施某行为,他将保障其不受损失的特殊情形,强制允诺不是以 C 的代价让 A 受益,而是补偿 A 因 C 遭受的损失。

第四种可能性也是更为麻烦的可能性,C 允诺补偿 A 在其与 B 的合同中所遭受的损失,但无论 A 与 B 的合同抑或其所遭受的损失都不是由 C 造成的。对价原理通常会让 C 的允诺不被强制执行。但是,法院有时给允诺找出对价并予以强制执行。无论他们是否应当这样做,他们不管怎样都不执行一方获得横财而另一方因此遭受损失的合同,就像他们执行双方当事人之间的交易而不考虑对价的充分性时将做的那样。比如,参看 *Haigh* v. *Brooks* [10 Adol. & El. 309, 113 Eng. Rep. 119(QB 1839)] 及 *Hind* v. *Holdshop* [2 WATTS 104(Pa. 1833)]。更为典型的一个案件是同意偿还一位无支付能力已经死亡的亲戚所欠债务的允诺。一些法院会执行这种允诺,认为即使是不行使(cancellation)一个毫无价值的票据债权也是对价,如 *Judy* v. *Louderman* [48 Ohio St. 562, 29 NE 181 (1891)]。其他法院则不会执行这种允诺,如 *Newman & Snell's State Bank* v. *Hunter* [243 Mich. 331, 220NW 665(1928)]。

施欺诈时,经常存在这样的价格差,但它很少被看作唯一的证据或是最好的证据。从一般意义上讲,欺诈的受害人通常知道另一方当事人如何欺诈了他。法庭只就与欺诈相关的案件听取他的以及对方当事人的证词,然后把价格不等作为原告方的证据。在某些案件中实际发生了这样的争执,例如,关于司法(或行政)拍卖(sheriff's sale)是否存在相互串通的争执。〔82〕不过,在19世纪和20世纪早期法庭给予救济的绝大多数案件中,并不存在任何一般意义上关于欺诈的指控。没有人声称事实被隐瞒或被错误陈述了。

在很多可以想见的案件中,不仅仅存在价格不相称的情形,而且存在某种受害方为何难以保护自己的确定原因。他喝醉了、〔83〕是个弱智〔84〕或瘾君子,〔85〕或者他由于信赖朋友的判断而与之缔结了合同。〔86〕在别的一些案件中存在某种能力欠缺,但那属于人们通常可以克服的情况。他21岁而购买土地,〔87〕或者70岁而出售专利;〔88〕他喝多了但多到何种程度并 155
不清楚。〔89〕在另外一些案件中,受害方除了不知道市场价格之外,似乎并不存在能力欠缺。救济曾被给予这样一个案件,其中一位外科医生同意以价值11,800美元的财产与价值15,000美元的财产进行交换,但同时同意承担15,000美元的

---

〔82〕 e. g. *Byers* v. *Surget*,60 US(19 How.)303(1856)[在司法(行政)拍卖中被怀疑存在串通];*Clement* v. *Reid*,9 Miss.(9 S. & M.)535(1848)(情况相同).

〔83〕 e. g. *Babcock* v. *Eagle*,58 Mont. 597,194 p. 137(1920).

〔84〕 e. g. *Brook* v. *Berry*,2 Gill 83(Md. 1844).

〔85〕 *Leathers* v. *Beloach*,140 Tenn,259,204 SW 633(1918)(吸食吗啡成瘾者).

〔86〕 e. g. *Hall* v. *Perkins*,3 Wend. 626(NY 1829).

〔87〕 e. g. *Gasque* v. *Small*,21 SC Eq.(2 Strobb. Eq.)72(1847)(21岁者的买卖).

〔88〕 e. g. *Gillette* v. *Metzgar Register Co.*,243 Mich. 48,219 NW 644(1928).

〔89〕 e. g. *Rupniewski* v. *Miazga*,299 Pa. 190,149 A. 193(1930).

抵押债务。[90] 在受托人以1/10的价格出售土地的案件中,[91]在一个果园的所有人把果园与一份价值不超过其所承担的抵押债务的财产互换案件中,[92]以及在一栋供家庭居住的四层楼房的所有人把它与一块空地互换,这块空地价值为他的楼房价值一半的案件[93]中,法庭都给予了救济。在1914年一个电话公司被准许解除它与一个铁路公司签订的在其站台安装电话并提供永久免费服务的合同,铁路公司给出的对价是同意安装。[94]

要说出衡平法院给予这种救济时有多大程度的一贯性是很难的。无论如何,引人瞩目的是,在被拒绝给予救济的大量案件中,合同不仅仅是不公平交换。在一些案件中合同不纯粹是一项交换。似乎是受害人的一方基于家族友谊或感恩曾有意使另一方受益。[95] 在别的案件中交换并未被证明是不公平的。法庭认为对价是充分的,[96]或者提到有关价格的证据是

---

〔90〕 *State Security & Realty Co.* v. *Shaffer*,176 Mich. 639,142 NW 1058(1913).

〔91〕 *Wright* v. *Wilson*,10 Tenn.(2 Yerg.)294(1829).

〔92〕 *Koch.* v. *Streuter*,232 Ill. 594,83 NE 1072(1908).

〔93〕 *Linsell* v. *Halicki*,240 Mich. 483,215 NW 315(1927).

〔94〕 *Great N. Ry. Co.* v. *Sheyenne Tel. Co.*,27 ND 246,145 NW 1062(1914).

〔95〕 如 *Eyre* v. *Potter*,56 US(15 How.)42,60(1853)(一位寡妇出于"爱的动机"将自己从死去的丈夫继承来的财产转让给她的子女们);*Engle* v. *Engle*,209 Mich. 275,176 NW 547(1920)(继承人之间公认的遗产不平等分配);*White* v. *Thompson*,21 NC(1 Dev. & Bat. Eq.)493,494(1837)(父亲出于"自然的爱与亲情"而将土地卖给儿子);Knobb v. Lindsay,5 Ohio 468(1832)(囚犯将土地转让给为其支付了保释金的朋友);*Fripp* v. *Fripp*,14 SC Eq.(Rice Eq.)84,107(1839)(一个人基于"友好而慷慨的行为"将其对兄长的财产份额转让给嫂子);*Sarter* v. *Gordon*,11 SC Eq.(2 Hill Eq.)121,139(1835)(奴隶将以前从买受人父亲那里低价购买之物又以一个低价回售给买受人;出卖人的行为被认为是出于"仁慈")。但是,如果一个合同看上去更像赠与,法院可能适用赠与允诺不能强制实际履行的规则,如 *Frank* v. *Gaylord* [119 NJ Eq. 427,182 A. 614(1936)]。

〔96〕 如 *Scott* v. *Hobinck* [188 Iowa 155,174 NW 1(1919)]。在别的一些案件中,法院承认可能存在某种比例失当,但认为那并不很严重,如 *Hamilton* v. *Hamilton* [162 Ind. 430,70 NE 535(1904)]、*Herdeman* v. *Berge* 18 Tenn.(10 Yerg.)202(1836)及 *Simpson* v. *Green* 231 SW 375(Com. App. Tex. 1921)。在另一些案件中,法庭认为没有证据证明对价是不充分的,如 *Herdler Creamery Corp.* v. *Lillich* [152 Md. 190,136 A. 631(1927)]及 *Mcmanus* v. *Boston* [171 Mass. 152,50 NE 607(1818)]。

相互矛盾的。[97] 在其他一些案件中合同不可能是不公平的，因为它牵涉所有权不确定性、[98] 当事人寿命长短、[99] 矿藏的多少[100] 以及土地将来的价值[101] 之类的风险。还有一些案件中，似乎是受害人的一方当事人曾寻求价格之外的其他好处：例如，他把土地出售给一个铁路公司以便使他其余的土地升 156

---

〔97〕 e. g. *Nickerson* v. *Bridges*, 216 Mass. 416, 103 NE 939(1914); *Seymour* v. *Delancy*, 3 Cowers 445(NY 1824).

〔98〕 e. g. *Sutherland* v. *Sutherland*, 187 Kan. 599, 358 P. 2d 776(1961); *Osgood* v. *Franklin*, 2 Johns. Ch. 1(NY Ch. 1816).

〔99〕 一个例子是，在一个合同中，一位老人允诺一大笔钱财作为对自己所受照顾的回报，如 *Green* v. *Thompson* [37 NC(2 Ired. Eq.)365(1842)]。这个案件还涉及另外两个对价：(1)照顾是由一位亲戚提供的，支付允诺因此可以被看作有意进行部分赠与；(2)很难判断合同施加于提供照顾的人的负担如何，并因此难以判定该合同是不是单边性的。法庭评论说，考虑到受照顾者的性格和酗酒习性，照顾服务在价格方面可能是廉价的。(37 NC at 369.)

〔100〕 如 *Heyward* v. *Bradley* [179 F. 325(4th Cir. 1910)](所有人同意以 20,000 美元的价格出售其磷矿，如果买受人在探测后愿意购买的话；尽管后来发现矿床值 70,000 美元，还是被准予特定履行，因为买受人为探测支付了 2500 美元，如果并没有找到与买价相当数量的矿藏，这将会是一个"彻底的损失"(total loss)。

〔101〕 参见 *Chicago Title & Trust Co.* v. *Illinois Merchants' Trust Co.* [329 Ill. 334, 160 NE 597(1928)]。不过，法院间或处理以不同方式涉及风险的合同，它们中有些显得很奇怪。有时由于最终结果是单边性的，法院便不考虑风险并拒绝特定履行，如 *Marks* v. *Gates* [154 F. 481(9th Cir. 1907)](探矿人和赞助人订立一份分享探得矿藏的合同，探矿人收到 1000 美元并被免除 11,225 美元债务，赞助人取得探矿人在阿拉斯加可能获得的任何财产的 1/5 份额；当探矿人获得价值 750,000 美元的财产时，特定履行的请求被法院否定了)。法院有时走向另一个极端，一旦它认为合同的确涉及风险便拒绝查验对价是否不充分，如 *Marsh* v. *Lott* [8 Cal. App. 384, 97 P. 163(2d Dist. 1908)](为期 3 个月决定是否以 100,000 美元购买土地的选择权合同)及 *Chicago Title & Trust Co.* v. *Illinois Merchants' Trust Co.* [329 Ill. 334, 160 NE 597(1928)](没有对选择权条款的查验)；参见 *Adams* v. *Peabody Coal Co.* , 230 Ill. 469, 82 NE 645(1907)a(价格 1 美元的选择权，法庭准予特定履行，但没有提到选择权涉及一项风险)。有时法庭试图评估合同条款精算意义上的公平性(actuarial fairness)，但极大地高估了它们自己的能力；比如参看 *Weeks* v. *Pratt* [43 F. 2d 53(4th Cir. 1930)]，在该案中法院拒绝执行一项以 100,000 美元购买从水中制造汽车燃料的配方的买卖，认为该配方必定比那个价格更有价值。希布利法官赞同判决结论，但不同意其判决理由，认为该项发现"价值未被证实"。(43 F. 2d at 57.)

值。〔102〕还有一些案件,法院并不处在确定交换之物价值的地位。例如,在两个铁路公司同意相互给予对方在自己的道路上
157 建造铁轨的权利,一方后来质疑交易的公平性,法庭指出,“当一份合同,就像在本案中这样,并没有为评估相关利益提供标准或方法时,对法院来说试图提供解决办法是极端危险的”。〔103〕也有一些案件,法庭拒绝给予救济,而且,尽管合同可能不公平,没有任何关于价格不等的证据出现在法庭意见中。〔104〕最后,在有一些案件中,无论合同的价格是否公平,它是依据某种据以能够产生公平条款的程序加以确定的。例如,财产是在司法(或行政)拍卖中购得的,〔105〕或者价格是由双方当事人挑选的仲裁人确定的。〔106〕因此,法庭有很好的理由不允许对这一程序提出质疑。

当然,衡平法院没有依据实际上实施了欺诈的可能性而准许或拒绝救济。他们可能偶尔认可苛刻的交易。但总体上讲,很难相信他们比 18 世纪的法庭更倾向于认可苛刻交易。据此,如果他们的法律取自勒西乌斯或格劳秀斯而不是 19 世纪的著述家们,很难相信他们的行为会有很大不同。

应当承认,衡平法院绝大多数时候给予的救济不是撤销或

---

〔102〕 *Western R. R.* v. *Babcock*,47 Mass. (6 Met.)346(1843).

〔103〕 *South &N. Ala. R. Co.* v. *Highland Ave. &B. R. Co.* ,98 Ala. 400,405,13 So. 682,684(1893).

〔104〕 如 *Ullsperger* v. *Meyer* [217 Ill. 262,75 NE 482(1905)]。法庭认为对价不充分如果不严重,将不能否定特定履行。(217 Ill. at 267,75 NE at 484.)但是,法庭说自己将会做什么,与它在面对令人信服的单边合同证据时实际上将会做什么,是不同的两回事。

〔105〕 如 *Erwin* v. *Parham* [53 US(12 How.)196(1851)]及 *Delafield* v. *Anderson* [8 Miss. (7 S. &M.)630(1846)]。但是,司法(行政)拍卖的买受人在比例失当特别巨大,或者在有作弊嫌疑时,特定履行请求会被驳回,如 *Modisett* v. *Johnson* 2 Blackf. 431(Ind. 1831)(alternative holding)。

〔106〕 e. g. *Viele* v. *Troy &B. R. R.* ,21 Barb. 381(NY 1855).

重新确定合同条款,而是拒绝特定履行的请求。从理论上讲,受害方当事人仍然可以在普通法法院根据合同起诉并获得损害赔偿。值得怀疑的是,他是否总能在那种诉讼中获胜。他的赔偿请求由陪审团裁决,陪审员们可能并不热衷于在这种合同案件中裁定给予赔偿。而且,在普通法和衡平法法院合并之后,他通常不得不在一个统一的程序中寻求特定履行和损害赔偿。他出示的证明他的合同不是显失公平的证据也同时表明他所受损害是很小的。无论如何,学者只找到两个案件,当事 158
人在特定履行诉讼中败诉后仍然获得了损害赔偿。[107] 那样的结果不该使我们感到意外。如果原告进入普通法法院提出这种诉讼请求,人们可以期望在上诉意见中听到有关于此的某些内容。不过,如我们所见,很少有案件存在这种情况,上诉法院称他们不能调查对价的充分性,但实际上涉及对价不充分的交易。虽然 19 世纪的著述家们没有借鉴等价交换学说,发生的最大变化还是表现在理论上。

交易的条款

和自然法学家不同,19 世纪的著述家们没有讨论存在不同类型合同,且每一种合同都有不同条款的原因。著述家们在这个世纪前期常常严肃地根据相互同意来定义合同,然后不做任何解释就跳到适用于不同类型合同的规则泥潭之中。他们没有考虑当事人为什么受那些他们从没有明确表示同意的规则约束的问题。[108] 到这个世纪的尾声,特别是在美国的兰代

---

〔107〕 Eewman, "The Renaissance of Goog Faith in Contracting in American Law", *Cornell Law Review*, 54(1969), 553 at 559.

〔108〕 e. g. W. Story, *supra* n. 3, Parsons, *supra* n. 3, Comyn, *supra* n. 3, Kent, *supra* n. 3, Taylor, *supra* n. 11, Chitty, *supra* n. 3.

尔(Langdell)和霍姆斯(Holmes)、英国的安森和波洛克等人的著作中,各种类型合同具体规则的讨论完全消失了。这些作者讨论一般合同法,并不试图将其跟买卖法、租赁法等联系起来。

19世纪的法学家的确分章讨论了合同应如何解释的问题。然而,典型的是,这些章节并没有处理买卖合同的当事人为何受买卖法约束的问题。它们充满了解释格言:合同应当按照它的精神而非文字进行解释;含糊的语言应做对起草人不利的解释;等等。[109] 格劳秀斯自己就写了这样的一章。[110] 但
159 是,格劳秀斯并没有在他关于解释的一章,而是在关于"论合同"一章中处理适用于具体合同的规则——它从对每一类合同确定适当定义开始。

当19世纪结束时,一般合同法已非常明确地与规范具体合同的规则联系更少。吉尔莫(Gilmore)正是看到这一发展并单单从美国和英国的资料中得出结论,认为在19世纪后期之前没有人曾具有一般合同法的观念。[111] 实际上,普通法学者从自然法学家处借鉴了他们的一般合同法,但没有借鉴具体合同的学说。

再一次,他们没有这样做的意义更多表现在理论方面。19世纪法院适用于像买卖、租赁等具体合同的规则有时是继承了18世纪的规则,有时则是第一次出现。当然,如果普通法学者

〔109〕 e. g. Kent, *supra* n. 3, ii. * 552—7; W. Story, *supra* n. 3, pt. 1, ch. 20; Comyn, *supra* n. 3, ii. pt. 4, ch. 1; Parsons, *supra* n. 3 ii, pt. 2, ch. 1; J. Bishop, *Commentaries on the Law of Contracts* (Chicago, 1907), ch. 14; Hammon, *supra* n. 18, ch. 9; Metcalf, *supra* n. 18, ch. 5; Anson, *supra* n. 18, pt. 4, ch. 2.

〔110〕 H. Grotius, *De iure belli ac pacis libri tres* (Leiden, 1939), 11. xvi.

〔111〕 G. Gilmore, *The Death of Contract* (Columbus, Ohio, 1974), 6; G. Gilmore, *The Ages of American Law* (New Haven, Conn., 1977), 45.

受到自然法学家理论的影响,他们可能会提出不同的规则。然而,我们看到,理论即使对后期经院哲学家适用于具体合同的那些规则也只有很小的影响。这些规则中的大多数很少是理论的结果,更多的是对罗马法的继承,后期经院哲学家曾为它们寻求理论阐释。

后期经院哲学家曾作出过清楚解释的一个规则是出卖人应担保货物没有瑕疵——尽管它取自罗马法。相反,直到18世纪法庭采纳买者自慎(*caveat emptor*)规则之前,普通法还是不明确的。[112] 不过,普通法法院可能判决的结果与自然法学家赞同的结果之间差别可能不是很大。根据劳伦斯·弗里德曼(Lawrence Friedman)的看法,“尽管普通法法院拒绝默示担保(to imply warranties),但它们表现出以最不引人恼火的方式赋予出卖人语词以明示担保含义的显著倾向。常见的情况是,这些‘明示’担保与民法上乏味的(nambypamby)‘默示’担保基本相同”。[113] 事实上,科蒙·谢佩尔勒(Kim Scheppele)已经证明,在19世纪纽约州一个案件中,买者自慎的规则通常适用于这种案件,其中商人仅仅作为供应方和消费者之间的中介而行事,他们常常出卖没有检查的商品,既不关注商品是否具备 160
令人满意的品质,对其瑕疵也不比消费者知道得更多。法院很少把该规则适用于自产商品的供应人与消费者之间的合同,如地方性的马匹或食品买卖合同。在19世纪后期,这一规则随

〔112〕 曼斯菲尔德勋爵在 *Stuart* v. *Wilkins* [1 Dougl. 18,99 Eng. Rep. 15(1778)],采纳了“买者自慎”(*caveat emptor*)的规则。在后来的判决理由中,格罗斯强调在 *Stuart* v. *Wilkins* 案之前,出卖人要对他出卖的物品存在的瑕疵承担责任:*Parkinson* v. *Lee*,2 East. 314,102 Eng. Rep. 389(1802)。没有办法知道他是不是正确的。

〔113〕 L. Friedman,*A History of American Law*,2nd edn. (New York,1985),265.

着更大比例的诉讼案件与制造业者相关而开始失效。[114] 一个自然法学者可能原则上不赞成买者自慎的规则,但认为完全可以容忍纽约州的做法。

〔114〕 K. Scheppele, *Legal Secrets: Equality and Efficiency in the Common Law* (Chicago, 1988), 269—98.

第七章　19世纪的重构

随着亚里士多德的权威在17、18世纪的 161
丧失,合同法失去了它的哲学根基。不过,我们看到,很长时期内,合同理论极少改变。在合同理论的亚里士多德起源被长久遗忘且亚里士多德哲学本身几乎不被理解的情况下,在19世纪以前,合同理论并未出现普遍性的系统化重构。

19世纪的法学家不再声称他们的结论是依循更宏大的哲学原理得出的。他们说,他们仅仅描述在自己的国家中现行有效的法律。在英国和美国,他们称自己是在解释法官的判决;在法国,则是解释《法国民法典》;在德国,是解释《民法大全》(*corpus iuris*)的罗马法文本,直到它们被1900年颁行的《德国民法典》所取代。然而,英、美、法、德等国的法学家从相似的道路得出了相似的学说。他们清除了自然法学家所持有的亚里士多德思想中的概念和原理,对他们而言,这些概念和原理看起来是错误的或不可理解的。他们依赖并扩展了他们保留的那些思想,以使他们可以做那些他们抛弃了的(自然法学家曾做过的)工作。于是,他们当作他们所下结论的根据,是某个判例、《法国民法典》或者罗马法文本。

他们保留的关键概念之一是合同当事人的意思或意志(will)。这个概念在他们的著作中显得如此突出,一般认为是他们提出了合同的"意思理论"(will theory)。他们的革新不只是在于使用了意思概念,还在于排他性地使用了这一概念。后期经院哲学家不仅讨论意志,而且讨论信守诺言、慷慨和交换正义、合同的目的因和本质、通常条款以及等价交换。自然法学家仍然使用这些概念,尽管往往并不清楚它们原初在亚里士

162 多德思想中的含义。19 世纪的法学家则拒绝使用它们。他们除了当事人的意思之外,很少保留其他概念。

今天的法学家通常将意思理论(存在的时间)看作合同法具有一贯性的最后时间。现在,如吉尔莫在"契约的死亡"一文中所说,"体系已经土崩瓦解了"。[1] 实际上,意思理论从来就不是一以贯之,那也就是它为什么会瓦解的原因。几乎每一个重要学说都提出了意思理论家曾徒劳地试图加以解决的问题。我们将看到,产生这些问题之处,正是意思概念被迫去做那些已被抛弃的先前概念所及事项之处。没有这些先前概念,意思理论家们不能完成他们的理论工作。

---

〔1〕 G. Gilmore, *The Deathe of Contract* (Columbus, Ohio, 1974), 102.

允诺的约束效力

允诺的可强制执行性

后期经院哲学家认识到合同依据当事人的意思而订立。但是,通过表达他们的意愿,当事人践行了亚里士多德所称的信守诺言、慷慨和交换正义的德性。后期经院哲学家根据这些德性分析合同的约束力,自然法学家则保留了后期经院哲学家的很多分析。19 世纪的法学家从他们的讨论中取消了德性概念而仅仅保留意思概念。

像沃尔夫那样,他们根据同意、协议或者意思表示定义合同或允诺。我们已经看到,英美的法学家根据当事人的合意或同意定义合同。法国法学家的典型解释是,双方或多方当事人的意思形成一项协议(*convention*),产生债务的协议就是合同。[2] 德国法学家如萨维尼(Savigny)、普赫塔(Puchta)和温彻沙依德(Windscheid)提出了一个更为技术性且更加精确的构造。在执行合同或遗嘱及类似情形下,之所以产生法律上的某个效果,是因为这个效果是被期望的。意思得对外表示,如萨维尼所说,意思是“看不见的事件”。[3] 在德国的术语中,一个人意思的表达称为“意思表示”(*willenserklärung*)。表达其 163
意愿以使法律效果依据它而发生的行为被称为“法律行为”

[2] e. g. M. Duranton, *Cours de droit français* (Paris, 1834—7), x, § § 51—2; A. M. Demante and E. Colmet de Santerre, *Cours analytique de Code Civil* (Paris, 1883), v, § § 2, p. 2 bis, 3; C. Demolombe, *Cours de Code Napoléon* (Paris, 1854—82), xxiv, § 12; F. Laurent, *Principles de droit civil français* (Paris, 1869—78), xv, § § 424—7; M. L. Larombière, *Theorie et pratique des obligations* (Paris, 1857), i, § 41.

[3] F. C. von Savigny, *System des heutigen Römischen Rechts* (Berlin, 1840—8), iii, § 134, p. 258.

(“juristic act”or *rechtsgeschäft*)。法律行为如遗嘱仅仅要求当事人作出意思表示。相反,合同要求双方或多方的意思表示。[4]

对于合同为什么具有约束力或者可强制执行的问题,19世纪的英、美、法、德等国的法学家没有给予解释。他们只是根据意思或同意来定义合同的约束力和可强制执行性质。他们没有解释为何应当尊重当事人的意愿。据拉努伊(Ranouil)对法国的意思理论的观察,合同的约束力被认为理所当然,它并非论证的结果。[5] 她引用古诺(Gounot)对他们观点的描述:“合同仅仅因为它是合同就具有约束力。”[6]

最著名的意思理论批评家们后来抨击他们,不只是因为他们强调意思,而是因为他们拒绝解释为什么当事人的意思具有约束力。在德国,耶林(Ihering)指责他们忽视了当事人订立合同或者法律执行它们的目的。[7] 狄骥(Duguit)引用耶林的观点,在法国做了同样的论断。[8] 在美国,罗斯科·庞德(Roscoe Pound)抨击了“机械法理学,以牺牲实际效果为代价,把从概念经由逻辑推论得出结论看作法律思想和司法行为的一个条件……”[9]他批评那些根据当事人的同意定义合同的人,他们坚持认为当事人同意的任何东西都应当被强制执行,却不给

〔4〕 See ibid., § 104, pp. 5—7; G. Puchta, *Pandekten* (Leipzig, 1844), § § 49, 54; B. Windscheid, *Lehrbuch des Pandektenrechts* (FrankfurtonMain, 1891), i, § 69.

〔5〕 V. Ranouil, *L' Autonomie de la volonté: naissance et évolution d' un concept* (Paris, 1980), 71—2.

〔6〕 E. Gounot, *Le Principle de l' autonomie de la volonté en droit privé: contribution a l' étude critique de l' individualisme juridique* (thesis, Paris, 1912), 129; quoted by Ranouil, *supra* n. 5, p. 72, n. 31.

〔7〕 R. Ihering, *Zweck im Recht*, 3 rd edn. (Leipzig, 1898).

〔8〕 L. Duguit, *Les Transformations générales du Droit privé depuis le Code Napoléon*, 2nd edn. (Paris, 1920), 72—3, 97—8.

〔9〕 Pound, “Liberty of Contract”, *Yale Law Journal*, 18(1908—9), 454 at 457.

出任何理由。

要提出一个法律为什么要强制执行合同的理论,比耶林、狄骥和庞德曾经可能认识到的困难大得多。后期经院哲学家的理论要依靠亚里士多德和托马斯·阿奎那的哲学,它提供了一个超乎合同当事人直接且相互对立的意愿之外的最终标准。霍布斯和洛克试图抛弃这个最终标准,结果遭到休谟的反驳。 164
19 世纪的法学家希望回避这些哲学问题。

不过,恰如他们的批评者所认识到的那样,由于回避哲学问题,他们给自己设定了一个不可能完成的任务。为了服务于人类的目的,他们不得不根据从这些目的中抽象出来的定义去解释那些有效的规则。它就像是无视一台机器的功能却试图解释这台机器一样。他们试图解释的合同法规则并非以同样的方式处理当事人表达的所有意思。意思理论若不仅谈及当事人的意思,而且谈及意思应当受尊重的原因,就不可能解释处理上存在的这些差别。

对价和原因

对后期经院哲学家来说,如我们所见,当事人可以要么允诺一项慷慨行为,要么允诺一项有关交换正义的行为。原因学说把慷慨和交换正义等同于当事人订立合同的两个正当目的或者正当原因。对 19 世纪的法学家而言,原因学说——实际上也就是区分慷慨和交换的学说——是有问题的。这些法学家不再讨论德性,仅对当事人期望之物感兴趣,而不是对他们努力去达到的目的是否是好的感兴趣。

不过,法国法学家们讨论了原因。《法国民法典》要求合同要有原因。[10] 在这里,就像在别的地方一样,法典保留了自然法学家的学说,这并不令人感到意外,因为法典的起草者几乎逐字逐句抄录了多马和波蒂埃著作中几乎所有的合同条文。

法国法学家使用传统的方式表述这个学说。在无偿合同中,债务的原因是实施一项慷慨行为或提供一项服务。[11] 在有偿合同中,合同的原因是每一方当事人想得到的好处;[12] 每一方当事人所负债务的原因是另一方当事人所负债务。[13] 不过,这一表述方式如今不得不在不诉诸慷慨和交换正义的德性条件下进行解释。对 19 世纪的法学家来说,慷慨不再意指适当给予的德性,交换也不再意指要求对等的交换正义的行为。
165 因此,原因学说开始显得没有意义。它似乎仅仅是指当事人必须要有某个订立合同的动机,这个动机要么是获得某物,要么是不获得某物。

法国法学家知道这个困难。他们常常注意到,没有原因的合同是难以想象的。[14] 尽管他们做了努力,但它仍然是困难

---

〔10〕 第 1131 条规定,"无原因之债,错误原因之债或不法原因之债无效"。同时参见第 1108 条。

〔11〕 C. Aubry and C. Rau, *Cours de droit civil français* (Paris, 1869—71), iv, § 345; Demolombe, *supra* n. 2, xxiv, § 352; Larombière, *supra* n. 2, i. 272.

〔12〕 Aubry and Rau, *supra* n. 2(原注如此,正确的应为 n. 11——译者注), iv, § 345.

〔13〕 Demolombe, *supra* n. 2, xxiv, § 346; Larombière, *supra* n. 2, i. 272.

〔14〕 C. B. M. Toullier, *Le Droit civil français* (Paris, 1869—78), vi, § 166; Demante and Colmet de Santerre, *supra* n. 2, v, § 47; Aubry and Rau, *supra* n. 11, iv, § 345 n. 7; Demolombe, *supra* n. 2, xxiv, § 357. 罗让做了更为细致的论证。依《法国民法典》第 1108 条规定,"契约有效要具备四项根本条件:负担债务的当事人的同意;他订立契约的能力;构成权利义务客体的确定标的;合法的债之原因"。罗让认为,既然有偿合同(onerous contract)的原因是另一方当事人所负债务,说合同必须要有一个原因与说合同必须要有一个"确定的标的"就没有什么不同。因此,原因要件就是多余的。(Laurent, *supra* n. 2, xvi, § § 110—1.)在无偿合同中,原因是给予好处的意思,它仅仅指给予的意愿,因此,说合同要有一个原因与说赠与人同意赠与没有什么不同。在此,原因要件也是多余的。(Laurent, *supra* n. 2, xvi, § § 110.)

的。奥布里(Aubry)和劳(Rau)说,原因应当是“法律上充分的动机”。[15] 但是罗让(Laurent)注意到,除非人们可以解释什么构成法律上充分的动机,否则所作解释就不会有什么帮助。[16] 图利耶(Toullier)认为,没有原因的合同必定是基于错误而订立的。[17] 但如果是那样的话,在错误学说之外再提出原因学说就没有意义了。无论如何,《法国民法典》第1131条规定“没有原因的债务”是无效的,具有“错误原因”的合同也是如此。德莫隆伯(Demolombe)暗示,如果一个合同与一个不存在的标的物相关(例如当事人出售从来没有生产出来的收获物),合同就欠缺原因。[18] 相似地,拉隆比耶尔(Larombière)暗示,购买自己财产的合同就是一个没有原因的合同。但是,他最后让步说,这样的例子实际上只是另一个有关错误的例子。[19] 没有人找到原因学说存在的令人信服的理由。

法国人在区分无偿合同和交换合同时也遇到困难。他们之所以希望那样做,不仅因为这些交易被认为存在不同的原因,而且因为它们受不同规则规范。特别是,没有执行的财产赠与允诺若没有经过公证就不具有约束力。

后期经院哲学家在19世纪法学家抛弃的两个概念帮助下
区分了无偿合同和有偿合同:目的因和等价交换。目的因的概 166
念使他们可以根据单一目标和目的定义这些交易:在无偿交易中,是实施慷慨行为;在交换行为中,是因给予之物而受领一个

〔15〕 Aubry and Rau, *supra* n. 11, iv, § 345.

〔16〕 Laurent, *supra* n. 2, xvi, § § 109.

〔17〕 Toullier, *supra* n. 14, vi, § 168.

〔18〕 Demolombe, *supra* n. 2, xxiv, § 357.

〔19〕 Larombière, *supra* n. 2, i. 273—5.

等价物。等价交换的概念使他们可以区分这些交易对当事人财产的影响效果：在赠与中，一方当事人使另一方当事人财产增多；在交换中，没有任何一方的财产增多。

目的因是定义一种交易的目的。在这个意义上，它是这个交易的“目的”，尽管在特殊情况下这个目的可能无法实现。当事人订立合同的时候在观念上必须具有这个目的；否则，他们将订立一个不同类型的合同。从这个意义上讲，目的因是合同当事人的“目的”，尽管他们还有其他目的，这些其他目的因当事人的不同而不同。

完全抛弃目的因的概念，[20]法国法学家发现难以解释一项交易如何根据一个在某些情况下可能从未达到的目的来界定。拉隆比耶尔说，一个无偿合同须根据“其本质和内部(*intimes*)条件”来界定，“而独立于那些可能改变其效力并破坏它想给予的好处的外部情况”。即使它实际上并没有使据称是受益人的人获得任何好处，它仍然是一个无偿合同。即使它以

---

〔20〕 德莫隆伯借用过去的用语说道，“简而言之”，原因是“债务本身的目的因(*cause finale*)”。(Demolombe, *supra* n. 2, xxiv, § 345.)德莫隆伯对这个主题没有说出什么新鲜的东西，他是否清楚这个用语的最初含义是值得怀疑的。罗让反驳说，对他来说，“说原因是指目的因，就和说原因是原因差不多”。(Laurent, *supra* n. 2, xvi, § 107.)

实际上是拉波德(Labord)在一篇文章试图回归到亚里士多德的目的因概念。“Applications de la théorie de la cause aux matières du droit et principalement aux obligations”, *Revue générale du droit, de la legislation et dela jurisprudence en France et a l' étranger*, 5 (1881), 344, 397, 584. 他解释说，动力因使一个事物成其所是，并且在自愿行为情形，动力因就是意愿(will)。但是，人类由于目的因而实施行为，“它只显露于行为的本质之中，不论行为实施的时间和地点的具体情况如何，以及实施行为的人是谁，它都不随之发生改变”，而且，它是这个行为的“直接而显见的目的”(p. 348)。激发该行为的其他动机“偶然地”成为偶然原因(occassional cause)(pp. 348—9)。拉波德承认，它不仅仅是在应用一个“法律理论”。“原因理论”，他说道，“是人类心智可以想到的最为伟大的理论。”“它与哲学领域相关，哲学要解释事物和存在以及人类行动的不同动机”(p. 348)。法学家们极少讨论拉波德的解决办法。在一篇评论性的法学文章中要复兴亚里士多德四个原因的理论几乎是行不通的。不管怎样，法学家们并不想要进入“哲学领域”。

另一方当事人遭受损失为代价而使一方当事人获得好处，它也不因此而不再是一个有偿合同。拉隆比耶尔得出结论说，“对 167
一项行为的描述因此独立于外部事件”。[21] 除了他关于“本质和内部条件”的令人费解的引述外，他并没有解释那是如何可能的。

其他一些法国法学家则注意到，一个特定交易的原因必须是对每一个当事人都是相同的，尽管不同的个人以不同的动机从事这种交易。如奥布里和劳所见，一匹马的买方可能计划把它赠与给第三人。不过，这项交易是有偿的，其原因是获得这匹马，而不是实施赠与。[22] 如德莫隆伯所说，动机可能人各不同，但同样类型的合同其原因必定是相同的，不管是谁在订立合同。[23]

但是，没有人找到区分原因与合同当事人别的目的或动机的好办法。德莫隆伯追随图利耶和德芒特（Demante）表示，原因是“决定性的”而非“一时冲动的”动机。[24] 罗让指出，他们完全没有说清楚“决定性的”和“一时冲动的”含义。[25] 德芒特、德莫隆伯以及奥布里和劳提出一个几乎让人难以理解的区分标准：原因是当事人使自己负担债务的原因或动机，有别于他订立合同的原因或动机。[26] 正如拉隆比耶尔所说，每个人

[21] Larombière, *supra* n. 2, i. 27.

[22] Aubry and Rau, *supra* n. 11, iv, § 345, n. 2.

[23] Demolombe, *supra* n. 2, xxiv, § 355.

[24] Toullier, *supra* n. 14, vi, § 168; Demante and Colmet de Santerre, *supra* n. 2, v, § 46 (by Demante); Demolombe, *supra* n. 2, xxiv, § 345, 354—5.

[25] Laurent, *supra* n. 2, xvi, § 107.

[26] Demante and Colmet de Santerre, *supra Vn.* 2, *v*, *§ 46* (*by Demante*); Aubry and Rau, *supra* n. 11, iv, § 345, n. 2; Demolombe, *supra* n. 2, xxiv, § 355.

都同意原因是“不同于单纯动机的某种东西”,[27]但包括拉隆比耶尔在内没有人能够解释其差异。

罗让断言原因不能是动机,恰恰是因为动机人各不同,而原因对于特定类型的交易则是相同的。[28] 但那样的话,似乎人们就不能根据合同当事人的动机或意图来确定赠与和交换之间的差异。

19 世纪的法学家抛弃的另一个概念是用于交换的履行在价值上应当相等。我们将会看到,他们认为这个概念涉及对当事人的父权主义态度以及神秘的价值观念。不过,这个概念的欠缺对于希望解释赠与和交换之间区别的法国法学家来说也
168 是一个困难。如果一位和善的舅父以很低的价格卖给他外甥一辆昂贵的轿车,这项交易看上去既非纯粹的赠与也非纯粹的交换。不谈及履行价值上的不等,就很难解释为何如此。事实上,拉隆比耶尔发现这样做是必要的。他说这种交易既非赠与也非交换,而是一个“混合体”,因为当事人有意使交换的价值不等。[29] 他没有解释他为什么可以在这里使用等价交换的概念,而在别的地方则忽略它。

德国法学家也为类似问题而苦恼。他们也有一个规则规定没有执行的财产赠与允诺若非经过公证就没有约束力。在19 世纪大多数时候,他们把赠与定义为转让人意图使受赠人受益的财产权转让。他们大多数人补充说,受赠人必须同意受益且以转让人的花费为代价。[30]

---

〔27〕 Larombière, *supra* n. 2, i. 281—2.

〔28〕 Laurent, *supra* n. 2, xvi, § 109.

〔29〕 Larombière, *supra* n. 2, i. 26—7.

〔30〕 A. Brinz and P. Lotmar, *Lehrbuch der Pandekten* (Erlangen, 1892), iv, § 560; F. von Keller, *Pandekten* (Leipzig, 1861), § 63; H. Dernburg, *Pandekten* (Berlin, 1894), ii, § 161; Puchta, *supra* n. 4, § 68; Windscheid, *supra* n. 4, ii, § 365.

后期经院哲学家也根据增加受赠人财产的意图定义赠与。不是把赠与看作一个慷慨行为,德国法学家的意思是说赠与人不论基于何种动机,须希望受赠人财产更多。登伯格(Dernburg)解释说,赠与人"遥远的动机"无关紧要,赠与人须表现出对改善受赠人福利的关心。但是,他也可以出于炫耀或为讨某人欢心或得到强者的保护而赠与。[31] 只要是赠与人意图给另一个人好处,一个后期经院哲学家会把所有这些情形看作慷慨的例证。对后期经院哲学家来说,出于炫耀的赠与是出于一个不好的遥远目的而实施慷慨行为,如同在阿奎那关于因虚荣而施舍的例子中那样。[32] 其他的赠与是慷慨行为,那也是亚里士多德所说的友爱德性的行为(*amicitia*)——在为获取保护而赠与的情形,是一种阿奎那和亚里士多德称为友爱效果(*amicitia utilis*)的特殊类型的友爱行为,友爱建立在交换好感的基础之上。[33] 相反,登伯格和其他德国法学家试图从赠与人为何希望受赠人获得财产的原因中分离出赠与人希望受赠人获得财产的意图。

一些德国法学家注意到,以这种方式定义赠与的最终结果,是不把受赠人财产增加看作是赠与人必然希望导致的事实状态。尽管布林茨(Brinz)和凡格罗夫(Vangerow)谈到"使人 169
财产增加的意图",但警告说这个概念是完全"消极的":它是指清偿一项债务或者创设一个债。[34] 勒内尔(Lenel)在指出

---

〔31〕 Dernburg, *supra* n. 30, ii, § 161.

〔32〕 Ch. 2 above, p. 21.

〔33〕 *Nicomachean Ethics*, Ⅷ. iii. 1156a.

〔34〕 Brinz and Lotmar, *supra* n. 30, iv, § 560; K. von Vangerow, *Leitfaden für PandektenVorlesungen* (Marburg, 1847), i, § 121.

赠与人的动机可能如何不同之后,主张根据赠与人使他人财产增加或别的目的定义赠与。赠与唯一显著的特征是消极的:“这个目的必定不是为了保证获得回报。”[35]

在 1887 年,即勒内尔作出这一建议之前两年,第一起草委员会完成了《德国民法典》草案。[36] 依照当时法学家所持的观点,起草者根据使人财产增加的意图定义赠与。第二起草委员会于 1890 年获得任命并在 1895 年完成其草案。依照勒内尔的观点,[37]起草者以缺乏回报的消极方式定义赠与。但是,勒内尔曾说,赠与人必定没有确保获得回报的目的。起草者有言:“一个人以自己的财产使他人财产增加的处分,如果双方同意在没有回报(*unentgeltlich erfolgt*)的情况下作出这项处分,它就是赠与。”[38]

起草者没有解释他们为何要改变勒内尔的构造。他们可能注意到了赠与法和不当得利法有发生冲突的危险。[39] 不当得利法的目的是防止没有正当原因而发生财产移转。如通常

---

〔35〕 Lenel,“Die Lehre von der Voraussetzung”,*Archiv für die zivilistische Praxis*,74 (1889),213 at 232.

〔36〕 Entwurf, § 437. 起草者解释说他们采纳了“支配性观点”(herrschenden Ansicht)。[*Motive zu dem Entwurfe eines Bürgerliches Gesetzbuches für das Deutsche Reich* (Berlinand Leizig,1888),ii. 286.]

〔37〕 J. Dawson, Gifts and Promises(New Haven, Conn. ,1980),137—9.

〔38〕 Bürgerlichesgesetzbuch, art. 516, par. 1.

〔39〕 道森(Dawson)认为,既然对这一变化没有给出什么理由,我们就不得不对其加以猜测。(Dawson, *supra* n. 37, p. 139.)但是,他的猜测和我的猜测不同。他认为的行为乃是缘于“他们确信,赠与和其他合同一样是双方同意的产物。从这个前提出发,接下来似乎就是契约双方当事人需要确立一个突然间变得根本性的特征:他们必定同意排除对拟给予的利益进行任何补偿”(p. 139)。我赞同起草者认为赠与和其他合同一样需要相互同意,并因此需要有受赠人的接受。不过,他们不是仅仅认为受赠人必须接受,而是认为双方当事人必须都同意不给补偿。当第一起草委员会仅仅希望规定受赠人必须接受时,他说“并且另一方(当事人)作为赠与加以接受”。(Entwurf § 437, Motive, *supra* n. 36, ii. 286.)很难相信,那是第二起草委员会所指的全部内容。

对该法的表述那样,赠与是一个正当原因;仅仅欠缺获取转让回报的目的则不是。起草者不论及这种目的的欠缺,而是谈论 170
当事人同意不给回报,他们以这种方式解决了该问题。但是,这项解决办法只是一个权宜之策。那些给予和接受赠与的人知道不会有回报,但他们很少同意不给回报。不过,起草者没有找到任何替代方案。

这再一次证明,没有古老的亚里士多德概念,很难定义赠与。在亚里士多德传统中,当法学家说赠与的目的因是慷慨时,他们就同时确定了赠与人必定具有的意图和它试图达到的正当目的。对德国法学家来说,赠与人在观念上似乎可以具有任何数量的目的,不论是好的还是不好的。他们试图不顾赠与人所追求的目的去定义赠与。(赠与)在某一点上和不当得利法的冲突就是不可避免的,因为它要求有一个好的目的。

而且,像在法国一样,当讨论混合交易中当事人意欲使一方的履行比另一方的履行更有价值时,没有等价交换的概念也很困难。科勒尔(Keller)、凡格罗夫和澳大利亚法学家昂格尔(Unger)发现有必要谈及标的物的"真实价值"。依他们的看法,如果一方当事人履行的价值高于或低于另一方履行的"真实价值",如果受损一方意图使获益一方财产增加,这项交易就是一项赠与。[40] 不过我们会看到,"真实价值"是一个法学家们在别的地方认为令人讨厌的概念。

于是,在法国和德国,19 世纪的法学家不能解释赠与和交换之间的基本区别。但是,理论上的这一重大失败对实践没有

---

〔40〕 Keller, *supra* n. 30, § 63; Vangerow, *supra* n. 34, § 1221; J. Unger, *System des osterreichischen allgemeinen Privatrechts* (Leipzig, 1892), ii, § 95. 与之相似,第一起草委员会认为,这种交易属于赠与乃是常识。See Motive, *supra* n. 36 ii. 287.

什么影响。称一项交易为赠与的主要实践后果是,除非经过公证,允诺在赠与人履行前对他没有约束力。在日常案件中,法院适用该规则不需要有一个理论。他们通常是在执行对慈善团体所做的赠与允诺,或者是出于其他值得肯定的原因时,才偏离常识要求的结果。在这些情况下,他们拒绝服从理论,而且还曲解应当适用的规则。法国法院为执行这种合同找到不那么让人信服的借口。例如,他们把赠与称为一项交换,因为
171 赠与人得到了某种无形的好处。[41] 通过对法典进行强制解释,德国法院认为对慈善团体所作财产转让不是赠与,因为慈善团体只是导向最终受益人的媒介。[42] 理论家们曾清除法律中的德性概念,但法院却依靠规则去执行出于有德性的意图而订立的合同。

对区分赠与和交换的问题最为引人注目的回应来自于英美法学家。他们专注于"对价"的含义。如前所述,他们继承了一个规则,即违约赔偿之诉只能建立在具有对价的允诺基础上。这一要求的含义很不清楚。不过,19 世纪的著述家们把对价等同于双方合同中的原因。他们仅仅借鉴大陆法系的原始材料,并且发现原因是这些材料中唯一和他们试图解释的原则最为接近的概念。

长期以来,普通法学者以从自然法学家借鉴来的方式解释对价。对价是订立合同的"动机"或"原因"。不使用亚里士多

---

〔41〕 e. g. Decision of 5 Feb. 1923, cass. , ch. civ. , D. 1923. 1. 20; Decision of 15 March 1900, trib. civ. , Langres, D. 1900. 11. 422; Decision of 19 July 1894, cass. ch. civ. , D. 1895. 1. 125. See Dawson, *supra* n. 37, pp. 84—96.

〔42〕 e. g. Decisionof 7 May 1909, Reichsgericht, 7th Civil Senat, 71 Entscheidungen des Reichsgerichts in Zivilsachen 140.

德目的因的概念而这样表述的困难并不明显。有时，他们甚至把对价说成是价值上的等价物。兰代尔认为：

> 法律从没有在理论上抛弃这一原则，即对价必须是与债务相称的在交换中所给予之物；尽管最小的对价在大多数案件中也可以支持最大的允诺，这只是因为法律对他们之间的不对等不予关注；因此，法律不能不关注的任何不对等对于允诺的有效性都是致命的。[43]

他也把对价说成是作出允诺的唯一动机：

> 正如每一个对价在理论上与允诺等值，它在理论上也是允诺人作出允诺的唯一诱因。如同法律不理会对价和允诺价值上的任何不对等一样，它也不理会除了对价之外关于允诺的任何动机。[44]

这些构造方式似乎在前文所述案件中不起作用。这些案件中，尽管在任何通常意义上不存在交换，但法院还是在合同中找到了对价。兰代尔以让法律在令人难以置信的时间里闭上眼睛的方式来解释这些案件。象征性租金也是房屋租赁合同的对价。他解释说，一美元不是一大笔金钱的对价，因为在 172

〔43〕 C. C. Langdell, *Summay of the Law of Contracts* (Boston, 1880), 70—1.

〔44〕 C. C. Langdell, *Summay of the Law of Contracts* (Boston, 1880), 70—1, 78—9.

那种情形下法律不再能够闭上眼睛。[45]

兰代尔没有解释唯一动机或者交换价值相等指的是什么。新的对价理论是由奥利弗·温德尔·霍姆斯以及弗里德里科·波洛克爵士建立的,这些概念对他们来说没有意义。霍姆斯指出,当事人订立合同不是只有一个原因或动机,而是有多个原因。"一个人可以允诺五百美元画一幅画,尽管他的主要动机可能是希望出名。"[46]波洛克介绍了他自己关于对价的认识。他引述托马斯·霍布斯说:"合同交换的所有事物的价值都依合同当事人的爱好来评估,因此公平价格就是他们同意给予的价格。"[47]

如兰代尔和早期著述家们所说,霍尔姆斯和波洛克从没有怀疑对价意味着交易或交换的存在。他们试图不依赖唯一动机或等价交换之类的概念来解释交易。依波洛克的看法,不论"一个人选择交换的是什么,他必定最终认为那对他具有某种价值"。[48] 即使这个人自己什么也没得到,而是把对价转移给了第三人,同样如此。法院不会"就对价的充分性提出质询"的规则是从这个原则"根据逻辑推导"得出的。[49] 因此,说允诺人实施了一项交易,仅仅意味着通过改变受诺人的地位而诱使他作出允诺。波洛克说道:

---

[45] Edward Q. Keasbey 的看法与兰代尔的观点相似,"The Origin and Nature of Consideration in the Law of Contract", *New Jersey Law Journal*, 5(1883), 1, 296, 324. 他引用兰代尔的观点来支持自己,认为对价"必须是法院可以看作等价物的某种东西"。(pp. 300, 325, 328, 330.)

[46] O. W. Holmes, *The Common Law* (Boston, 1881), 293.

[47] F. Pollock, *Principles of Contract* (London, 1885), 172. 引自霍布斯的《利维坦》, T. Hobbes, *Leviathan*, 1. xv. 102.

[48] Pollock, *supra* n. 47(10th edn. 1936), 172.

[49] Pollock, *supra* n. 47(10th edn. 1936), 172.

> 对价不是指一个人获得的好处与另一个人在目前所放弃的法律权利或对自己将来行为自由的限制是一样的，而是作为第一个允诺的诱致因素。接受对价的当事人是否因此获取任何明显的利益无关紧要……[50]

仅仅使用损害和诱因的概念，而不引入任何“相等的价值”和“唯一动机”之类的理论要件，波洛克得出了与兰代尔实质相同的结论。名义对价可以支持允诺的原因在于，“允诺人 173
已经得到他所交易之物”。[51] 过去的对价、既存义务的履行或允诺都不是对价，因为它们都不是允诺人交易在法律上的损害。就交换之物的价值是否相等，以及允诺人的唯一动机是不是获取对价的问题，波洛克将其作为没有法律意义的东西明确予以摒弃。[52]

尽管波洛克在他后续发表的不同版本的论文中才提出了这个理论，但其核心思想在第一版中就已存在：“现代对价学问的主要独特之点是，在应某人要求而做了某事的情况下，法律并不追问那是否对其有明显好处，而是把它看作他自己选定的价值。”[53]波洛克曾把这一版的一册书送给奥利弗·温德尔·霍姆斯，[54]后者对它留下了深刻印象。“我目前正在写作论文的合同法部分”，他写信给波洛克说，“你的书让我耳目一

[50] Ibid. 164.

[51] Ibid. 175.

[52] Ibid. 165, 172.

[53] Pollock, *supra* n. 47(1st edn. 1876), 150—1.

[54] 波洛克 1875 年 12 月 16 日写给霍姆斯的信，in *HolmesPollock Letters*, 2nd edn., ed. M. Howe(Cambridge, Mass., 1961), i. 276.

新。我在我的文章中把你关于对价的解说作为我所见到的最好解说加以引述。”[55]在他的《普通法》一书中，霍姆斯采纳了基本相同的理论。受诺人做了在法律上有权利依其所愿不做的任何行为，或没有做任何可以做的行为构成一项损害，如果遭受损害同时是作出允诺的诱致因素，并且允诺也是遭受损害的诱致因素，它也构成对价。[56]

对价学说的这一构造之所以成为经典，不在于它解决了区分赠与和交换的理论问题，更多的是因为没有人能够找出更好的替代办法。事实上，几乎可以立即看出这个构造所存在的问题。阿梅斯(Ames)指出，如果允诺人交易的履行价值无关紧要，就难以理解对价为何必须是“新的”损害而非既存义务的履行。[57] 事实上，阿梅斯认为，所有相互允诺都应当构成对方允诺的对价。允诺是否能够创设一项新的法律债务，或者因此
174 创设任何法律债务，并不具有重要意义。如果一方当事人由于另一方作出允诺而被诱导作出了自己的允诺，那一行为本身就是前者想要的。[58]

波洛克回答说，受诺人不是寻求得到“允诺言辞的表述”，[59]而是“允诺人所负债务的履行担保”。[60] 但这个回答明显不够充分。阿梅斯对它的反驳——以及威利斯顿(Williston)的反驳——那是在兜圈子。受诺人得到履行“担保”的唯

〔55〕 波洛克1880年6月17日写给霍姆斯的信，in ibid. i. 14，15.

〔56〕 Holmes，*supra* n. 46，pp. 293—4.

〔57〕 Ames，“Two Theories of Consideration”，*Harvard Law Review*，12(1899)，515 at 515—517；13(1899)，29 at 37—42.

〔58〕 Ames，“Two Theories of Consideration”，*Harvard Law Review*，13(1899)，29 and 29.

〔59〕 Pollock，*supra* n. 47(10th edn. 1936)，179.

〔60〕 Ibid. 180.

一原因在于允诺在法律上对允诺人有约束力;它在法律上具有约束力的唯一原因在于合同受到对价支持;并且,它受到对价支持的原因在于双方都给出并获得了这一"担保"。[61] 波洛克和霍姆斯实际上承认了循环论证。他们都同意,如霍姆斯所说,"它是一个跳越的问题——称其中一个具有约束力,就说两个都具有约束力。说两个都具有约束力比说任何一个都不具有约束力更为方便,就是这么回事(*voilà vous êtes*)……"这一让步似乎让阿梅斯、威利斯顿以及后来的科宾(Corbin)对整个理论产生了重大怀疑。一个关于对价理论的观点不能解释相互允诺的执行问题是令人难以理解的。这个理论据说是建立在交易应当执行的基础之上。不过,根据这个理论,允诺之间的交换是一项交易,仅仅因为它被武断地说成就是这样。[62]

但是,阿梅斯的理论也同样难以接受,或至少对大多数人来说是这样。如果阿梅斯是对的,接受赠与的允诺就会是作出赠与允诺的对价,而且,即使虚假的允诺也可以支持一个合同。[63] 事实上,如果所有相互允诺都被称为"交易",强制执行交易的观点就含混不清,拒不强制执行不是交易的允诺就几乎是无法解释的。

威利斯顿建议说:

> 不可能就充分对价给出比这一定义更为简洁的

---

〔61〕 Ames, *supra* n. 57, 13(1899), 29 at 31; Williston, "Successive Promises of the Same Performance", *Harvard Law Review*, 8(1894), 27 at 35.

〔62〕 霍姆斯1910年12月18日写给波洛克的信, in *HolmesPollock Letters*, *supra* n. 54, i. 172; Pollock, *supra* n. 47(19th edn. 1936), 179。

〔63〕 See Williston, "Consideration in Bilateral Contracts", *Harvard Law Review*, 27(1914), 503 at 516—8.

> 定义:如果相互允诺中每一个都确保作出某个行为或
> 容忍,(这个行为或者容忍)将会或明显可能对允诺
> 175 人产生损害或对受诺人产生利益,并且没有任何一个
> 允诺会根据与对价有关的规则之外的任何其他法律
> 规则被认定为无效,它们相互就构成充分对价。[64]

这里所采用的方法,如威利斯顿所说,是“稍微修正双边合同(bilateral contract)中的对价测试方法,在允诺之物而非允诺本身中去寻找支持相反允诺(counterpromise)所必要的损害”。[65] 一个“单边”合同则不需要作任何修正,损害仍然可以在实际做的事情或给予之物中找到。

威利斯顿的解决办法是尝试以不自相矛盾的方式给对价下定义。它没有解决甚至没有表述波洛克—阿梅斯论战中产生的理论问题。不使用等价概念或其他某种考虑经济价值的办法,似乎没有理由坚持损害应当是“新的”。不使用目的因概念或唯一动机或别的区分允诺人动机的办法,似乎无法说“诱致因素”是允诺之物而非允诺所创设的法律义务,或者“允诺言辞的表达”,因为允诺人想要所有这些东西。

概括地说,当一个人可以使用的仅有概念一方面是允诺人的意愿(意思)或动机,另一方面是受让人做允诺人希望之事的能力时,要解释赠与和交换之间的区别就变得极为困难。

要约和承诺

19 世纪的法学家赞同一项要约应当在被接受后才具有约

---

〔64〕 Ibid. 527—8.

〔65〕 Williston, *supra* n. 61, p. 35.

束力。这个结论由某些后期经院哲学家和大多数自然法学家提出。但是，对他们来说，这个结论远非显而易见。既然所有允诺作为忠诚的事实都具有约束力，卡瓦鲁维亚斯、索托和莫里纳都曾否认承诺是必要的。勒西乌斯则认为它是允诺人受约束的必要条件（sine qua non）。

相反，像沃尔夫那样，19 世纪的法学家从合同的定义扩展他们的结论。普通法学者把合同定义为相互同意，法国法学家把它定义为意思一致，德国法学家把它定义为根据双方当事人的意思表示（*willenserklärungen*）而成立的双方法律行为（*rechtsgeschäft*）。因此，他们断言，未被接受的要约不是合同，而且也没有约束力。在英国和美国，这一论点是由肯特、多德、卡雷、威廉·斯托里、帕森斯、梅特卡夫、利克、汉蒙和安森作出的。[66] 在法国是由奥布里和劳、德莫隆伯、拉隆比耶尔和罗让 176
作出的。[67] 在德国是由布林茨、普赫塔和温彻沙依德作出的。[68]

---

〔66〕 J. Kent, *Commtaries on American Law* (Boston, 1884), ii. 477; Dodd, "On the Construction of ContractsAssentConstruction", *The Legal Observer*, 12 (1836), 249 at 249—50; Carey, "A Course of Lectures on the Law of Contract: Lecture I", *The Law Times*, 4 (1845), 463 at 505; W. W. Story, *The Law of Contracts Not Under Seal* (Boston, 1851), 370; Parsons, *The Law of Contracts* (*Boston*, 1860), *i.* ∗ 399; *T. Metcalf*, *VPrinciples of the Law of Contracts* (New York, 1878), 14; S. Leake, *Elements of the Law of Contracts* (London, 1867), 12; L. Hammon, *General Principles of the Law of Contract* (St Paul, 1912), 38; W. Anson, *Principles of the English Law of Contract* (London, 1989), 13.

〔67〕 Aubry and Rau, *supra* n. 11, iv. § 343; Demolombe, *supra* n. 2, xxiv, § 45; Larombière, *supra* n. 2, i. 6—7; Laurent, *supra* n. 2, xv, § § 468—9.

〔68〕 Brinz and Lotmar, *supra* n. 30, iv, § 571; Puchta, *supra* n. 4, § 250; Windscheid, *supra* n. 4, ii, § § 304—5. 登伯格是少数几个就要约为何应当被接受给出理由的人之一。他说，债务的发生不能违反一方当事人的意志；因此，受诺人必定最终表示同意。登伯格认为，受诺人为何应立刻表示同意，是因为让尚未完全确立的法律关系长时间存续是不适当的。（Dernburg, *supra* n. 30, ii, § 12.）

因此,19 世纪的法学家把承诺确定为是必要的,没有讨论这个要件所追求的目的。对阿奎那和后期经院哲学家来说,既然人类行为的本质应根据它的目的来界定,从这个定义所作的推理和根据目的所作的推理就是协调一致的。但是,我们看到,19 世纪的法学家没有考虑合同为什么应当具有约束力的问题而构造了他们的合同定义。一旦他们这样做了之后,就难以再考虑目的了。因此,对他们而言,要解释为什么合同应当被定义为须有承诺,绝非易事。

弗里德里科·波洛克爵士是少数几个指出合同不必以那种方式加以定义的人之一。没有相互同意法律,也可以使一项允诺具有约束力。事实上,在普通法中,依盖印契约方式作出的“允诺”无须任何承诺就是不可撤销的。[69] 波洛克断言,“在作出属于一般合同观念组成部分的提议和承诺时……存在困难”。[70] 但是,他没有解释为什么承诺是必要的。他仅仅是注意到“在实践中”,提议和承诺是一个合同“正常且最重要的因素”。[71] 跟其他法学家一样,波洛克欠缺一个讨论合同何时应当具有约束力的起点。忠诚的德性曾一度提供了这样一个起点。19 世纪的法学家没有找到它的替代物。对他们来
177 说,难以避免以定义的形式提出他们的结论。实际上,从某种意义而言,波洛克落入到他刚刚批评的同义反复中——“在承诺前并不存在合同,因此提议者不受做任何事情的约束。”[72]

---

〔69〕 Pollock, *supra* n. 47, 6—7.

〔70〕 Ibid. 9.

〔71〕 Ibid.

〔72〕 Ibid. 23. 他在别的地方(并非前后一贯地)说,在允诺人允诺不撤销要约时,是对价而非其他什么使要约成为不可撤销(p. 24)。

于是,19世纪的法学家考虑到合同开始具有约束力的时间点。通过询问要约人将会希望在什么时候受约束,勒西乌斯、格劳秀斯和普芬道夫分析了这个问题。19世纪的法学家采纳的方法,再次使他们在不考虑要约人和任何其他人之目的的情况下力图分析这一问题。他们再次试图从他们的合同定义中推导出结论。他们论证说,一旦满足了定义的要件,也即一旦存在相互同意、意思一致或者两个意思表示一致,合同就成立了。他们随后讨论了在意思表达出来时,或者在意思表示被传达给另一方当事人时,或者在别的时间点这一时刻是否已经到来的问题。

结果,19世纪的法学家们发现自己进退两难。他们希望从合同的定义中符合逻辑地推导出结论。由于这个方法不说明当事人的目的,他就很容易得出阻碍这些目的的结论。兰代尔声称对此不必在意。他认为一项承诺在到达后才生效,尽管"有人主张",如果承诺发出后就生效,"对实现实质正义的目的,以及合同当事人自己所理解的利益将是最好的"。"对于这个观点,正确的答案是",他说,"那是无关的……"[73]但是,说过这些话后,他又试图表明,当事人的利益根据他倡导的规则可以实现。很少有法学家真正希望忽视这些利益,不过他们的方法要求他们那样做。因此,他们发现自己在玩一个奇怪的游戏。他们在得出结论时想到了当事人的需要,却又试图表明这些结论可以不顾那些需要而从合同定义中派生出来。

从合同定义中可以得出各种具有某种合理性的结论。问题是它们似乎都无法满足受诺人了解合同是否已经成立的需

---

〔73〕 Langdell, *supra* n. 33, pp. 15, 20—1.

要。根据法国法学家迪朗东(Duranton)、奥布里和劳,以及德
178 莫隆伯[74],还有德国法学家普赫塔和温彻沙依德的观点,[75]当作出意思表示之后,不论另一方当事人是否业已知道这项意思表示,它都是有效的。受约人的承诺因此在他作出意思表示之时生效。但那样的话,情况似乎变成,一旦要约人作出撤销要约的意思,要约人对要约的撤销就发生效力。因此,受约人不能肯定合同是否自他承诺时起就成立了,毕竟,总有可能发生要约人已经撤销了要约的情况,例如,在一封受约人尚未收到的信中(要约人表示撤销要约)。普赫塔承认会发生这样的结果。[76] 奥布里和劳、德莫隆伯以及温彻沙依德试图找到要约人不能不承担责任就撤销要约的理由。

这个观点还产生了当时的法学家感到奇怪的另一个结果。寄出了承诺通知的受约人在通知引起要约人注意之前,不能改变主意和撤销通知。奥布里和劳声称,如果受约人失去了对承诺的控制力,如在已经交付邮寄的情况下,承诺就生效了,以此避免发生这个结果。[77] 温彻沙依德认为,受约人在承诺通知达到要约人之前可以撤销它。理由是,在要约人收到承诺通知前,通知仍然属于受约人。温彻沙依德承认,可能有些奇怪的是,一旦受约人作出意思表示后要约人即受约束,但在要约人收到承诺通知前受约人却不受约束。不过,他辩解说,双方法律行为的定义中并没有什么东西禁止在另一方当事人不受合

---

[74] Duranton, *supra* n. 2, xvi, § 45; Aubry and Rau, *supra* n. 11, iv, § 343; Demolombe, *supra* n. 2, xv, § § 73—5.

[75] Puchta, *supra* n. 4, § 251; Windscheid, *supra* n. 4, 442 ii, § 306.

[76] Puchta, *supra* n. 4, § 251.

[77] Aubry and Rau, *supra* n. 11, iv, § 343.

同约束的情况下,一方当事人应受合同约束。[78]

其他法学家,如美国的兰代尔,[79]法国的拉隆比耶尔、罗让和卓龙(Troplong),[80]以及德国的布林茨、凡格罗夫,[81]认为在意思表示相对人实际了解其内容之前,意思表示并未生效。他们认为,到达和一致性不只是要求当事人同意的是同一件事情,而且他们相互向对方表示了他们的意愿。根据这个观点,在受约人了解要约前,要约的撤销不发生效力。但情况似乎是,受约人不能确知在他发出承诺通知时合同已经成立,因为在它引起要约人注意前并未生效。 179

在英国和美国,理论上的讨论因这样一个事实而被阻止,即法院形成一个保护受约人的解决办法却难以在理论上被正当化:要约和要约的撤销在收到时生效,但承诺在发出时生效。因此,没有收到撤销通知的受约人知道在他寄出承诺时合同就成立了。1818年的 *Adams* v. *Lindsell* 案[82]中,在开始许多理论讨论前,承诺就被认为在寄出时生效。从那以后,著述家们通常评论说,不管问题如何被解决,法律还是清楚的。

在法国和德国,更为精细的理论被提出来,希望达到既保护受约人又似乎是根据合同定义作出来的效果。一个办法是限制要约人撤销要约的权力。依德国法学家凡格罗夫[83]和法

[78] Windscheid, *supra* n. 4, 442 ii, § 306.

[79] Langdell, *supra* n. 33, pp. 15, 20—1.

[80] Larombière, *supra* n. 2, i. 15—16, 18—19; Laurent, *supra* n. 2, xv, § 479; R. Troplong, *VDe la vente* (Paris, 1837), 36—8.

[81] Brinz and Lotmar, *supra* n. 30, iv, § 572; Vangerow, *supra* n. 34, iii, § 603.

[82] Adams v. Lindsell, 1 Barn. & Ald. 681, 106 Eng. Rep. 250(1818).

[83] Vangerow, *supra* n. 34, iii, § 603.

国法学家奥布里和劳、罗让以及德莫隆伯[84]所见，如果要约人允诺不撤销要约，要约就是不可撤销的。这个解决办法的困难在于，那一允诺本身是未被承诺的要约，因此还没有成立任何合同。[85] 凡格罗夫和德莫隆伯回答说，由于这项要约对受约人完全有利，受约人被认为一旦了解之后就会接受。[86] 德莫隆伯和德国法学家雷格斯伯格（Regelsberger）更深入一步。即使要约人没有明确允诺不撤销要约，由于这种允诺暗含在要约里，要约也应当是不可撤销的。再一次，这个默示允诺自身就是一项要约，受约人被认为一旦知道就会接受。[87] 雷格斯伯格承认他为了保护受约人而支持这个观点。事实上，难以相信如果观念上没有这个目的，他或是德莫隆伯会提出这个虚造的解说，认为一项默示要约与一项默示承诺相一致。

还有另一种方法主张要约可以撤销，但撤销要约的要约人应赔偿受约人遭受的任何损失［“消极利益”，或者如今天普通法学家所说的“信赖利益”］。在此，并不清楚要约人为
180 何应当赔偿。在法国，奥布里和劳以及卓龙根本没有给出任何理由。[88] 德莫隆伯和拉隆比耶尔说，受约人根据《法国民法典》第1382条有权获得赔偿。[89] 但是，罗让指出，根据该条规定，如果一个人因过错导致另一个人遭受损害，就应当承担责任。如果要约没有约束力，很难看出要约人如何可能因撤销要

---

[84] Aubry and Rau, *supra* n. 11, iv, § 343; Laurent, *supra* n. 2, xv, § 476; Demolombe, *supra* n. 2, xxiv, § § 59, 65.

[85] Larombière, *supra* n. 2, i. 12.

[86] Vangerow, *supra* n. 34, iii, § 603; Demolombe, *supra* V n. 2, xxiv, § § 59, 65.

[87] Ibid. xv, § 66; F. Regelsberger, *Die Vorverhandlungen* (Weimar, 1868), § 13.

[88] Aubry and Rau, *supra* n. 11, iv, § 343; Troplong, *supra* n. 80, i. 38.

[89] Demolombe, *supra* n. 2, xxiv, § 71; Larombière, *supra* n. 2, i. 22—3.

约而具有过错。[90] 在德国,耶林认为理由是“缔约过失”(*culpa in contrahendo*),即“在订立合同时有过错”,但他承认,他并非在它通常含义上使用“过失”这个词。[91] 温彻沙依德和凡格罗夫认为,要约人因违反信赖(*Vertrauen*)或者诚实信用(*bona fides*)而负责任。[92] 他们并没有解释为什么撤销一个在法律上还没有约束力的要约违反信任和诚实信用。

在德国,自《德国民法典》规定要约不可撤销,除非要约人明确表示保留撤销的权利之后,这个争论结束了。[93] 像雷格斯伯格那样,起草者谈到了不撤销要约的默示允诺。不过,他们也像雷格斯伯格那样承认试图保护受约人,“他在及时对要约作出承诺时,必定可以指望合同成立”。[94] 整个争论中不寻常的是,为了提供每一个人所希望的对受约人的保护,理论变成了一个不得不跨越的障碍。很显然,兰代尔是对的。理论没有考虑“实质正义和合同当事人的利益”,至少在它被用来这样做之前是这样。

订立合同的同意

19世纪的法学家保留了意思概念。但是,他们得在不使用他们没有保留的其他概念的情况下使用那一概念。后期经院哲学家曾追随阿奎那说道,自愿行为的人必须理解其行为的

---

〔90〕 Laurent, *supra* n. 2, xv, § 481.

〔91〕 Ihering, “Culpa in contrahendo oder Schadenersatz bei nichtigen oder nicht zur Perfection gelangten Verträgen”, *Ihering's Jahrbücher für die Dogmatik des heutigen römischen und deutschen Privatrechts*, 4(1861), 1 at 92—106.

〔92〕 Windscheid, *supra* n. 4, 442 ii, § 307; Vangerow, *supra* n. 34, iii, § 603.

〔93〕 Bürgerlichesgesetzbuch, art. 145.

〔94〕 Motive, *supra* n. 36, i. 165—6.

本质。如果他理解了,即使他选择了两个恶中较小的一个,就
181 像一位船长在风暴中决定抛弃货物一样,行为也是自愿的。19世纪的法学家在不使用后期经院哲学家所利用的选择理论情况下,不得不去谈论意思问题。

胁迫和欺诈

和早期法学家以及德国法学家不同,法国法学家认为胁迫和欺诈使同意不纯粹。据桑特勒(Cilmet de Santerre)、德莫隆伯和罗让看来,那是法典的含义。它规定:"如果同意只因错误而作,或因胁迫所生,或欺诈所致,即非有效同意。"[95] 根据法典的规定,在所有这些情况下合同并非当然无效:需要采取行为宣告合同无效或撤销合同。[96]

起草者极不可能想到任何这种观点。他们声称自己关于错误、欺诈和胁迫的条款取自早期法学家如波蒂埃和巴贝拉克。[97] 依据波蒂埃和巴贝拉克的观点,欺诈或胁迫行为的受害人没有表示同意。给予救济的原因是由于对他实施了不公正的行为,或者在胁迫情况下。巴贝拉克说是由于订立合同的同意除非是自愿作出的,否则就没有约束力。[98] 在所有可能情形中,起草者在一个条文中同时提到欺诈、胁迫和错误的原因在于,在同一个罗马法文本[即《法学阶梯》(*Institutes*)]中,

---

〔95〕 Code civil art. 1109.

〔96〕 Code civil art. 1117.

〔97〕 BigotPréamenu, Présentation au Corps législatif, in P. Fenet, *Recueil complet des travaux préparatoires du Code civil* (Paris, 1827), xiii. 215, 223.

〔98〕 在起草者们谈及"自由"(liberty),并且不受胁迫因此是有效同意的必要条件时,他们是在表述巴贝拉克的看法。(BigotPréamenu, Présentation au Corps législatif, ibid. xiii. 223; Mourivault, Discours prononcé devant le Corps législatif, ibid. xiii. 413, 416—7.)因此,这些表述如我曾认为的那样,不是起草者们"或许早于"19世纪的法国法学家们使用"这个新方法"的证据。[A. T. von Mehren and J. Gordley, *The Civil Law System*, 2nd edn. (Boston, 1977), 859.]

这些导致允诺无效的原因被同时提到。[99] 德芒特在他先前的 182
评论中曾假定起草者们持有与波蒂埃相同的观点。[100]

后来支持新观点的评论家们除了坚持认为这一观点在法典中得以保存之外,没有给出别的正当根据。桑特勒指责德芒特以自己的"理论"取代了立法者明确表达的意思。[101] 德莫隆伯说,尽管波蒂埃可能在"哲学上"是正确的,但他的观点并没有为法典所认可。[102] 德莫隆伯在别的地方也提到,一个观点可能"在哲学上"是正确的,但可能在"法律上"是错误的,在这种情况下,他暗示,最好的做法是不考虑它。[103]

法国法学家没有为他们的结论提供一个理论根据的原因在于,他们没有一个关于人的选择理论。人们可以说的是,他们头脑中所想到的只是这一初级观点,即干扰一个人的选择就是阻碍他同意。既然欺诈和胁迫以及错误导致一个人去做他本来不想去做的事情,它们也被认为使同意无效。因此,奥布里和劳仅仅指出,恐惧具有否定自由意愿的直接和决定性作用。[104] 德莫隆伯也以同样方式描述了恐惧的作用,并补充说欺诈影响同意是因为它混杂了错误。[105] 罗让主张任何"有瑕

---

〔99〕 "Verbi gratia si metu coactus aut dolo inductus aut errore laspsus stipulanti Titio promisisti, quod non debueras promittere, palam est iure civile te obligatum esse et actio, qua intenditur dare te oportere, efficax est: sed iniquum est te condemnari ideoque datur tibi exceptio metus causa aut doli mali aut in factum composita ad impugnandam actionem." (I. 4. 13. 1.)

〔100〕 Demante and Colmet de Santerre, *supra* n. 2, v, § § 16 (error), 20 (duress), 26 (fraud) (written by Demante).

〔101〕 Ibid. v, § 27 *bis* 111 (written by Colmet de Santerre).

〔102〕 Demolombe, *supra* n. 2, xxiv, § 164.

〔103〕 Ibid. i, § 181.

〔104〕 Aubry and Rau, *supra* n. 11, iv, § 343 bis.

〔105〕 Demolombe, *supra* n. 2, xxiv, § 151 (duress); § 184 (fraud).

疵的同意”,不论是错误、欺诈还是胁迫,当一方当事人本来不会同意订立合同时,都使合同可被宣告无效。[106] 相似地,拉隆比耶尔似乎认为,任何影响一个人选择的不幸事实都阻碍他的同意。他说,同意必须是“明智的”:当事人必须知道“就什么订立合同以及为什么订立合同”。它必须是“自由的”:作为“我们意愿的本质行为”,同意“预先假定了我们的自由和选择能力的完满性,与消灭这两者的强力不相容”。它必须是“自发的”:同意应当是根据“完全出于自我的意愿”而非“受阴谋诡计欺骗的……理智”而作出。[107]

183 一些英国和美国的法学家持有类似观点。[108] 多德认为,与胁迫一样,欺诈使当事人的“同意”“无效”。[109] 卡雷认为胁迫破坏了“理解和意愿的自由实施”。[110] 汉蒙认为欺诈和胁迫影响了“合意的真实性”。[111] 安森也认为欺诈和胁迫影响了“合意的真实性”,尽管他在讨论这两者时尽量不提及当事人的同意。[112] 这些人似乎和法国人所想的一样:影响同意的压力干扰了同意表示。这个观点足够简单,他们可能是在没有读过法国法学家著作的情况下把它提出来的。

对这个观点的反驳也是很明显的。自从后期经院哲学时

---

〔106〕 Laurent, *supra* n. 2, xv, § 487.

〔107〕 Larombière, *supra* n. 2, i. 41—2.

〔108〕 我一度认为威廉·斯托里持这个观点。他说同意“必须是自由自愿作出的”,而胁迫夺走了“自由的作用”(free agency)。(W. W. Story *supra* n. 66, p. 398.)但是,更为可能的是,他只是把巴贝拉克的观点换了个说法而已。

〔109〕 Dodd, “Contracts Vitiated for fraud”, *The Legal Observer*, 11(1836), 505 at 505. 在一篇匿名文章中表达了相同的观点,“Void and Voidable Contracts”, *The Law Times*, 45(1868), 369 at 370.

〔110〕 Carey, *supra* n. 66, p. 505.

〔111〕 Hammon, *supra* n. 66, pp. 142, 188.

〔112〕 Anson, *supra* n. 66, pp. 156, 203, 218.

代它们就被提了出来。如德国法学家萨维尼指出,仅仅在行为人不正当地实施行为时,才对欺诈或胁迫给予救济;因此,给予救济的理由不可能是由于它们对意思的影响。“如果自由因恐惧而被排除,那么,这一恐惧仅仅是源于恐惧人的想法,还是源于另一方所实施的威胁,便成为完全无关的问题。”[113] 在胁迫和欺诈情形下,法律给予救济不是由于缺乏同意,而是由于“另一方行为中可能存在的不道德因素”。[114]

一些英美法学家也提出了类似的反驳。依巴滕(Batten)看来,对胁迫给予救济不是仅仅由于“意愿的缺乏”,而是由于衡平法院认为它是利用对方处境的欺诈。[115] 另一个作者提到,如果对胁迫的救济要“取决于一个只有内行才懂的对合同当事人意愿的调查”,就将不存在“任何安全”,因为“一百个当事人中有九十九个不是自由的行为人”。认为“压力与软弱相遇之处就不再有自由”是错误的,因为环境的压力“正是这样的动机,没有它就不存在合同”。[116] 相似地,利克注意到,尽管 184
受欺诈的人存在错误,但那个错误“单独地并不使(一方当事人)和其他人之间的交易无效……”给予救济是因为欺诈“阻止引致错误的当事人使另一方当事人受约束……”[117]

反驳是如此简单直接和显而易见,不过,在弗里德里科·波洛克爵士的特殊案件中,又一次表明,假定普通法学者从德国人那里借鉴了它是没有任何理由的。波洛克也否认这一说法,“因……欺诈或胁迫而作出的同意不是同意”。如果是那样,

---

[113] Savigny, *supra* n. 3, iii, § 114, p. 108.

[114] Ibid. iii, § 115, p. 115.

[115] E. Batten, *Specific Performance of Contracts* (London, 1849), 27.

[116] Anon., “The Doctrine of Free Agency in Contract”, *Law Journal*, 22(1887), 123 at 123.

[117] S. Leake, *supra* n. 66, p. 182.

所有这种合同就将在根本上自始无效(void *ab initio*),也就不存在询问导致错误或施予压力的当事人是否实施了不当行为的理由。毫无疑问,波洛克熟悉萨维尼这些论点的构成,因为他引用了萨维尼的这些论点。[118]

令人惊异的是,那些最重要的法国法学家极少谈到这个显而易见的问题。他们不直接面对它。德莫隆伯和桑特勒解释说,为在风暴中所受救助或在遭受强盗时所受救助支付报酬的合同不因胁迫而无效。他们于是寻找这些合同可能无效的其他理由:可能是由于"一时性的精神错乱",或者是由于恐惧而无力表达真实意思。他们难以摆脱于这样一个尴尬结局:如果这些合同无效,救助人明显不可能因为他的救助而获得任何补偿。[119] 但或许可能的是,当恐惧不是不法导致时,他们可能不会像它是不法导致时那样有意宣告合同无效。他们不会宣告一个能够拯救某人性命的医疗服务合同无效。他们从未解释,如果在所有情形下,给予救济的原因在于恐惧对当事人同意所施予的效果,他们为什么不会(宣告这种合同无效)。[120]

错误和情势变迁

185 后期经院哲学家勒西乌斯追随阿奎那,认为如果允诺是由

---

〔118〕 F. Pollock, *Principles of Contract* (London, 1885), 390.

〔119〕 Demante and Colmet de Santerre, *supra* n. 2, v, § 20 bis (by Colmet de Santerre); Demolombe, *supra* n. 2, xxiv, § 150.

〔120〕 人们在阅读更晚近且据认为更反传统的法国作家德莫格(Demogue)的作品时会有同样的感觉。"在外部情况中有些具有不公平的特征,那不要紧……只要他们以渐进的方式行为,容许精神去思考,去作为自己的主人。"[Demogue, "De la violence comme vice du consentement", *Revue trimestrielle de droit civil*, 13(1914), 435 at 437.]胁迫是一种"难以忍受的压力"(p. 438)。德莫格试图构建一套理论,其中,对胁迫和强制(*force majeure*)的救济依据这样一项原则,即在前述情况下作出的决定可以撤销。他从未面对恐吓的"不公平特征"的确重要这一困难问题。德莫格认为,在海难救助中要求过高价格的人将被迫放弃部分所得(p. 441)。但是,他受到的对待不会和对待海盗的方式相同——海盗们声称不给钱就把船弄沉。

于对他所做之事的本质要素存在错误认识导致的,允诺是绝对无效的。尽管他确实理解这个本质要素,但如果发生了他从来没有想到的情况,他仍然不受约束。大多数自然法学家也把错误和情势变迁看作是给予救济的明确根据,尽管他们没有采纳与阿奎那和勒西乌斯相同的区分标准。

情势变迁学说在 19 世纪很少有支持者。他们说某种情事的存在是合同的默示或暗含条件,以此来解释救济。依据法国法学家拉隆比耶尔的看法,一个“动机方面的错误”仅在当事人如此希望时才影响合同的有效性,但一个法官要通过调查来判定他们是否希望如此,“根据具体情况,如果声称作为动机的事实是决定性的理由(raison déterminante)并且同意取决于它的真实性”时,[121](就是如此)。德国法学家温彻沙依德说,某个情事的连续性可能是一个合同的“未形成的条件”,“未形成的”是从它没有为当事人所明确期望的意义上来讲的。在 20 世纪早期,当“加冕典礼”案被判决时,这个学说引起了英美法学家的注意。在爱德华七世加冕典礼游行路线上的房间被以适当提高的价格租一天。由于爱德华生病,游行延期举行。在 *Taylor* v. *Caldwell* 案中,布莱克本(Blackburn)再次以合同中的默示条件未满足为由支持了救济请求。英美法学家重复了他的解释。

对大多数 19 世纪的法学家来说,对这个学说的明显反驳是,默示或未形成的条件是当事人从未有意识地去期望的东西,更别说就情况如果发生变化应如何处理的问题达成一致意见了。法官说合同应服从这样的条件,因为他认为那个结果合

---

[121] Larombière, *supra* n. 2, i. 282—3.

186 乎情理而且是公平的。如威利斯顿所说,“任何一个允诺的限定条件都建立在给予明确表达的语词以绝对效力的不公平和不合理性基础之上。”[122]

阿奎那或勒西乌斯不认为在允诺人意思的解释和询问什么是公平合理的之间会存在冲突。他们把这一学说建立在亚里士多德的公平理论之上。允诺和法律一样,规定了达到目的的手段,必然可能发生手段不再合理或公平的情况。允诺人从来没有同意在那种情况下仍然受约束。

大多数 19 世纪的法学家并没有完全抛弃这一思想,只是不相信它而已。对他们而言,合同法的任务是执行当事人的意思,也就是执行当事人曾有意作出的决定。这些决定依据不同情况来看是否合情合理,属于当事人应当考虑到的问题。因此,情势变迁学说在 19 世纪里可谓寂然无声。

在法国也是如此,尽管行政法院曾发展出一个被称为“不可预见理论”(*imprévision*)的版本。《德国民法典》的起草者对这一学说也不加理会,但法院在第一次世界大战和 1920 年通货膨胀的压力下把它找回来了。他们声称,对“交易基础的丧失”(*Wegfall der Geschäftgrundlage*),即合同基础的破坏,可以根据法典第 242 条这个最为一般性的条款给予救济,它要求合同应依诚实信用原则履行。自“加冕典礼”案之后,这个学说被英美法院以各种方式加以扩展。尽管今天大多数法学家赞同

[122] S. Williston, *The Law of Contracts* (New York, 1920), § 1937. 威利斯顿没有谈及默示条款,而是说,之所以给予救济是因为“当事人对某个至关重要的假定事实的推定认可”。他承认,“但是,这种相互推定的唯一证据通常是,法庭认为一个正常理智的人——也就是法庭自己——不会愿意承担这个事实是否存在所引致的风险。”(Ibid.)因此,尽管威利斯顿没有谈论“默示条款”,他还是考虑了同样的问题,即对当事人而言,本该做什么才是合乎情理的。

这个学说,但他们仅仅把它看作极具诱惑的解释需要。尽管自19 世纪以来发生了所有这些变化,(法学家们)在情感上仍然认为,什么是公平或合理的问题不是对当事人意愿的解释,而是表达了一个纯然主观的看法。

19 世纪的法学家们忽略情势变迁学说,是因为他们认为合同法的真正任务是执行当事人的意思。但是,出于同一原因,他们对错误学说给予了相当关注。没有别的法律学说就当 187
事人是否达成合意提出了如此广泛的问题。

对后期经院哲学家来说,如果当事人就他因何订立合同的实质或本质有错误认识的话,他就没有同意。在亚里士多德和阿奎那的传统中,合同的本质依据它的目的来界定。这个目的确认了合同以及合同的标的物。它确定了当事人订立合同的种类以及标的物类型。

19 世纪的法学家在没有本质的概念情况下提出了错误的问题。当他们讨论需要救济的错误类型时,他们把它等同于标的物同一性的错误、标的物种类的错误以及对当事人重要的标的物特征的错误。但是,对于标的物的同一性、种类以及当事人的目的,如今具有不同观点,不再统一于本质概念。当他们考虑这个问题的时候,19 世纪的法学家通常把标的物的同一性与标的物的其他所有特征完全分开。当一个当事人受领他想要的那个特定之物("就是这个物"),他就得到了他订立合同要获得的标的物。他们把一个标的物的种类看作传统惯例将其视为使某物属于某种类之物的一组特征。他们把当事人的目的看作当事人想到的任何重要目的,而非当事人订立合同要达到的近前目的因。他们讨论是否应当对同一性错误、种类错误或者对当事人很重要的特征错误给予救济。但是,就其自身来看,这些替代办法似乎没有一个会起作用。

法国、德国和英美的法学家在不同地方面对错误问题。在法国,主要的法学家如桑特勒、德莫隆伯和罗让区分了破坏同意的标的物同一性错误与仅仅使同意不纯粹的同意"实质"的错误。在前一情形,合同是当然无效;在后一情形,就像在胁迫和欺诈情形一样,必须提起诉讼宣告合同无效或者撤销合同。[123]

这些法国法学家声称遵循了法典规定。但是,法典仅仅规定错误如果关系到合同履行的"实质",即导致同意无效。[124]它既没有说这种错误影响同意的纯粹性,也没有把它和完全破
188 坏同意的错误相区分。事实上,法典的起草者声称追随了波蒂埃和巴贝拉克,后者就像后期经院哲学家一样,认为同意因"实质"或"本质"上的错误而被破坏。起草者的确规定,如同在欺诈和胁迫情形一样,必须提起诉讼宣告合同无效。他们也可能是依循一个罗马法文本才这样做,这个罗马法文本规定在要式口约(*stipulatio*)中,由错误、欺诈和胁迫导致的允诺并不当然无效,而是产生一项抗辩。[125] 或者,他们可能是由于这个要求在程序上有意义,或者由于他们时间紧迫,或者由于他们想使事情简单一些才这样做。最不可能是因为他们持有一个他们从来没有提到过的关于同意的新观点才这样去做。

法国法学家的观点似乎是,当错误与标的物的特征无关,而是与他将受领的个别标的物相关时,当事人就犯有同一性的

---

[123] e. g. Demante and Colmet de Santerre, *supra* n. 2, v, § § 14 bis, 16 bis 1, 26 bis, 27 bis 1—111(written by Colmet de Santerre); Demolombe, *supra* n. 2, xxiv, § § 88, 124—7, 164, 171, 181—4; Laurent, *supra* n. 2, xv, § § 450—3, 458, 484.

[124] Code civil art. 1110.

[125] 参见前文注释第 99。前面提到,起草者在起草第 1109 条时也采纳了这个文本。

错误。他想要的是"这匹马"却就"那匹马"订立了合同。"实质"或"实质特征"方面的错误不是同一性的错误,而只是歪曲了当事人订立合同的决定。尽管他的确表示了同意,就像在欺诈和胁迫场合一样,他的同意是不纯的。

罗让以与此完全相同的方式解释错误的效果。其他评论家除了如罗让所说存在不一致之外,似乎想到的也是同样的观点。如果一个"实质方面的错误"不是同一性的错误,而是对当事人重要的特征错误,那么,罗让说道,任何对当事人足够重要的错误必定是"实质方面的错误"。罗让认为,无论何时,如果当事人知道真相就不会订立合同的话,便应当给予救济。[126]其他法国评论家,不完全一致地把"实质方面的错误"确定为关于标的物本质或种类的错误。桑特勒认为,错误必须与缺了它则标的物的"本质"就会不同的性质相关。[127] 德莫隆伯认为,错误必须与使标的物适于使用,或者给予标的物名称的"主要的"或"典型的"标的物性质相关,它将标的物给予特定化。[128] 奥布里和劳认为,如果当事人就"组合起来将决定(标 189
的物的)特殊本质,并且依照通常观念把它和任何别的标的物

---

〔126〕 Laurent, *supra* n. 2, xv, § 487.

〔127〕 Demante and Colmet de Santerre, *supra* n. 2, v, § 16 bis 11(written by Colmet de Santerre). 在作者看来,关于马是否瘸腿,钟表走时是否准确,或者一本书写得好不好的错误,不是"实质方面的错误";关于物品是否银质的,烛台样式是否新潮(modern),拉菲尔的画是不是复制品的错误,则是实质错误。这方面的特征是标的物的"实质部分",缺乏这方面的特征会改变标的物的"本质"。(Ibid.)

〔128〕 Demolombe, *supra* n. 2, xxiv, § 89. 他关于实质错误的例子有:一个烛台是否银质的,一匹马是不是阿拉伯血统的马,或者一幅画是不是鲁本斯(Rubens)的作品之类的错误。与之相对,"附质"(accidents)的缺乏不会使一个东西变成另一个东西。附质的例子有:银质烛台的纯度,阿拉伯马的敏捷性以及鲁本斯画作的杰出性(excellence)。(Ibid.)

相区分的那些特征”存在错误，合同可以被宣告无效。[129] 罗让指出，尽管这些法学家认为，“实质方面的错误”不破坏同意，他们的确还是把这种错误界定为似乎与标的物同一性相关。[130]

这些法学家不仅仅是不一致。一旦抛弃了亚里士多德的形而上学，就很难理解某些特征如何决定了标的物的本质或种类。奥布里和劳似乎感觉到了这个困难，因为他们谈到了“依照通常观念”把一个标的物“和任何别的标的物相区分”的那些特征。但如果标的物的确没有显著本质或属性的话，就难以理解为什么“通常观念”会作出这种区分。人们指望用通常观念去说明事物之间单纯的家族相似性，或者以与不同分类者感兴趣的事物特征一样多的不同方式对事物加以分类。根据法学家傅比尼(Fubini)的观点，奥布里和劳曾提出来的以“客观”方法解决的问题是，“种类”没有确切的含义。傅比尼也注意到，当事人可能赋予并不决定标的物“种类”的那些特征以重要性。[131]

罗让的替代办法是询问一个特征对当事人的重要性。傅比尼称其为“主观的”解决办法。他注意到，麻烦在于，“如果合同当事人通过主张他是由于仅仅对他具有重要性的一个性质而决定订立合同的，就总是可以使一个合同被宣告无效，协议将具有极大的不确定性”。[132] 实际上，不管罗让可能说什

---

〔129〕 Aubry and Rau, *supra* n. 11, iv, § 343 bis. 相反，一项“这个物的来源、年代(antiquity)或其他多少是重要的品质方面的错误……并不导致合同无效，除非它构成合同条件——因为当事人在达成合意时对其具有认识，并暗示或规定了这些问题”。(Ibid.)

〔130〕 Laurent, *supra* n. 2, xv, § 489.

〔131〕 Fubini, “Contribution à l’ étude de la théorie de l’ erreur sur la substance et sur les qualitiés substantielles”, *Revue trimestrielle de droit civil*, 1(1902), 301 at 309—11.

〔132〕 Ibid. 321.

么，不论他还是其他人都没有真正赞成仅仅由于如果当事人知道真相就不会订立合同这种理由就给予救济。合同的约束力 190
不能成为一纸空谈。

对这个问题似乎没有解决办法。傅比尼认为，人们可能赞成仅仅因为错误是双方造成的而给予救济。但是，难以依据任何基本的合同法原则证实这一限制。而且，这一解决办法似乎把错误与条件混为一谈。[133] 傅比尼提出了他自己的解决办法，但不幸的是，它似乎同时导致了他曾提及的几个难题。[134]

萨维尼引导德国法学家走向了完全相反的方向。法国人说错误、欺诈和胁迫是同意不纯。萨维尼认为，原则上说，错误、欺诈和胁迫不影响同意。不过，同样的难题还是出现了。

依据萨维尼的看法，尽管错误和胁迫一样，影响了当事人所做的选择，不过，当事人的确作出了选择，并且那就是全部问题所在。受胁迫的当事人在其他可能的选择中选择了其中一个。因此，他拥有"选择的自由"，"他的意思自由必然实际上存在"。[135] 相似地，如果当事人陷入错误，"由于存在错误，表意人（the will）可以拒绝接受这些可能性似乎提供的任何好处；相应地，自由的意思表示的存在没有以任何方式被排除……"[136]

这个解决办法存在这样一个前提假设，即可以清楚区分选

---

[133] Fubini, *supra* n. 131, 301 at 322.

[134] 傅比尼认为，最好的解决办法是把客观理论和主观理论结合起来。如果合同标的物的本质将这个特征归之于它（也就是说，如果这个标的物归属于一个决定性的自然类属），或者按照习惯，当事人是如此看待这个品质的，或者由于具体案件的实际情况，这个品质应当如此被看待，那么，这个品质就是实质性的。（Ibid. 3223.）

[135] Savigny, *supra* n. 3, iii, § 114, p. 102.

[136] Ibid. 113.

择什么和为什么做这种选择的理由。萨维尼说道，“在意思本身和具有这个意思的人心中先于意思存在的东西之间”必须作出“清楚的区分”。一旦作出了这种区分，接下来的情况似乎就是，不管可能是什么样的错误导致了当事人希望做这种选择，他的确希望作出他实际作出的选择。[137] “意思本身是一个独立的事实”，萨维尼认为，“并且，它单独就对法律关系的成立具有重要性。”人们不能把“这个事实”与在先的过程“联系起来”，好像这个过程是它的“本质”的组成部分似的。[138] 普赫塔总结了这一论证：

> 一项行为以指向标的物的意思为前提。作为一项规则，意思的存在在法律上仅仅是通过行为表现出
> 191 来的东西。从法律的角度看，它成立的过程以及它因此而具有的动机是无关的。[139]

于是，萨维尼就面临这样一个问题：为什么在一方当事人存在错误时，法律有时要给予救济。他回答说，在这些情况下给予救济的原因不是错误本身，毋宁是当事人的内心意思和外在意思表示不一致。前面提到，德国法学家独特地把合同界定为一种法律行为（*Rechtsgeschäft*）。一个当事人通过作出意思表示而实施法律行为，或者表示其意思并据此产生某种法律后果。因此，一项有效的法律行为要求同时具备两个条件：当事人希望发生某种法律后果；并且，当事人把他的这个意思表示

---

〔137〕 Ibid.

〔138〕 Ibid.

〔139〕 Puchta, *supra* n. 4, p. 77.

出来。如果当事人希望发生某个法律后果但表示出来的意思却是另一个,他的法律行为是无效的。当事人的这种意思表示可能存在错误,但对他给予救济的原因不在于错误本身,而在于他的意思与表示不一致。[140] 一个合同是两个或多个当事人的意思表示做成的法律行为。因此,如果任何一方当事人的意思和表示不一致,或者一方当事人的意思和表示跟另一方的意思和表示不一致,则合同可能无效。[141]

萨维尼的解决办法在被法学家普赫塔、温彻沙依德等人详细阐述后,受到广泛认可。[142] 它的一个说法最后成为《德国民法典》第118条(应为第119条——译者注),它规定在一方当事人就意思表示的内容有错误时,法律行为可被宣告无效。

一些德国法学家提出了另外的解决办法。他们中的一些人依据错误对当事人的重要性确定是否给予救济。例如,根据雷格斯伯格的看法,如果当事人就"本质事项"未予同意,则合同可被宣告无效。如果某个事项与当事人的"利益"如此"牢牢连在一起",以致要不是由于存在错误,当事人本来就不会订立合同,则这个事项就是"本质性的"。[143] 就合同为什么即使是在那种情况下也常常是有约束力的问题,他的解释不比罗让更好。[144]

但是,独特的是,即使是不同意萨维尼的德国法学家也坚 192

[140] Savigny, *supra* n. 3, iii, § 135, pp. 263—4.

[141] Ibid. 265.

[142] Puchta, *supra* n. 4, p. 77; Windscheid, *supra* n. 4, i, § 76.

[143] F. Regelsberger, *Pandekten* (Leipzig, 1893), i, § 142.

[144] 在讨论特征方面的错误时,他认为,错误是否与当事人动机(*Beweggrund*)或者他的意志(*Wollen*)有关,不是决定性的。(Ibid. i, § 142.)他立刻修正了他的说法,称当事人"主观想法"不重要。(Ibid.)他后来认为,动机错误通常不导致合同无效。理由不在"内在根据(inner grunds)"上(也即在本质上)去找,而应到交易安全(security of commerce)的需要之中去找。(Ibid. § 143.)

持认为,不仅仅因为错误导致当事人订立了合同就能够确保获得救济。[145] 对错误的救济不得不以某种别的方式来解释。如赫尔德尔(Hölder)就试图追问,合同当事人一方的意思是否与另一方的意思一致。如果一方当事人说"我愿意购买",实际想表达的却是"我愿意出卖",合同可以被宣告无效。这是因为当事人的意思未予合致,而非因为错误,也不是像萨维尼所认为的那样是因为当事人的意思和他自己的表示不一致。赫尔德尔认为,语词仅仅是思想的标识,而思想才是重要的。[146]

策特尔曼(Zitelmann)的解决办法是,询问当事人希望引发的法律后果是否正是现在被认为在法律上将发生的后果。如果他意图发生的是别的后果,他的法律行为是可被宣告无效的,因为根据法律行为的定义,法律产生某个法律后果是因为

---

[145] 里科(Ryck)是个例外,他的解决办法与经院哲学家们的方法相似,但基本上被忽略了。里科三次引述亚里士多德的著作,计划从亚里士多德如下命题出发,即人和别的动物不同,具有思考(to think)、选择(to will)及其他显著潜能,具有"从事思考的意愿"(thinking will)。当一个人订立合同时,他是将其作为一个目的去实现,并通过交易实现某个主要结果(*bezwecken rechtgeschäftlichen Erfolg or bezweckten Haupterfolg*)。交易的某些特征结合起来并作为一个整体,使这个结果得以实现。缺乏这些特征,所实现的结果的"类别"(character)就被改变了,以至于这个结果不再是当事人想要实现的结果。这种特征是"根本性的"(*Essentialen*),关于它们的错误将导致合同无效。[Ryck,"Der Irrthum bei Rechtgeschäften",in *Festgabe für George Beseler* (Berlin,1885),117 at 131—42.]

[146] Hölder,"Die Lehre vom error",Kritische Vierteljahresschrift für Gesetzgebung und Rechtswissenschäft,14(1872),561 at 568,574,580. 赫尔德尔用"意见不一致"(Dissens)这个术语去描述这种情况,其中,由于当事人意思不一致而导致合同无效。他也提到合同必定无效的另一种情况:由于当事人的"意思"(Wollen)和他的"行为"(action)(*Thun*)不一致,甚至于不能说存在一个"行为"(act)(*Handlung*)(p. 580)。在这种情况下,问题不是"我想说的是什么",而是"我想说的是否完全不是我所说的那个意思"(p. 564)。在这两种情形下,合同必定无效,恰当地说,其理由不在于错误本身,而在于如下事实,即当事人并没有想要对合同或行为来说是必要的那些东西的意思(p. 574)。应当加以区分的是这种情况,不必然使合同无效的实质错误有时候会导致合同无效(pp. 578,581)。

当事人希望它这样发生。[147]

布林茨提出了更为怪异的主张,他认为,一个想要此物却指示了彼物的当事人仅仅是不知道他在做什么。他的合同无效是因为他缺乏行为意思,而非萨维尼所认为的那样是由于他的意思与表示不一致。尽管一个合同总是由于不知情而可被宣告无效,布林茨认为,原则上它不因错误而被宣告无效,原因在于,错误期望某事仍然是就这事的期望。[148] 布林茨的批评 193
者说,他们发现在不知情与错误之间所做的区分是使人困惑的。一个就其所想做了不正确指示的当事人,似乎并不比根据任何别的错误印象而行为的人更少错误认识。[149]

萨维尼的解决办法似乎比大多数德国法学家更好,因为他给予这个问题一个整体的观念,其他法学家却只是考虑了这个问题的某一具体方面。他关于意思应与表示一致的要求同时包含了策特尔曼关于当事人实际希望发生某个法律后果的考虑,以及布林茨关于当事人曾希望作出他实际作出的表示的主张。合同中每一方当事人的意思与表示都必须与对方当事人的意思与表示合致的附带要求则包含了赫尔德尔关于当事人

---

[147] E. Zitelmann, *Irrtum und Rechtsgeshchaft* (Leipzig, 1879), 341—2. (怀疑 *Rechtsgeshchaft* 为 *Rechtsgeshchäft* 之误,即"法律行为"——译者注)

[148] Brinz and Lotmar, *supra* n. 30, iv, § 525. 布林茨认为,拉丁词 *error* (错误)比德文词 Irrthum(错误)更具一般性。Irrthum 是指内心意思(Vorstellung)的错误,而 error 也指某人对所做之事"暂时性的不知"(momentare Besinnungs oder Bewusstlosigkeit)。排除行为的意思方面,error 就不是 Irrthum。Irrthum 不是因为错误地要了什么,而是因为根本不想要(Ibid.)。

[149] 策特尔曼指出,一个人即使在不知(*Bewusstlosigkeit*)的情况下也存在某种内心意思(*Vorstellung*)。相比于别的内心意思的错误或欠缺,"看不出一个人对自己目前行为内容的内心意思的错误或欠缺为何就不是一个错误(*Irrthum*)。"(Zitelmann, *supra* n. 147, p. 369.)曼德里(Mandry)也类似认为,即使在不知情形下,也不可能不存在某种行为意思。[Mandry, review of A. Brinz, Lehrebuch der Pandekten (Erlangen, 1871), in *Kritische Vierteljahresschrift für Gesetzgebung und Rechtwissenschaft*, 14(1872), 374 at 380.]

意思一致的要求。因此,萨维尼似乎以几个极为简单的概念涵括了更多的基础问题。

无论如何,萨维尼的解决办法和赫尔德尔、策特尔曼、布林茨的解决办法似乎都想回避法国法学家所面对的问题。对救济的解释不用神神秘秘地谈论决定标的物所属种类的特征,也不用询问一个错误对于当事人的重要性如何。

不过,这些解释没有回避当事人所订合同标的物的同一性由什么构成的问题。依萨维尼的解决办法,需要询问当事人内心想要之物与他表示出来的想要之物是否相同。实际上,所有这些解释都提出了这个问题,即是什么使一项标的物就是当事人内心想要之物。

德国法学家的回答是,当事人内心想要的是一个具体的个别之物。在温彻沙依德看来,这个物要么是通过感官衍生的影像,要么通过使那个物与其他物区别开来的特征而存在于当事人的头脑中。在当事人的意思表示指出那一标的物就是心中
194 所想之物时,法律行为是有效的。不管当事人就标的物的特征具有何种错误信念,都是如此。〔150〕

相似地,在策特尔曼看来,期望某个结果的当事人必定想的是某个"具体的""特定化了的"结果。但是,要成为具体而特定的结果,它必须是在一个确定的地点和时间依感觉可以觉察的。〔151〕 因此,如果当事人感知到他面前实际存在的某物并

〔150〕 Windscheid, *supra* n. 4, i, § 76a.

〔151〕 Zitelmann, *supra* n. 147, pp. 436—42. "空间和时间是在一个具体世界中的个别化根据。因此,在一个特定地点和时间,通过感官对一个标的物的感知,具体标的物就被个别确定了(p. 439)。"

想得到它,只要他得到了他所感知之物,他就得到了他想要之物。[152] 如果标的物没有摆在他面前,他必须实施一项根据其特征把它挑选出来的"特定化的选择行为"。自那以后,只要他得到了依那些特征而挑选出来的标的物,他就得到了他想要之物。[153] 在每一种情形下,他相信标的物具有的其他特征是什么无关紧要。

相似地,贝希曼(Bechmann)把标的物挑选出来的同一性标志(*Identitätsmerkmale*)与表示标的物品质的特征(*Beschaffenheitsmerkmale*)加以区分。[154] 黑塞根据标的物的"特征"区分了

---

〔152〕 Ibid. 444—5.

〔153〕 Ibid. 447—9. 策特尔曼在论及种类物买卖时认为,当事人的意图还没有完全确定(*bestimmt*)。当事人的内心意思"仅仅包含种类特征"(p. 510)。通常的做法是,让其他某个人选择具有这些特征的任何标的物而加以具体化,就像合同允许他在多个履行中自由选择一样,通过选择其中一种履行而使标的物具体化(pp. 510—11)。策特尔曼认为,当事人在种类物买卖中可能并没有想到一组具体的特征,而只是想到种类名称。在这种情况下,当事人的意图"包括生活中属于这一种类的所有标的物"(p. 511)。通过诉诸一般习俗而判定某物属于或不属于某一种类遇到的困难,参看下文第197页(原文页码,本书边码——译者注)。令人惊异的是,就同一性的古代形而上学问题洋洋洒洒地谈论一番以后,策特尔曼竟根本否认他在谈论形而上学。他认为乌尔比安通过在他关于错误的古典罗马法文本中使用本质(*ousia*)一词,迷失在"形而上学的迷途"中。乌尔比安把"事物的抽象本质"和它的"同一性"混为一谈(p. 569)。很明显,踏上迷途的是那些谈论本质的人而非谈论同一性的人。

〔154〕 A. Bechmann, *Der Kauf nach gemeinem Recht* (Erlangen, 1884), ii, § 241. 他承认,既然事物的同一个特征可以用做同一性特征(*Identitätsmerkmal*)或特性(*Beschaffenheitmerkmal*),在实践中就很难说清究竟是哪一个。(Ibid.,引用策特尔曼作为支持, p. 447, n. 2)无论如何,只有在标的物欠缺当事人用以指定其想要之物的同一性特征时,合同才是无效的。贝希曼把那种情形说成是物体上(*in corpore*)的错误。对于特性方面的错误,如果该特性对于决定缔约是决定性的,并因而设定了一项保证或条件,则可以给予救济。(Ibid. § 242.)

当事人期望得到的是“特定物还是种类物”。[155] 阿索尔特(Assolter)主张,当事人关于想要之物的观念(*Bild*)是“个别限定物或者种类物”的观念。物之“特征”不是那一观念的组成部分。[156] 布伦斯(Bruns)区分了标的物的“同一性”和它的“特征”。[157] 布林茨[158]和赫尔德尔[159]也作了类似区分。因此,德国法学家和法国法学家一样,也将标的物的同一性和使某物成为某种类之物或合同当事人想要之物的特征加以区分。

195

在这样做时,他们假定人们可以将当事人关于标的物的许多想法分成两类:一类通过把一个物与其他所有物区别开来确立了标的物的同一性;另一类使某标的物属于某种类之物,或

---

〔155〕 Hesse,“Ein Revision der Lehre von Irrthum”,*Ihering's Jahrbücher für die Dogmatik des heutigen römischen und deutschen Privatrechts*,15(1877),62 at 101. 黑塞(Hesse)认为,“一般说来,人们想要的不是特征(*Eigenschaften*)而是某个特定物或种类物,人们把某些特征归之于它,或许因为人们要求它具有这些特征。事物的本质不是由特征(characters)而是由特征(*Merkmale*)确定的”[也即,用这些特征指定某个特定物或种类物](p. 101)。黑塞得出结论说,当内心意思指向某个特定物或种类物,而表示的意思(expression of will)指向的是另一个物时,合同是无效的(pp. 101—3)。他把第一种情形的错误称为物体错误(*error in corpore*)(pp. 101—2)。合同不因特征(*Eigenschaften*)错误而无效(p. 103)。

〔156〕 Assolter,“Der Irrthum beim Kauf”,*Archiv für Bürgerliches Recht*,6(1892),280 at 291—2,298—9. 特征方面的错误不导致合同无效(pp. 298—9)。

〔157〕 Bruns,“PandektenFragmente:Bestandtheile der Rechtsgeschäft”,in C. Bruns,*Kleinere Schriften* (Weimar,1882),ii. 452 at 481,484. 布伦斯认为,一个人的内心意思必须和他自己表示的意思“真正相同”。如果不是这样,合同因“同一性”的错误而无效(pp. 477,481)。合同原则上不因特征错误而无效,因为这种错误不影响“意思的存在”(p. 484)。实质错误是那个一般规则的一个例外。

〔158〕 布林茨认为,在物体错误情形,当事人只是不知道自己在做什么。这种错误导致合同无效,是因为它排除了行为意思。Brinz and Lotmar,*supra* n. 30,iv, § 525. 原则上,合同不因实质错误而无效,因为,尽管当事人在意思表述方面存在错误,但他还是想要这个物。不过,罗马法有时对此给予救济。(Ibid., § § 525,527.)

〔159〕 赫尔德尔认为,罗马法所说的实质错误涉及的不是合同当事人之间的意思一致,而是当事人一方的意思表述与现实(Wirklichkeit)不一致。尽管罗马法有时给予救济,这种错误原则上不会导致合同无效。(Hölder,*supra* n. 146,pp. 575,578,581.)

者就是当事人想要购买之物。他们也假定只有第一类与当事人是否得到了他想要之物的问题相关。法学家里科(Ryck)指出,认为人类思维以那种方式进行思考,或者当事人在法律上有关的唯一意图是得到如此同一之物的看法是奇怪的。[160] 事实上,法学家们认为这些假定是有道理的,似乎主要是因为他 196
们允许忽略那些决定标的物种类或令合同当事人称心的特征。

但实际上,德国法学家尽管有这种假定,但还是对这些特征给予了关注。如果他们没有这样做,他们的解决办法将显得矫揉造作并与他们试图解释的罗马法文本相冲突。依据这些文本,当铜被当成金出售而非仅仅关系到名称和标记的错误时,当事人可以获得救济。

一些法学家如黑塞、阿索尔特和雷诺(Renaud)这样做了但不承认。他们仅仅举了一些例子,其中当事人把某物等同于他想要之物的特征也就是标的物对他具有特殊价值的特征。[161]

---

〔160〕 Ryck, *supra* n. 145, p. 121. 里科说的是策特尔曼,但他的评论也适用于其他法学家。

〔161〕 黑塞说,如果一个人错误相信桌子是银质的而购买这张桌子,要是他想要的是全银质的(a mere mass of silver)桌子,他可以得到救济,但要是他想要的是他归诸于这张桌子所具有的"独特的"的银,则不能得到救济。(Hesse, *supra* n. 155, p. 102.)(这个案例取自D. 18. 1. 41. 1,它规定尽管就桌子是否是银质的存在错误,合同仍然有效。)阿索特尔说,一个买受人错误相信桶里装的是酒而买了这只桶,如果他想要的是酒,他应当得到救济;如果他想要的是这只特别的桶,则不应当得到救济。(Assolter, *supra* n. 156, pp. 293—4.)雷诺说,如果一个人错误相信一枚戒指是金的而买了它,要是他想要的是"某种金质的东西"而非"某种特别的东西",他应当得到救济。如果一位切利尼(Cellini)雕塑的收藏者错误相信一座塑像是金质的而买受,合同有效存续,因为可以推定他想要的是切利尼的作品。但是,如果一个滑动物被确信是金质的而被只与金打交道的金匠购买,合同是无效的。[Renaud, "Zur Lehre von Einflusse des Trrthums in der Sache auf die Gültigkeit der Kaufverträge mit Rücksicht auf v. Savigny: *Der Error in Substantia*", *Archiv für die Civilistische Praxis*, 28(1846), 247 at 259, 261.]不用说,在这些作者看来,允许救济取决于当事人是否就一个对其特别重要的特征存在错误。

其他法学家也面临上述问题。萨维尼试图这样做,却坚持相对于当事人的特征方面的重要性无关的原则。依萨维尼的看法,当铜被当作金出售时给予救济的原因在于,标的物的某些特征和它的同一性紧紧连在一起。这些是"依据在实际交易中具有支配性的概念"而将某物分类为某种类之物的特征。[162] 如果一个当事人表示愿意就他错误相信具有这种特征的标的物订立合同,合同可被宣告无效,因为他的意思和表示不一致。[163]

这个解决办法被普赫塔所接受,[164] 温彻沙依德在接受时
197 对其做了某些保留。[165] 它成为主流观点,或者如德国人所说,是占支配地位的学说(*Herrschende Lehre*)。它的一个变体最后被纳入《德国民法典》。在规定意思表示在当事人就其"内容"发生错误时可以被宣告无效之后,法典补充规定,对"在通常交易中认为重要的"特征的错误可以"视为"内容错误。[166]

但是,对某些德国法学家来说,这个解决办法似乎与萨维尼自己的原则相冲突。[167] 如果对当事人来说,某个特征的意义无关紧要,依据"交易中具有支配性的概念",其意义也一定无关紧要。在温彻沙依德看来,萨维尼的解决办法在理论上是

---

[162] 要导致合同无效,"根据实际交易中的支配性观念",一项特征"必须使该物被归入另一种类的物……"(Savigny, *supra* n. 113, iii, § 137, p. 283.)

[163] Ibid. iii, § 137, p. 283. See P. Haupt, *Die Entwicklung der Lehre vom Irrthum beim Rechtsgeschäft seit der Rezeption* (Weimar, 1941), 44—6.

[164] Puchta, *supra* n. 4, § 65. 在商业惯例中,特征的意义等同于个别标的物的意义时,标的物特征的错误就是"同一性"错误,或者是"物体错误"。(Ibid.)

[165] Widscheid, *supra* n. 4, i, § 76a.

[166] Bürgerlichesgesetzbuch, § 119.

[167] Bekker, "Zur Lehre von den Willenserklärung: Einfluss von Zwang und Irrthum", book review of A. Schliemann, *Die Lehre vom Zwange* (*Rostock*, 1861), *in Kritische Vierteljahresschrift für Gesetzgebung und Rechtwissenschaft*, 3 (1861), 180 at 188—9; Renaud, *supra* n. 161, pp. 247—54; Heisse, *supra* n. 155, p. 101. 曼德里提出了这个问题但不清楚如何解决它。(Mandry, *supra* n. 149, pp. 381—2.)

讲不通的。由于没有更好的办法(*faute de mieux*),他把这一点作为对罗马法文本的一个解释而加以接受。[168] 实际上,傅比尼提到,萨维尼的解决办法与法国法学家奥布里和劳的方法基本相似,后者曾询问一项特征根据"通常观念"是否构成"种类"上的差异。[169] 它也面临着同样的反驳。在一个没有本质的世界,难以理解为什么通常观念或商业交易应当把物区分为种类,而不是仅仅反映它们之间各种各样的相似性。而且,难以理解这种分类的相关性。它们将建立在标的物的特征对人们的一般重要性基础之上。但依萨维尼的看法,一项特征对当事人本身很重要的事实不被认为有什么意义。

在人们谈论法国法学家和德国法学家对错误问题的解决办法时,在盎格鲁—美利坚也存在几乎和法学家的数量一样多的解决办法。但最后,他们发现自己面临相同问题,并且(对该问题的解决办法)很少成功。

他们中的一些人支持傅比尼曾认为在理论上难以正当化的解决办法。他们声称,要确保获得救济,错误必须是相互的;也就是说,双方当事人都必须陷于错误。一些英美法院在限制 198
救济的实际努力中采用了这项规则,很多普通法学者如约瑟夫·斯托里、[170]利克[171]和伦纳德(Leonard)[172]重述了该规则。

---

〔168〕 温彻沙依德说,罗马法把某些"特征"(attributes)看成"如此接近于界定事物的本质",它们的存在或缺失"使事物成为不同的事物"。在罗马法中,哪些特征具有这样的作用根本不清楚。德国法学家中居支配地位的看法是,"观念和看法必须关涉到对商业惯例而言具有决定性的方面。"(Windscheid, *supra* n. 4, i, § 76a.)

〔169〕 Fubini, *supra* n. 131, pp. 309—10.

〔170〕 J. Story, *Equity Jurisprudence as Administered in England and America* (Boston, 1918), 152.

〔171〕 Leake, *supra* n. 66, pp. 168—70.

〔172〕 Leonard, "An Analysis of the Law of Mistake of Fact as Applied in the Avoidance of Contracts", *Albany Law Journal*, 64(1902), 148 at 152.

但它似乎必然与每个人都同意的原则相冲突:要订立一项合同,双方当事人必须对同一事实达成合意。伦纳德承认这个困难,但声称,尽管原则上没有合同存在,不过,“一个人的权利必须服从多数人的权利,个人应当服从国家”,以此对该规则进行正当化。[173]

那些想要找到建立在原则基础之上的解决办法的人看起来和他们的大陆同行处在相同的方向。他们谈论标的物的同一性,构成种类差异的特征,或者对当事人重要的特征。

梅特卡夫[174]和伦纳德[175]称合同因“同一性”的错误可被宣告无效。与之相似,帕森斯认为,如果当事人没有“在相同意义上就相同事情”达成合意,合同就可以被宣告无效。[176] 他们没有解释他们所说的“同一性”或“相同”是什么意思,他们也不大可能这样做。

波洛克追随萨维尼,允许对一项错误给予救济,只要它根据“通常交易过程”是构成“种类差异”的标的物“特征”方面的错误。[177] 和萨维尼一样,他认为在这种情形下,当事人对意思的表达和他内心真实意思不同,因此合同没有成立。[178] 他没有对自萨维尼发表其观点以来的半个世纪中所受到的任何批评作出回应。

更多的英美法学家允许根据错误对当事人的重要性决定给予救济。约瑟夫·斯托里和威廉·斯托里在认为合同因

[173] Ibid. 152.
[174] Metcalf, *supra* n. 66, p. 30.
[175] Leonard, *supra* n. 172, p. 150.
[176] Parsons, *supra* n. 66, p. 30.
[177] Pollock, *supra* n. 47, p. 436.
[178] Ibid. 392—4.

"本质"或"实质"错误可被宣告无效之后,主张错误必须是"实质性的"(material),这显示出他们对这些术语的最初含义理解何其之少。[179] 后来的法学家如毕肖普(Bishop)[180] 和阿什利(Ashley)[181] 没有提到"本质"或"实质",但认为"实质性的"错误可以导致合同被宣告无效。阿什利所说"实质性的"是指什么意思,模糊不清,因为他举的例子都是关于具体个别之物的同一性方面的错误。[182] 但是,威廉·斯托里[183] 和毕肖普[184] 解 199
释说,如果要不是存在错误当事人本来就不会订立合同,那么错误就是"实质性的"。但是,他们的确不愿对每一个这样的错误都给予救济,他们也没有解释应当如何限制救济。

在20世纪,法学家们找到了更为精细的方法去描述为确保救济,一项错误对当事人必须具有的意义。尽管具有合同客观理论的职业信念,威利斯顿还是发展出这样一种解决办法,最后被纳入第一次和第二次合同法重述之中。在当事人错误"假定存在某个事实……并把它作为交易的基础"时,他可以获得救济。[185] 科宾提出的另一个广为流行的解决办法也被纳入第二次重述:在由一方当事人承担事实可能不如其所料的风险时,他不能获得救济。依科宾的看法,在"一个事实的发生

[179] J. Story, *supra* n. 170, I, 152, 212—13; W. W. Story, *supra* n. 66, pp. 405, 419.

[180] J. Bishop, *Commentaries on the Law of Contracts* (Chicago, 1907), 297—8.

[181] C. Ashley, *The Law of Contracts* (Boston, 1911), 131, 136; Ashley, "Mutual Assent in Contract", *Columbia Law Review*, 3(1903), 71 at 72.

[182] Ashley, *Law of Contracts*, *supra* n. 181, pp. 136—8; Ashley, "Mutual Assent in Contract", *supra* n. 181, p. 76.

[183] W. W. Story, *supra* n. 66, p. 419.

[184] Bishop, *supra* n. 180, pp. 297—8.

[185] 如合同法第二次重述规定,要使合同无效,错误必须与"合同据以订立的基本假定"有关。[Restatement (Second) of Contracts, § 152(1)(1981).]

在(当事人)同意合同条款时被有意加以考虑”,或者“明知存在不确定性,而有意不考虑将来的情况”时,(当事人)就承担了风险。[186] 这两个解决办法如“一枚硬币的两面”。第一个询问当事人假定为真实的东西是什么,第二个则询问当事人怀疑的是什么。但是,不论威利斯顿、科宾还是重述的起草人的意思,可能都不是真正认为,合同的有效性应当视一个特定当事人看作确定或不确定的事实而定。如果是那样,合同的有效性将视当事人是否是那种认为自己的马总是会赢的自以为是者,或者是那种有意考虑每一个可能灾祸的神经过敏或富有想象力的人而定。因此,这些解决办法意欲何指并不清楚。它们似乎仅仅是指就某种对当事人有重大意义的错误将给予救济,但无法说出是哪些错误。

如果法国、德国和英美法学家无法找到一个逻辑一贯的解决办法,问题不在于他们没有尝试(这样去做)。他们遇到了的新的、难以对付的问题。本质概念曾使早期的法学家们可以谈论决定标的物同一性的单一一组特征,以及它所服务的目
200 的。很多19世纪的法学家认识到标的物的同一性、种类以及用途方面的错误的确具有意义。但是,不使用本质概念,他们就不得不孤立地讨论这三者当中的每一个,但那不会有什么效果。

极为糟糕的是,意思理论无法解释当事人何时希望缔结合同。在19世纪后期,合同“客观理论”的支持者如美国的奥利弗·温德尔·霍姆斯以及德国的施罗斯曼(Siegmund Schloss-

[186] A. Cobin, *Contracts* (St. Paul, Minn., 1963), iii, § 598. 根据第二次重述的规定,在“当事人知道……他只有有限信息……但把有限信息当作充足信息”时,他应当负担风险。[Restatement (Second) of Contracts, § 152 (1981).]

mann)主张,意思概念没用。合同是法律对当事人所言所为赋予的一系列后果,不管他们可能的期望如何。

为了解释对错误的救济,霍姆斯诉诸当事人所言所为,施罗斯曼则诉诸于法律可能施予的后果。在霍姆斯看来,仅当由于错误,当事人之间存在外部冲突时,错误才能阻止合同成立。例如,如果某个当事人同意购买"这几桶鲭鱼"(these barrels of mackerel),且桶里含有盐,这些言辞是自相矛盾的,且合同无效,因为没有标的物既是"这几桶"(these barrels)又是"鲭鱼"(of mackerel)。忽视当事人的想法并允许每一件事视当事人碰巧说了些什么而定,因此产生的困难即使对霍姆斯来说也是很明显的。一个仅仅说他想购买"这几桶"的寡言少语的当事人会受约束。一个详细描述了他想要购买之物的夸夸其谈的当事人也可以不受约束,哪怕在货物和他的描述之间仅仅存在最不重要的差异。霍姆斯以一个他多次使用过的著名表达方式回答:"法律上的区分是建立在经验,而非逻辑基础之上的。"换句话说,霍姆斯的区分不是建立在逻辑基础之上。我们看到,威利斯顿尽管忠实于客观理论并且对霍姆斯崇敬有加,仍然试图寻求别的解决办法。

施罗斯曼认为,救济与否应取决于"允许就标的物特征存在错误的当事人不承担他所实施交易的法律后果是否公平和公正"。[187] 最终给予救济仅仅是因为"存在错误的当事人是人",帮助他"相对于另一方当事人——在合同中,具体是指合同对方当事人——更为重要或至少同等重要的利益尽可能不

〔187〕 S. Schlossmann, *Irrtum* (Jena, 1903), 46.

受损失”,“因而是合乎公平的”。[188] 麻烦是在合同中,对方当事人的利益是否重要的问题通常视前一方当事人是否承诺——以及如果是,又承诺了什么——而定。那正是在关于错
201 误的案件中提出的问题。施罗斯曼没有解释如何回答这个问题,他的不作为暗示了“客观理论”的基本问题所在。如果不能解释法律为什么那样做,称合同是法律赋予当事人行为的一系列后果毫无助益。常见的是,法律这样去做仅仅是因为当事人(对这些后果)表示了同意。

合同中的同意

对后期经院哲学家和自然法学家来说,合同基于当事人的意思而订立。但是,当事人所负义务取决于他们选择订立的交易类型。每一种类型可以通过界定交易所服务的目的来加以定义,并且它属于一个更大的类型:要么是一个有关交换正义的行为,要么是一个慷慨行为。当事人的义务来自于定义。例如,有关交换正义的行为要求用于交换的履行在价值上相等。

19 世纪的法学家再次省掉了德性、交换正义、本质以及目的概念。当他们这次这样做时,几乎所有早期的学说都未获保留。不再可能讨论等价交换或合同的通常条款了。19 世纪的法学家代之以讨论意思问题。当事人期望他们的义务是什么就是什么。

等价交换

我们看到,在 18 世纪晚期,等价交换学说受到了克里斯

---

[188] Ibid. 47.

汀·托马休斯的抨击。他认为,相信等价交换的人把价值看作是事物的内在特征。事实上,价值只不过取决于“当事人的判断”,具有意义的是合同当事人自己的而非其他人的判断。[189]托马休斯因此提出两个含义相同的论点:价值是相对的,坚持以公平价格进行交易就是干涉合同当事人的判断。

在 18 世纪晚期和 19 世纪,这些论断是在试图取消法国和德国的理论时作出的。在 1794 年《普鲁士普通邦法》(Allgemeines Landrecht)起草时,苏亚雷斯(Suarez)对起草委员会解释说,托马休斯否定了不公平价格救济赖以建立的“整个理论”。[190] 新法典规定损害“本身”不能使合同无效,[191]尽管当某个买方支付的价格是正常价格的两倍就可以“推定”存在错误。[192] 巴伐利亚于 1861 年、[193]萨克森于 1863 年[194]取消了对不公平价格的救济,商业事务中对不公平价格的救济于 1861 年依据《普鲁士普通商法典》(Allgemeines Handelsgesetzbuch)[195]被取消。恩德曼(Endemann)在其对商法的评论中为后一办法 202

[189] C. Thomasius,“De aequitate cerebrina legis II:Cod. De rescind. Vendit. Et eius usu practico cap. II §14,15,19,25”,printed as Dissertatio LXXIII,in C. Thomasius,*Dissertationum Academicorum varii inprimis iuridici argumenti* (HalleonSaale,1777),iii. 43. See Ch. 4 above,p. 95.

[190] *Allgemeines Landrecht für die Preussischen Staaten*,7th edn. ,ed. C. Koch(Berlin, 1978),i, §58 n. 8.

[191] *Allgemeines Landrecht für die Preussischen Staaten von* 1794,ed. H. Hattenhauer (FrankfurtonMain,1970),i. 77, §58.

[192] Ibid. ,*supra* n. 191,i. 77, §59.

[193] Landtasabschiedes of 10 Nov. 1861, §282. 4(1861—2) Gesetzblatt:quoted in M. Danzer,*Das Bayerische Landrecht*(*Codex Maximilianeus Bavaricus Civilis*)*vom Jahr* 1756 *in seiner heutigen Geltung* (Munich,1894),229—230. 直到那时,对 *laesio enormis* 的救济还保留在《马克西米连巴伐利亚民法典》(Maximilianeus Bavaricus Civilis)之中 IV. iii, §§19—22(颁布于 1756 年)。

[194] Bürgerliches Gesetzbuch für des Königreich Sachsen, §864.

[195] Allgemeines deutsches Handelsgesetzbuch, §286.

辩护时,采取了与托马休斯几乎相同的方式。价值是相对的,“完全不清楚的是,(与货物)一致的价值应指什么:货物的价值在这儿是一个数,在那儿是另一个数,对卖方是一个数,对买方是另一个数……”。[196] 而且,“确定价格”应“留待当事人自由协商”。[197]

在法国,伯利尔(Berlier)为了解释他和其他民法典的起草人为什么建议取消对不公平价格的救济时也作出了这两个相同的论断。一方面,“物品一般没有所谓的真正价格、公平价格;它们对一个人价值更低一些,而对另一个人价值却更高一些……但价格只能由协议本身了解到”。[198] 另一方面,给予救济将干涉当事人的决定。“一个成人的义务就是谨慎订立合同”,因此,“法律没有义务就其自身的行为给予保护”。[199] 取消救济的这个建议仅仅获得部分成功。作为一般规则,《法国民法典》第 1118 条规定损害(lésion)将不会导致合同无效。[200]
203 但波拿巴(Bonaparte)坚持认为土地买卖应属例外情形,第

---

[196] W. Endemann, *Handbuch* (Leipzig, 1882), ii, § 261. 111, pp. 555—6.

[197] Ibid. 555.

[198] J. Locré, *La Legislation civile, commerciale et criminelle de la France* (Paris, 1826—1831) xii. 65.

[199] Ibid. xii. 188.

[200] 第 1118 条规定损害(lésion)“导致某些合同而非所有合同无效,这些情形仅与某些人相关,如在其他地方所解释的那样”。除这个例外,第 1674 条对土地出卖人还规定了例外、第 1304 条对受约束的未成年人规定了例外,第 887 条为分割财产(*partage*)的共同继承人规定了例外。有些学者想把第 1855 条解释为一项例外,该条规定把所有的利益给予一方当事人的合伙合同(société)无效。其他学者认为,这种合同无效实际上是因为欠缺原因[B. Starck, *Droit civil*: *Obligations* (Paris, 1972), § 1592 n. 183.]在 1968 年,对置于“正义保护”之下的能力减低(reduced capacity)者创设了另一项例外(第 491、492 条,1968 年 1 月 3 日第 68—5 号法令修订)。还制定了特别法对肥料、种子、饲料、海难或航空事故的受害者,以及艺术和文学财产的出卖者提供救济; see Gordley, “Equality in Exchange”, *California Law Review*, 69(1981), 1625—6.

1674条对以低于土地价值5/12的价格出售土地的情况,正确地规定给予救济。

毫无价值的是,波拿巴提出的理由与早先的等价交换理论根本没有任何关系。他注意到,当事人处分土地的方式“并非对社会毫不重要”,一个人不应被允许“以一时的蠢行将父辈们留下的遗产和子女们的祖传家产牺牲于他激情的暴虐之下”。[201] 波拿巴似乎没有考虑过这种等价问题,而是关注挥霍家庭财产的行为。

于是,在法国,救济仅仅在以不公平价格出售土地的情况下得以保留。在德国,对价格重大失衡(*laesio enormis*)所给予的古老罗马法救济,除了被成文法取消者外都得以保留。但是,无论这样一种救济是被取消了还是被保留下来,古老的等价交换原理仍然被逐出有关合同法的论文之外。

在法国,一些法学家就究竟是否应当对损害给予救济提出异议。如伯利尔、德莫隆伯认为,价值是“主观的”、“变动的和相对的”。[202] 类似地,罗让认为物品的价值不是“绝对的”:“从商业角度看”价值若干的物品可能由于当事人的“需要、品味和酷爱”而对他们具有完全不同的价值。[203] 对这一救济更多赞同的法学家为其辩护时并不诉诸等价交换原理。因此,迪朗东(Duranton)、桑特勒和马卡德(Marcadé)解释说,尽管价格不充分本身不是给予救济的理由,但它是存在“同意瑕疵”——

---

[201] Locré, *supra* n. 198, xiv. 89, 90—1. 比戈·普雷亚梅纽在起草委员会上就提出了“公平”合同要求有公平价格的观点。(Ibid. xii. 195.)

[202] Demolombe, *supra* n. 2, xxiv, § 194.

[203] Laurent, *supra* n. 2, xv, § 485.

欺诈、胁迫或某种道德强制——的证据。[204] 还有另一种方法
204 是格拉森(Glasson)的方法。像伯利尔一样,他认为,对损害的救济违反了"合同自由原则",据此,"一个人必须承受其行为所产生的责任后果"。救济作为通常合同法规则的例外,基于"人道"的理由而被加以正当化。[205]

德国法学家也把他们对重大价格失衡看作是合同法通常规则的例外。为其辩护的那些人如格拉森一般解释说,它是建立在"公平"(equity)基础上的例外。合同法的基本原则不是包含在规定对低于公平价格一半的价格出售土地的那些人给予救济的罗马法文本中,[206] 而是存在于另一个罗马法文本中。它规定,在买卖中,"自然应当允许一方以较低价格购买而另一方以较高价格出售,因此允许每一方以智取胜"。[207] 他们说,这个文本一定表述了一般原则,因为合同依当事人的意愿而订立,因此对不公平价格给予救济就违背合同的本质。根据温彻沙依德的看法,这一文本所表述的原则植根于"买卖合同的本质之中";[208] 依凡格罗夫的看法,(它是)"存在于事物的自然属性中"的一项原则。[209] 霍尔茨苏尔(*Holzschuher*)解释说,它必定表述的是一般原则,因为对价格差异的救济干涉了

---

[204] Duranton, *supra* n. 2, x, § § 200—1; Demante and Colmet de Santerre, *supra* n. 2, v, § 28 bis (by Colmet de Santerre); V. Marcadé, *Explication théoretique et pratique du Code Napoleon* (Paris, 1859), 357—8. 桑特勒认为,损害(lésion)的受害人"在急迫窘境的控制下"行为,并因此"受一种道德强制"。(pp. 357—8.)他似乎把道德强制与胁迫相等同,在他看来,胁迫导致合同无效。但是,他可能和格拉森的观点相同。

[205] E. Glasson, Eléments du droit français (Paris, 1884), 550, 553. 格拉森否认救济可以"仅仅依法律论证"加以正当化(p. 559)。

[206] C. 4. 44. 2.

[207] D. 19. 1. 22. 3. See also D. 4. 4. 16. 4.

[208] Windscheid, *supra* n. 4, ii, § 396 n. 2.

[209] Vangerow, *supra* n. 34, iii, § 611 n. 1.

“合同的约束效力”。[210] 不过，对这些合同原则偶尔存在的例外或许有公平方面的理由。如温彻沙依德所说，“对于合同当事人一方对他方利用优势的行为不存在限制吗？”[211] 一些法学家诉诸于规定对土地卖方给予救济的罗马法文本的用语：他们应当获得救济，因为“那是合乎公平的”（*humanum est*）。[212]

对这些法学家来说，公正（equity）似乎具有一个含糊的公平（fairness）观念，它为对一个明确肯定原则的偏离提供了正当化根据。他们没有解释何谓公平，更少诉诸于任何确定的等价交换概念。与他们相关的问题是，公平考虑导致了多大程度 205
的例外。一些人希望限制对土地出卖人的救济，因为它是一项例外；[213] 另一些人希望把救济扩大到对土地买受人和其他合同当事人，因为这种救济也同样是公平的。[214] 但是，每个人都同意，他们是在处理偏离合同法通常原则的一种例外情形。在德国如同在法国那样，等价交换不再属于这些通常原则了。

19世纪英国和美国的著述家们得出了类似结论，尽管他们把它们看作对传统英国法规则的解释。依据一个传统规则，普通法不调查对价的充分性。我们看到，这个规则并不是发展出来以避免对苛刻交易的司法审查的。不过，根据19世纪法

---

[210] R. von Holzschuher, *Theorie und Casuistik des Gemeinen Civilrechts* (Leipzig, 1864), iii. 729—30.

[211] Windscheid, *supra* n. 4, ii, § 396 n. 2.

[212] Vangerow, *supra* n. 34, iii, § 611 n. 1 at 328—9（描述了其他学者的观点）；C. von Wächter, *Pandekten* (Leipzig, 1881), ii, § 207 at 472—3.

[213] Holzschuher, *supra* n. 210, iii. 729—30; Vangerow, *supra* n. 34, iii, § 611; Wächter, *supra* n. 212, ii, § 207. 有的学者认为，例外应限于出卖人，因为它意味着保护那些穷困者（those in need），相比于支付高价的买受人，接受低价的出卖人更可能陷于穷困；e. g. Puchta, *supra* n. 4, § 364; Keller, *supra* n. 30, 333.

[214] e. g. J. Seuffert, Praktische Pandekten recht (Wurzburg, 1852), ii, § 272.

学家的看法,这个规则意味着不会对价格差异给予救济。他们也因此使用这两个相同的论证来为该规则进行辩护。

首先,给予救济将产生关于价值无法估量的问题。依约瑟夫·斯托里的看法,这个规则是好的,因为物品的价值"本质上必定是波动的,并取决于成千上万的不同情形。处分其财产的某个人可能以比另一个人售价更低的价格出卖财产"。[215]相似的,奇蒂[216]和梅特卡夫[217]认为,"没有办法"判定对价是否"充分"。威廉·斯托里[218]认为,这样的询问将涉及对"当事人动机的心理检测",埃迪森(Addison)[219]也持有同样的观点。波洛克以援引霍布斯对亚里士多德正义概念所做批评的部分内容表达了这一主题:"合同交易的所有物品价值都是依据合同当事人的喜好加以判定的,因此公平价格就是他们同意
206 给出的价格。"[220]

第二个论点是,给予救济就是干涉当事人的自我决定。约瑟夫·斯托里解释说:

> 不是处于无能力的特殊状态下的每个人,有权以他所选择的方式和条件处分其财产;他实施的交易是否明智和谨慎,是赚钱还是不赚钱或者是别的什么,不是衡平法院所考虑的内容,而是当事人自己要花费

[215] J. Story, *supra* n. 170, i. 339.
[216] Chitty, *supra* n. 2, p. 7.
[217] Metcalf, *supra* n. 66, p. 163.
[218] W. W. Story, *supra* n. 66, p. 435.
[219] C. Addison, *A Treatise on the Law of Contracts* (London, 1911), 12.
[220] Pollock, *supra* n. 47, p. 172.

心思的问题。[221]

奇蒂、埃迪森、梅特卡夫和威廉·斯托里结合关于价值的论证也提出了类似论点。[222] 利克、泰勒、毕肖普、史密斯、纽兰特和汉蒙也以这种或那种方式表达了同样的看法。[223]

就无须调查对价的充分性规则的解释似乎与英国和美国所继承的另一个规则存在冲突。这个规则就是,衡平法院不支持对显失公平交易的特定履行请求。如果不存在公平价格之类的事情,且价格的判断是当事人自己的事情,那么就难以理解为何衡平法院拒绝强制执行所有的交易。面对这个问题的著述家们通常解释说,价格差异本身不是给予救济的根据,但它是实施了欺诈的证据。[224] 尽管欺诈理论从来没有涵括这一领域,[225]但它早就出现在自 1790 年鲍威尔以来的论文中。[226]

---

[221] J. Story, *supra* n. 170, i. 337.

[222] J. Chitty, *Law of Contracts Not Under Seal* (London, 1826), 7; Addison, *supra* n. 219, p. 12; Metcalf, *supra* n. 66, p. 163; W. W. Story, *supra* n. 66, p. 435.

[223] Leake, *supra* n. 66, pp. 311—312; W. Taylor, *The Laws of England and Scotland Relating to Contracts* (London, 1849), 17; Bishop, *supra* n. 180, p. 18; J. Smith, *The Law of Contracts* (Philadephia, 1847), *96; J. Newland, *Contracts Within the Jurisdiction of Courts of Equity* (1821), 357; Hammon, *supra* n. 18, p. 692.

[224] 偶尔,价格差异不是被看成存在欺诈的证据,而是被看作缺乏自由和理性的证据,这种缺乏阻碍了真正的同意。因此,在一位匿名学者看来,如果"原告不仅是不自由的,而且在当时处于急切的精神困境——某种过分强烈的恐惧——控制思维的某种迷信思想之中",可以给予救济。["Unconscionable Bargains", *The Law Times*, 49 (1870), 223 at 223.]

[225] See e. g. Parsons, *supra* n. 3, i. * 362—3; J. Omeroy, *Specific Performance of Contracts* (New York, 1897), 274—5.

[226] J. Powell, *Law of Contracts and Agreements* (London, 1790), ii. 157—8; Bishop, *supra* n. 180, pp. 18—19; Hammon, *supra* n. 18, pp. 694—5; Metcalf, *supra* n. 66, p. 163; Newland, *supra* n. 223, pp. 358—9; J. Story, *supra* n. 170, i. 341; W. W. Story, *supra* n. 66, pp. 437—8.

实际上,约瑟夫·斯托里、威廉·斯托里以及梅特卡夫[227]认为,既然价值问题是无法估量的,则欺诈理论就必定是正确的。

207 依某些历史学家的看法,等价原则被19世纪的法学家所否定,是因为当时发生了巨大的经济变革。大规模市场的发展削弱了标的物具有稳定价值的信念。而且,等价原则阻挠了那些法学家给予同情的成长中的工商业精英们的行为。[228]

由于在当市场很小或者组织得很糟糕的情况下,价格波动最为剧烈,因此难以理解为何大规模市场的发展反而被认为使价格更不稳定。即使事实果真如此,仍然更加难以理解的是,这种不稳定性如何可能危及后期经院哲学家和自然法学家们所相信的等价原则。我们看到,他们的理论不是基于标的物价值是稳定的信念;(相反),他们解释说货物的价值这一天与那一天、此地与彼地是不同的。

如后期经院哲学家和自然法学家所理解的那样,等价原则也没有给19世纪企业家们的行为造成障碍。在缺乏政府管制的情况下,公平价格就是市场价格。我们看到,等价原则仅仅对那些由于(对某些情况)不知或窘迫而以高于或低于市场价的价格购买或出售物品的人给予保护。19世纪的钢铁、铁路和纺织大亨们并没有发觉这个原则明显束缚了他们的手脚。另外,我们也已经看到,美国法院尽管拒绝接受理论上的原则,但仍然对实践中的单边交易给予救济。尽管法国法院由于否定的规定而被禁止这样做,德国法院还是对重大价格失衡给予

---

〔227〕 J. Story, *supra* n. 170, i. 339; W. W. Story, *supra* n. 66, pp. 437—8; Metcalf, *supra* n. 66, p. 163.

〔228〕 M. Horwitz, *The Transformation of merican Law* 1780—1860 (Cambridge, Mass., 1977), 160—210.

救济,尽管这种救济现在被认为是合同法通常规则的公平性的一个例外。

法学家为什么拒绝等价交换理论的一个最好证据,是法学家们自身的陈述。这个理论对他们来说涉及神秘的价值观念,并且无视当事人的意愿。

这些论断不仅显示了 19 世纪的法学家们为何拒绝接受这个理论的原因,而且显示了早期等价交换概念被忘却的程度。后期经院哲学家和自然法学家并没有把价值看作物品内在的或稳定的特征。他们认为价值决定于需要、稀缺性和成本,因而公平价格是波动的。他们并不认为他们是在把其他人关于公平的判断或观念强加于合同当事人。在他们的理论中,要求 208
等价交换不是无视而是尊重当事人的意愿。如果一方当事人希望以自己的花费使另一方财产增加,他将选择赠与而非交换。

如果 19 世纪的法学家们熟知早先的等价交换概念,他们无疑会构造论点来反对它,如果他们希望那样做的话。可以肯定的是,他们并不熟知这个概念。又一次,早期法学家们所利用的亚里士多德思想资源之一消失了。

这一变化的意义不在于它的实践后果,而在于它的理论后果。否定了旧有方法却没有找到新方法。而且,产生了一个对找到新方法的任何尝试构成阻碍的问题。当事人的意愿与对合同公平性的关注被分割开来——实际上是对立起来了。通过他们并没有借鉴的东西,19 世纪的法学家因此改变了他们的确借鉴了的东西:意思概念本身。意思现在被看作对合同相同语词(*ipssima verba*)的同意,而不是对有着自身本来要件的交易类型的同意,也不是对一个具体德性的自愿践行。

合同默示条款

在亚里士多德和阿奎那传统中,合同当事人的义务来自他所订立的合同类型。每一个合同都有一个本质或属性和目的或者目的因,合同的本质根据后者来界定。可以从合同的定义发展出对合同所产生的义务的描述。它们是达到合同目的的手段,或者本身就包含在定义之中。因此,合同法一般原理和具体合同类型所产生的义务之间的缺口得以弥合。

在 19 世纪,亚里士多德关于本质和目的的概念不再能够弥合这一缺口。一些人仍然谈论合同的"通常条款",但对他们来说,这一用语仅仅是指法律在当事人没有明确约定的条款情况下将其规定为合同的内容。[229] 法律为何这样做成为一个没有解决的问题。

直到 19 世纪末,许多法学家都忽略了这个问题。他们根
209 据当事人的意愿来定义合同,而没有解释当事人如何可能希望落实法律赋予其合同的所有义务。有时,他们把当事人的意愿看作是当事人所有义务的来源。[230] 他们偶尔谈起来,就像当事人实际上希望承担这些义务,或者如果他们稍稍考虑这个事实以后本来就会希望如此一样。例如,在罗让看来,《法国民法典》在规定买卖、租赁及其他合同规则时,仅仅是预先规定了当事人想要的合同条款。否定这样的目的是"使当事人不必把它们写入他们的文书之中……"[231] 顺便说一下,他的观点不是那些起草者们的观点,后者追随多马,相信合同条款是自

---

〔229〕 Aubry and Rau, *supra* n. 11, iv, § 43; Larombière, *supra* n. 2, i. 36—7; Puchta, *supra* n. 4, § 58.

〔230〕 e. g. Puchta, *supra* n. 4, § 58.

〔231〕 Laurent, *supra* n. 2, xvi, § 182.

然地并作为公平的事实而属于某种类型的合同。[232]

到19世纪末，意思理论受到合同“客观”理论支持者的挑战。客观主义者主张当事人并没有期望他们的交易发生这些后果，或者至少法律并不是因为当事人期望它们发生而规定这些后果。他们论证中的一个步骤是主张当事人不可能指望他们的交易发生所有这些法律后果。威利斯顿认为：“首先要假定每个人都了解法律，其次每个人在订立合同时引用它并将其作为协议条款加以采纳，这是在一个虚构之上叠加另一个虚构……”[233]相似地，德国客观主义者施罗斯曼认为，“事实上，产生了很多法律后果，当事人在作意思表示时并没有预见到，并且也不可能把它们作为可能的后果而有所预见……”[234]此
外，一个兜圈子的主张认为，当事人期望他们的交易应被赋予 210
法律规定的任何效果，尽管他们没有预见到那些效果可能是什么：“问：法律希望什么？答：当事人所想。问：当事人希望什么？答：法律所愿。”[235]

---

[232] 《法国民法典》(参考了多马)规定，当事人受制定法、公平和习惯归之于协议的后果约束。[民法典第1135条；J. Domat, Les Loix civiles (Paris, 1713), 1. I, pp. iii, 1.] 起草者从来没有暗示他们和多马有何不同。实际上，普雷亚梅纽认为，法典的条文建立在“区分合同的本质和效果的合同固有”特征之上[Fenet, *supra* n. 97, xiii. 239]。他头脑里明显具有自然法学家关于不同类型合同具有不同条款的看法。草案的一位评论家柆库耶(Lacuée)，反对法典通过“向债务人强加他不可能预见到的义务”，“把约定扩大到超出合同债务人同意的限度”。起草委员会成员特龙谢(Tronchet)回答说，“比如买卖合同，认可属于合同自然结果的债务，因为他们源自合同的本质，并且，即使当事人对它们根本没有明确加以表达，也具有法律效果。这种债务——和别债务的一道——构成保证。(Fenet, *supra* n. 97, xiii. 54—5.)又一次，这里不存在和过去的断裂。

[233] Williston, *supra* n. 122, ii, § 615. See Williston, "Freedom of Contract", *Cornell Law Quarterly*, 6(1921), 365 at 371.

[234] Schlossmann, review of E. Zitelmann, *Irrthum und Rechtsgeschäft*, *in Zeitschrift für das Privat undöffentliche Recht der Gegenwart*, 7(1980), 543 at 561.

[235] Schlossmann, *supra* n. 234, p. 562.

对客观主义者来讲,表明当事人交易的某些后果并非其所想是导向这样一种最终结果的一步:当事人的意思原则上不是他们义务的来源。施罗斯曼声称:"得接受这样的认识:由于(当事人)有意让它们发生,所以交易产生这些法律后果,于是,这个意图必须扩展到该交易根据现行法所产生的每一特定法律后果;如果这些后果中任何一个不在意图之中,它就不被认可。"[236]与之类似,依科勒尔的看法,既然当事人没有期望他们的交易发生所有这些后果,结论必然就是他们没有期望这些后果中的任何一个,或者必须找出当事人为了订立合同必定期望的最低限度的后果。然而,没有这种最低限度的后果可以被找出来。[237]

客观主义者还就当事人的意愿为什么无关紧要做了更为一般性的论述。在美国,霍姆斯和威利斯顿指出,当事人应受依法律和另一方当事人对其言辞的解释约束,不管他是否曾期望做那样的解释。[238] 波洛克明确回答了这一论点:意思在原则上具有重大关系,但出于实践的考虑,"一个人要就他说出的话负责"。[239]

德国客观主义者更加深入地挑战了当事人毕竟希望发生某个法律后果的观点。根据施罗斯曼的看法,当事人的意思是

---

〔236〕 Ibid. 560—1.

〔237〕 Kohler,"Das Aautorrecht, eine zivilistische Abhandlung, zugleich ein Beitrag zur Lehre vom Eigenthum, vom Miteigenthum, vom Rechtsgeschäft und vom Individualrecht", *Jahrbücher für die Dogmatik des heutigen römischen und deutschen Privatrechts*, ed. R. Ihering, 18(1880), 129 at 149—50.

〔238〕 Williston, *supra* n. 122, § § 20, 605—8.

〔239〕 Pollock, *supra* n. 47, pp. 456, 460. 因此,威利斯顿自己说,他和波洛克得出的结论实际上是相同的。(Williston, *supra* n. 122, § 607, n. 20.)

"迫切要求现实化的意识"。[240] 当事人想要的是"经济后果",而非法律后果。他买酒来将窖藏的酒桶装得满满的,租赁房屋以让自己住得踏踏实实。他想的是"拥有(to have)、占有(to hold)、使用和消费",而非获得一个这样做的法律权利。[241] 与之类似,科勒尔主张当事人仅仅想达到一个"经济后果"。一旦当事人指出了他们的"经济目的",法律就确定他们交易的 211
法律后果,而不考虑他们的意图。[242]

在接下来的对话中,意思理论家们坚持认为,法律之所以把某些后果赋予当事人的交易,乃是因为当事人意图如此。[243] 法学家如埃内克鲁斯(Enneccerus)和布伦斯承认,当事人并不知道他们交易的所有后果。他们认为当事人默示地或不自觉地期望发生他们并没有明确意识到的法律后果。埃内克鲁斯认为当事人具有一个"实际看法",法学家的法律解释给予其明确性。[244] 布伦斯承认,当事人想的是他们的"物质和经济目的",对他们交易的法律后果并没有明确的意识。不过,这些后果不是法律强加的,"相反,法律天生存在于当事人意思之中"。[245]

这些法学家在回应客观主义者时,对意思理论做了奇怪的曲解。当事人并没有期望发生他们行为的全部后果,而是全部后果以某种方式产生于他们的确有所期望的事实。

---

[240] Schlossmann, *Vertrag* (Leipzig, 1876), 136—7.

[241] Schlossmann, *supra* n. 234, pp. 569—70.

[242] Kohler, *supra* n. 237, pp. 155—6.

[243] e. g. Windscheid, *supra* n. 4, i, § 75 n. 1a; L. Enneccerus, *Rechtsgeschäft*, *Bedingung und Anfangstermin* (Marburg, 1889), 17—19; Brus, *supra* n. 157, p. 453.

[244] Enneccerus, *supra* n. 243, pp. 18—19.

[245] Bruns, *supra* n. 157, p. 454.

温和一些的客观主义者在回应意思理论时,发现自己也作出了类似主张。勒内尔和贝希曼同意施罗斯曼的看法,认为当事人没有期望发生他们交易的法律后果。他们具有一个“经济意图”,[246]这个意图与“生活需要”一致。[247] 不过,意思理论认为,法律因为当事人所期望的东西而对一个交易赋予法律后果是对的。根据勒内尔的看法,法律这样做是为了服务于当事人所追求的目的。[248] 依贝希曼的看法,法律执行当事人的明确意图,并且,在他们仅仅是相互信赖对方会以体面方式行事之处,法律通过判断需要何种信任,并强迫当事人遵守它的要求来填补他们意图中的“空隙”。[249] 因此,对勒内尔和贝希曼来说,当事人并没有期望发生他们行为的所有后果,但这些后果产生于他们所期望的东西。

212 在这一点上,意思理论与客观理论之间的区分变得模糊不清。当客观主义者解释当事人确实有所期望时,它变得更加模糊。他们在坚持认为当事人没有期望发生他们交易的法律后果时,仍以通常方式考虑当事人的“经济目的”。即使对施罗斯曼而言,当事人不仅仅是想要获得酒或房屋;他想要“拥有、占有、使用和消费”——这些用语阐释了拥有某物的当事人的不同权利。勒内尔则更进一步。他认为,不能从施罗斯曼关于经济意图的说法中得出有约束力合同的观点。如果一个人仅仅是想做某件事,他并没有允诺;他必须有意使自己受约束去

[246] Lenel,“Parteiabsicht und Rechtserfolg”,*Jahrbücher für die Dogmatik des heutigen römischen und deutschen Privatrechts* (1881),xix. 154 at 162—3.

[247] Bechmann,*supra* n. 154,ii, § 102.

[248] Lenel,*supra* n. 246,pp. 163—4.

[249] Bechmann,*supra* n. 154,ii, § 120.

做这件事，尽管他不需要有受法律约束的意图。[250] 对贝希曼而言，当事人不仅想获得不是法律权利的权利，就像施罗斯曼认为他们所想那样，或者不是法律义务的义务，如勒内尔认为他们所想那样：他们想要购买、出租等。因此，贝希曼认为，“购买”和“出租”之类的语词具有双重含义，我们很少加以区分：它们指当事人的“实际”目的，以及伴随法律认同的意图。[251]

意思理论家和客观主义论者因此得出了类似的观点。当事人期望发生某个正常的关系——意思理论家称其为“法律的”关系，他们的反对者则叫它“实际的”或“经济的”关系。那一关系的法律后果并没有被明确期望，却产生于该关系。

但是，这一处境类似于后期经院哲学家和自然法学家。它随后涉及一个悖论。意思理论家和客观主义论者都似乎把合同看作具有某种本质。实际上，在谈论当事人期望订立某种法律后果由以产生的具有本质的合同，和谈论他们期望发生某种法律后果由以产生的正常关系时，要解释两者之间存在的区别是困难的。不过，如果合同具有本质，就难以理解意思理论和客观主义理论的观点。这些义务的发生仅仅是由于法学家们不再把合同的本质看作当事人义务的来源。来源只能是当事人的意思或法律的规定，在此之外不存在任何其他的选择。而且，如果合同具有本质，法学家应当是像后期经院哲学家和自然法学家那样著述。不是去争论是意思理论还是客观理论，他 213
们应当定义合同的不同类型，并表明法律效果如何从这些定义

[250] Lenel, *supra* n. 246, pp. 163—4, 199—200.

[251] Bechmann, *supra* n. 154, ii, § § 104—5.

中产生。

再一次,19 世纪的法学家试图不使用为早期法学家们所利用的亚里士多德思想而展开自己的理论,这一思想已不再被清楚地领会。没有这一思想,他们再次无法展开自己的理论工作。

结 论

拉努伊在 1980 的著作中,列举了 19 世纪法国流行的意思理论的特征。合同的约束力未被解释,而是被认为理所当然。合同被定义为当事人的合意。该定义随后被用来解释一项要约应获承诺的需要。合意瑕疵如错误、欺诈和胁迫在完全属于心理学的方式(a "façon exclusivement psychologique")中被看作是对健全意思(a "volonté saine")的偏离。订立合同的同意依当事人的意思加以判断。由此,损害(lésion)原则上并不导致合同无效,且合同的效果要追溯到当事人的意思。[252]

我们看到,这些也是盎格鲁-美利坚和德国意思理论的特点,只是德国的意思理论对合意瑕疵采取了不同的处理方法。他们通常坚持认为,原则上,不论错误、欺诈还是胁迫,都不影响合同的效力。

我们也已看到,这张清单上的每一个特征,都是 19 世纪的法学家通过取消一个或多个亚里士多德的哲学概念,从而对后期经院哲学家和自然法学家的合同理论改头换面的例证。在每一种情况下,改换导致了他们自己都已认识到的困难。他们竭力要解决这些困难。

---

[252] Ranouil, *supra* n. 5, pp. 71—3.

这些特征表现在拉努伊的清单上，就是他们彻底解决这些困难的努力遭遇失败的一个证明。在提出这份清单时，她没有把19世纪的合同法和早期的合同法作比较，而是跟我们所处时代的合同相比较。这些特征之所以明显，是因为对我们现在来说，它们似乎显得有些怪异。它们看似显得怪异的原因在于，我们现在把19世纪法学家竭力解决的困难看作无法克服的。意思概念自身不能起到意思理论家要求它具有的作用。

第八章　自由主义和19世纪的合同法

214 在威利斯顿看来，意思理论的产生是由于“18世纪后半期形而上学和政治哲学家们鼓吹一种自由信条”。它“在美国的经典表述……体现在影响广泛的《独立宣言》的一般原则之中”。“同一时期，在形而上学中，哲学家强调自我意识（ego）以及个人意思是生命的基本事实”。类似地，经济学家如斯密、李嘉图、边沁以及约翰·密尔（J. S. Mill），“坚称自由交易是进步的根本和不可或缺的前提条件”。“它是自由和个人主义哲学的必然结果，即法律应当扩展其范围并强制执行合同义务”。法律这样做了，它要求合同的订立要有意思合致，允许订立合同的当事人以他们可能作出的任何选择确定合同条款。[1]

威利斯顿不是历史学家。不过他关于意思理论是19世纪自由主义和个人主义哲学的表达的断言必定引起了历史学家的注意。它是吉尔莫的一个论题,[2]同时也是阿蒂亚(Atiyah)《合同自由的兴衰》(*The Rise and Fall of Freedom of Contract*)[3]一书的主题。根据萨瓦提尔(Savatier)、滕克(Tunc)和拉努伊的看法,19世纪的法国合同法满足了一个自由主义时代的要求。[4] 根据拉努伊的看法,它是"统治19世 215
纪法哲学的一个杰作:即法律个人主义的杰作",它是一个"被1789年《人权宣言》"捧上神坛的哲学,"并导源于卢梭和康德学说"。[5] 德国重要的历史学家弗朗茨·维亚克尔(Franz Wieacker)曾说:

> 实际上每一个应用法学研究的伟大时代都有其通常被认可的社会和伦理学说:古典罗马法时代是柏拉图学派、云游学派(Peripatetics),而首要的是斯多葛学派的哲学;注释法学时代是教会法学说,后注释

---

〔1〕 Williston,"Freedom of Contract",*Cornel Law Quarterly*,6(1921),365 at 366—9.

〔2〕 Gilmore,*The Ages of American Law* (New Haven,Conn.,1977),65—6.

〔3〕 P. S. Atiyah,*The Rise and Fall of Freedon of Contract* (Oxford,1979).

〔4〕 R. Savatier,*Les Métamorphoses écnomiques et sociales du droit privé d' aujourd' hui:l' Universalisme renouvelédes discilines jurisdiques* (Paris,1959),6—8;A. Tunc,"The Grand Outlines of the Code",in B. Schwartz(ed.),*The Code Napoleon and the CommonLaw World* (New York,1956),19 at 40. 类似地,在狄骥看来,19世纪的合同法是"个人主义体系"的"严格推论"。它适合于"本质上个人主义的社会,如罗马社会以及19世纪初期的欧美社会"。[L. Duguit,*Les Transformations générales du Droit privé depuis le Code Napoléon*,2nd edn. (Paris,1920),57—8.]

〔5〕 V. Ranouil,*L'Autonomie de la volonté:naissance et évolution d' un concept* (Paris,1980),9,10.

> 法学则是中世纪教廷的道德哲学和社会教义;19 世纪的潘德克吞法学时代是康德关于自由和义务的伦理学说。[6]

但是,维亚克尔的清单暗示,作出这样的联系需要小心为妙。在罗马法文本和注释法学家的著作中,我们非常有限地看到维亚克尔所提及的对希腊哲学糟糕的借鉴。在后期注释法学时代,我们也只看到在对具体罗马法文本做解释时关于亚里士多德和阿奎那哲学的个别利用。在中世纪民法学家(civillians)的著作中,我们也没有发现多少"道德哲学和社会教义"的影子——如果还有的话,除非那指的是我们刚刚提到的阿奎那哲学。后期经院哲学家的确自觉并始终如一地使用亚里士多德和阿奎那的哲学分析法律问题。但他们这样做不是因为这一哲学被普遍接受,而是因为他们希望振兴这一哲学。我们也看到,哲学和法律学说之间的联结在 17 世纪和 18 世纪发生了断裂。

意思理论与把意思本身作为目的或作为人类进步必不可少的引擎的知识和政治运动处于同一世纪,这的确并非偶然。历史学家认为它们之间存在某种关联,无疑是正确的。但是,这个关联的本质是不明显的。我们看到,当 19 世纪的法学家清除了那些他们继承而来的包含了他们不再理解的亚里士多德哲学概念的学说时,意思理论就产生了。这一过程不意味着忠于 19 世纪的自由主义原则。沃尔夫不赞成这些原则,但还

---

〔6〕 K. Wieacker, *Privatrechtsgeschichte der Neuzeit under besonderer Berücksichtigung der deutschen Entwicklung*, 2nd edn. (Cottingen, 1967), 249.

是——如我们所见——以同样的过程得出了一些同样的结论。而且，在19世纪意思理论家的著作中，我们没有发现对于哲学家、经济学家或政治理论家的直接借鉴。我们只发现了自由或个人主义的自由主义价值一星半点的迹象。我们所看到的几 216
乎都是反面的情况：（法学家们）坚决主张，即使不考虑经济学、哲学、政治学或自由之类的价值，法学家仍然可以做好他的工作。〔7〕

再看看英国和美国。在波洛克以前，合同理论从来没有真正成为系统性的理论。该世纪早期的法学家曾探索了一个系统，其中夹杂着一些从大陆法借鉴而来的表述并作了某种改动。他们几乎没有谈及他们拟议中的理论赖以建立的任何更大的原则。正是基于这一原因，难以相信他们头脑中曾想到过这样一些原则。而且，如果他们的确想到过，我们将指望找到我们在后期经院哲学中已经看到的论证结构：开始是对与法律学说只有松散关联的哲学原则的清晰表述，随着时间的推移，是原则与法律之间稳定而密切的结合。不过，一开始找到的却是对古老法学家的借鉴，随着时间的推移，这些借鉴被不断修正，并没有任何有关原则的陈述。法学家的著作看起来就像是表述它们的原则。或者说，对它们加以验证并非他们的事情。

尽管波洛克是把意思理论表述得最为系统的法学家，但他并没有利用更大的哲学的、政治的、经济的原则来支持他的理论。相反，他认为这些原则不是法学家考虑的问题。“他们的事情是学习和了解——只要工作需要——政府会执行和实施

〔7〕 我曾认为意思理论是19世纪自由主义的一种表现，[A. T. von Mehren and J. Gordley, *The Civil Law System An Introduction to the Comparative Study of Law*, 2nd edn. (Boston, 1977), 859.]现在我认为那是错误的。

的任何规则，不管其真正的或被指称的理由可能是什么。"[8] 当其同时代法学家洛里莫（Lorimer）在他的著作《法学概要》（*Institutes of law*）中试图寻找这种理由时，波洛克反对说："从英国法的观点来看，它处理的几乎全部是哲学的、伦理的或政治的主题，明显属于法理学范围之外的问题。"波洛克说这本书考察的是"德国人所说的自然法（Naturrecht）"，而且他的反应就像是一个童话中的小男孩，在被浇了一桶冷水后了解到寒
217 战是怎么一回事："啊！啊！现在我知道什么是自然法了。"[9] "人类在定居社会中一起生活的道德"，波洛克断言，是"一个既存的足够确定的事实。它是道德理论家和形而上学者要分析的问题，如果他们可以的话；对我们来说，知道它存在就足够了"。[10]

法国历史学家不仅在19世纪的法学家著作中，而且在《法国民法典》中看到了对自由主义的尊奉。在博依斯特尔（Bois-

---

[8] F. Pollock, *A First Book of Jurisprudence for Students of the Common Law* (London, 1896), 26—7.

[9] Pollock, "The Nature of Jurisprudence Considered in Relation to some Recent Contributions to Legal Science", in F. Pollock, *Essays in Jurisprudence and Ethics* (London, 1882), 1 at 19—20. 有意思的是，此后不到十年，即在1900年，波洛克写了一篇非常好的有关自然法思想的文章。[Pollock, "The History of the Law of Nature", in F. Pollock, *Jurisprudence and Legal Essays* (New York, 1961), 124.]他描述了自然法学的亚里士多德哲学基础以及自然法学在中世纪和近代的影响，而没有他曾在对洛里莫著作的评论中所表达的那种轻蔑。很明显，就很久以前的一般原理做过撰述的法学家和那些仍然想要这样做的法学家是不同的。

[10] Pollock, "The Nature of Jurisprudence", *supra* n. 9, pp. 25—26. 与此相似，他在另一篇文章中区分了"立法理论"（the theory of legislation）和"法理学"（jurisprudence），前者"向我们表明我们如何可以知道什么样的法本身是最好的"，而后者处理的是法律实际上是什么的问题。[Pollock, "The Science of CaseLaw", in F. Pollock, *Essays in Jurisprudence and Ethics* (London, 1882), 237 at 262.]他承认，在法官判决案件时，存在法律应当如何的问题以及法律之间常常冲突的问题，但他似乎仅仅是指，法律通常反映人们对法律应当如何的认识，以致"实际上的冲突……不可能大范围存在，或者成为事物的持续状态"（pp. 283—284）。当然，他并不是说，在判定法律是什么时必须清楚法律应当如何。

tel)看来,法典尊奉了意思自治的原则。[11] 根据萨瓦提尔的看法,它是“中产阶级(bourgeois)”的法典,对于“合同当事人的意思”表示了“极大的尊重”。[12] 滕克作了极好的理解,在合同之类的领域中,“法律没有受到大革命的触动”,而且“法典的起草者因此无须作出重大决定”。尽管如此,他还是被迫承认,“合同法明显是为一个自由主义时代而设计的”。[13]

但事实上,《法国民法典》既没有包含一个合同意思理论,也没有建立在自由主义或个人主义哲学基础之上。实际上,19世纪发展出意思理论的法典阐释者们也没有诉诸这样一种哲学。

从《法国民法典》没有包含意思理论这个事实中可以看得很清楚,法典所有关于合同的条款通常都是从波蒂埃和多马的著作中逐字逐句提取出来的。我们已经看到,19世纪的法学家在建立他们的理论时,几乎总是赋予法典所保留的传统构造以新的含义。试图在法典中寻找意思理论存在之证据的现代学者通常提出第1134条——它规定,合同在当事人之间相当于法律。[14] 但是,这一表述是由多马在先前引用的一个非常 218

---

〔11〕 A. Boistel,“Le Code civil et la Philosophie du Droit”, in *Le Code Civil* 1804—1904 *Livre du Centenaire* (Paris,1904), i. 45 at 47—48.

〔12〕 Savatier, *supra* n. 4, pp. 6—8. Similarly, A. —J. Arnaud, *Les Origines doctrinales du Code civil français* (Paris,1969), 7—8, 172—4.

〔13〕 Tunc, *supra* n. 4, p. 40.

〔14〕 e. g. Savatier, *supra* n. 4, p. 6; Boistel, *supra* n. 11, p. 48; Arnaud, *supra* n. 12, pp. 199—202, 213—214. 滕克(Tunc, *supra* n. 4, p. 40.)试图调和这个观点和文本的教会法起源之间的冲突,他说,民法典支持教会法法学家所发展的合同自由原则。但是,就此而言,起草者既未赞同意思理论亦未赞同自由主义的哲学原理。与之类似,巴蒂福尔(Batiffol)在第1156条发现这一思想,即“只有一种和当事人意愿一致的债务”,这个思想“和当时学说强调的观念完全一致”。[Batiffol,“La‘crise du contrat’et sa portée”, *Archives de philosophie du droit*, 18(1968), 13, 17.]但是,第1156条只是规定合同不能仅仅从字面解释,而应按照“合同当事人的共同意愿”来解释,这是起草者取自多马和波蒂埃的古老思想。[J. Domat, *Les Loxi civiles* (Paris, 1713), 1. i, pp. viii, 2; R. Pothier, *Traité des Obligations* (Paris,1861), § 91.]

传统的段落中作出的,他在其中解释说,存在自然的合同类型。多马所言取自于教皇卜尼法斯八世[15]的教令汇编,后者又取自于《学说汇纂》(*Digest*)。[16] 罗马人、教皇或者多马都没有提出合同的意思理论。实际上,法典起草者们对过去的一个最大突破是,他们把损害(lésion)原则缩减到波拿巴允许的限度内。但是,在这里,他们依循了托马休斯和普鲁士邦法起草者们的见解,如我们所见,邦法的起草者们并没有新的合同理论,而只是认为传统的对等观念晦涩难懂。[17]

这一保守态度对起草委员会的心理产生影响是毫不让人惊讶的。委员会主席波塔利斯(Portalis)解释,"几乎总是,更为有用的不是改变法律,而是为公民们提供热爱它们的新理由",因为"历史告诉我们,在几个世纪里很少有两三个好的法律制定出来"。[18] "现代理论只是一些个人的体系,而古老的

---

〔15〕 Liber Sextus V. 13. 85.

〔16〕 D. 50. 17. 23.

〔17〕 很难相信,他们受到所谓法国大革命的资产阶级(bourgeois)或自由主义精神的影响。革命暂时中断了救济。[Décret qui abolit l' action en rescision des contrats de vente,14 fructidor An III,*Collection générale des décrets rendus par la Convention nationale*:*lois civiles* (intermédiares)(Paris,1794)xxxviii. 160;J. Domat,*Les lois civiles* (intermédiares)(Paris,1806),ii. 319—320]。但是,法国货币贬值促成了救济的中断,据认为,货币贬值导致那些发现自己现在持有的只是毫无价值的纸币的土地出卖人提起了"无数的诉讼"。Décret qui renvoie au comité de législation un projet de décret relatif aux ventes attaquées pour cause de lésion,9 fructidor An III,*Collection générale* (Paris,1794)xxxviii. 122—3. 参看1973年2月4日的诉讼,noted in *Collection générale*,xxiii. 162. 由于货币困难缓解下来,救济很快就被恢复。(Loi qui lève la suspension en rescision des contrats de vente,3 germinal An V,*Collection générale*,xiv. 11—12.)就如何处理货币贬值期间订立的买卖合同给出了指示。[Loi relative a l' action en rescision,19 floréal An VI,48,*Collection générale* (Paris,1797),xiviii. 214—16.]

〔18〕 P. Fenet,*Recueil complet des travaux préparatoires du Code civil* (Paris,1827),i. 467.

原则才是时代的精神所系。"[19] 因此,法典不是"大胆求新"或者"宏大构想"的事物;如果是那样,它将只是那些人的又一个 219
"惹眼的错误",他们"在发现物理世界的秩序之后",产生了要"重构道德和政治世界的雄心壮志"。[20]

法典要立基其上的"古老原则",将是在尽可能与"目前的境况"相协调的"一般公平原则",实际上就是自然法。[21] 在制定这些原则时,"立法者并不比牧师布道使用更多的理由"。[22] 法官根据相同的原则,"回到自然法"去解释法典。[23] 法官要适用"公平"[24]"自然公平"[25]"一般公平"[26]"普遍公平"[27]"自然理性"[28]"法律科学"[29]"一般原则"[30]"原则"[31]"学说",[32] 以及"正义和健全理智的自然启示"[33]——概括地说,他要"在默然无声、晦暗不明或者不充分的法典文本中"适用"回归自然法"的"公平"。[34] 这样做时,法官不能仅凭良知。回归自然法要"以不计其数的概要、汇编、论著、研

---

[19] Ibid., vi. 40.

[20] Ibid., 37—8.

[21] Ibid., 41.

[22] Ibid., i. 466.

[23] P. Fenet, *Recueil complet des travaux préparatoires du Code civil* (Paris, 1827), i. 474.

[24] Ibid., vi. 359; i. 474; vi. 51.

[25] Ibid., vi. 21.

[26] Ibid., 41.

[27] Ibid., i. 475.

[28] Ibid., vi. 359; i. 469.

[29] Ibid., vi. 23.

[30] Ibid., 23.

[31] Ibid., 360.

[32] Ibid., 360; i. 474; vi. 23.

[33] Ibid., vi. 359.

[34] Ibid., 360.

究以及论文为前提”。[35] 在土耳其,地方法官可以“宣布他希望的任何事情”,因为“法学研究不是一门艺术”。在法国,“法学研究仅仅是由于非常幸运而得以形成一门科学”,“整个阶层的人都献身于它”,这个阶层“成为一种地方法官产生的来源”。[36] 法官被迫在每一个实际案件中使用这一学问,如波塔利斯所述,乃因为“没有人可以不依据一个明确的成文法规提出请求”。[37] 他说,“极少有案件被怀疑不是依据成文法,即依据明确的规定而作出判决的。大多数纠纷总是依据一般原则、一般学说或法律科学作出判决。民法典不是不需要这一学问,相反,是以它为前提”。[38]

波塔利斯没有更加明显地忠实于自然法学派传统。他的同事在起草委员会上所做的简短评述暗示了一个一般性的一致意见。法典应依据普雷亚梅纽所说的“自然公平原则”,[39] 也即特龙谢所说的“一般原则”[40] 加以解释。根据普雷亚梅纽的看法,规范合同的法典条文有意在“上个世纪欧洲各地最著名学者……业已准备好的”“伟大作品”基础之上形成一个“基
220 本原则的整体”。这些著作中“最好”的是波蒂埃和多马的著作。[41] 法典依据与传统法律科学原则一致的方式规范合同的

〔35〕 Ibid. ,i. 471.

〔36〕 Ibid. ,471.

〔37〕 Ibid. ,vi. 269.

〔38〕 Ibid. ,23.

〔39〕 P. Fenet,*Recueil complet des travaux préparatoires du Code civil* (Paris,1827) ,i. 23—4.

〔40〕 Ibid. ,23.

〔41〕 P. Fenet,*Recueil complet des travaux préparatoires du Code civil* (Paris,1827), xiii. 217.

观点，在议会（Tribunes）有义务维护草案的要求中得到回应。[42]

对过去的突破不是由法典的起草者们作出的，而是由那些声称是在解释法典的法学家们作出的。但是，他们没有在新的哲学原理、自由主义或别的名义下这样做。他们尽管无视自然法学派的著作，但仍然一致强调自然法的存在。只不过，法学家不应去确认它究竟是什么。他们应当把自己尽可能地限制在对法典文本的注释之中。

根据迪朗东的看法，自然法由上帝颁行，人类通过自然理性对它加以认识。[43] 根据德芒特的看法，它是上帝施予的，并嵌入我们心中，与我们的理智不可分割，和我们的本性牢牢捆在一起。[44] 德莫隆伯承认它的神圣起源，以及它的普遍性和不可更易性。[45] 罗让说，否认这种法律的存在，就是否认上帝，否认人类是精神的存在，并因此把人类降低为兽类，把法律降低为锁链。[46] 否认造物主把这样的法律嵌入我们心中是错误的，且属于自我贬低，卓龙也如是说。[47] 瓦莱认为，所有民族都认识到这种更高级的法律，没有这种认识的人是那种其思想无须考虑的形而上学家。[48] 奥布里和劳把自然法看作对以

---

〔42〕 Ibid. ,414; xiii. 313.

〔43〕 M. Duranton, *Cours de droit français suivant le code civil* (Paris, 1834—7), i, § § 15—16.

〔44〕 A. M. Demante and E. Colmet de Santerre, *Cours analytique de Code Civil* (Paris, 1883), i, § 4 (by Demante).

〔45〕 C. Demolombe, *Cours de Code Napoleon* (Paris, 1854—82), i, § § 6, 8.

〔46〕 F. Laurent, *Principles de droit civil français* (Paris, 1869—78), i, § 4.

〔47〕 R. Troplong, *De la vente* (Paris, 1837), i, preface, p. xvii, n. i.

〔48〕 A. Valette, *Cours de Code Civil* (Paris, 1872), i. 2.

强力限制公民加以合法化的规则整体。[49]

但是,这些对自然法的职业忠诚在情感上导向对法典的注释性评论。这些评论并不真正想要确定什么是自然法或者根据自然法解释法典。德芒特认为应根据自然法解释法典,[50]
221 但是他的著作表明他受到了自然法传统的影响,而非努力解释或适用自然法。迪朗东认为,诉诸自然理性和公平应作为解释者的最后诉求。[51] 德莫隆伯的座右铭则是:"文本先于一切。"[52]从一个法学家的观点,他解释道,仅仅存在一种真正的法律,即实证法。[53] 卓龙赞扬了那些以不可更易的法典文本衡量其作品的法学家。[54] 瓦莱建议限制使用公平原则解释法典。[55] 罗让主张,法学家只能指出法典中存在的不足,使法典与自然法一致应当是立法者的任务。[56] 奥布里和劳就解释做阐释时,没有引证自然理性或公平。[57]

他们对本质上系统的结论给出了完全不同的理由。迪朗东解释说,尽管自然法说所有人都具有德性和智识,但是这些

---

〔49〕 C. Aubry and Rau, *Cours de droit civil français* (Paris, 1869—71), i, § 2.

〔50〕 Demante and Colmet de Santerre, *supra* n. 44, i, § 23(by Demante). 另外,他似乎认为,只有在案件未被制定法的文义或精神涵盖,或者制定法条文极为含糊以至于不具有真正意义的极少情形下,才应当诉诸于法或自然公平的一般原则。(Ibid. i. § 28.)

〔51〕 Duranton, *supra* n. 43, i, § 96.

〔52〕 Demolombe, *supra* n. 45, i, 1st preface, p. vi.

〔53〕 Ibid., i, § 8. 53.

〔54〕 Troplong, *supra* n. 47, i, preface, p. viii.

〔55〕 Valette, *supra* n. 48, i. 4. 瓦莱尽管承认在缺乏制定法规定时,法官要寻求解答必须考虑法的一般原理,但他坚持认为,在这部法律颁布 70 年之后还发现某个案件完全没有制定法的规定,那是令人惊异的事情(i. 34—5)。

〔56〕 Laurent, *supra* n. 46, i, § § 5, 30. 只有在没有法律规定时,法官依自然法判决才是被许可的,并且那是一种必要的恶(§ § 256—7)。

〔57〕 Aubry and Rau, *supra* n. 49, i, § § 40—1.

人就其次要的戒律而言却易于犯错误。[58] 罗让认为，自然法在一个人接近至善之时才渐次向人类的良知显现。但是，立法者被认为应与这一进步保持一致；法学家仅被认为通过解释成文法并提到它们的不足而为之做准备。[59] 卓龙[60]和瓦莱[61]则满足于对《法国民法典》如何完美无缺做一般性评论。德莫隆伯也表示同意，认为这个法典如此整全、仁慈和公平，不可能有一个案件依据自然法和实证法处理结果会有所不同。而且，尽管存在既有的、普遍的和不可更易的自然法，把这样一种法 222
律看成是哲学家或道德家的法比看作是法学家的法更为恰当。对于一个就法典进行写作的法学家来说，唯一真正的法律就是实证法。[62] 奥布里和劳声称，尽管存在绝对的和不可更易的原则，如人格、财产权、家庭的构成、自由与合同的约束效力等，但人们无法确定这些原则由以发展形成的前提规则。尽管这些原则是不可更易的，规则却是随机发生且变动不居的。[63] 于是，法国法学家们只有一个一致观点，即他们的任务是注释法典，并尽可能不诉诸于他们声称自己所相信的自然法。[64]

在法国法学家中也找不到多少对自由价值的信奉。他们中的一些人谈及法典奉为神圣的自由方面，但另一些人则没有这样做，而且，即使前者也是以极为不同的方式进行讨论。迪朗东说，人类社会最原始的法律一定留给每一个人最大可能的

---

〔58〕 Duranton, *supra* n. 43, i, § 96.

〔59〕 Laurent, *supra* n. 46, i, § 5.

〔60〕 Troplong, *supra* n. 47, i, preface, p. xii.

〔61〕 Valette, *supra* n. 48, i. 34—5.

〔62〕 Demolombe, *supra* n. 45, i, § § 8—10.

〔63〕 Aubry and Rau, *supra* n. 49, i, § 2, n. 2.

〔64〕 See A. —J. Arnaud, *Les Juristes face à la sociètè du XIXe siècle à nos jours* (Paris, 1975), 53—60.

自由。[65] 他也认为法律应当促进德性,引导人们过幸福的生活,即使会给个人带来不义也要促进普遍之善,法律应建立在正义、自然理性和公平基础之上,并与上帝赋予我们心灵的情感保持一致。[66] 迪朗东就像某些人收集海贝一样收集那些陈词滥调,并且似乎想要尽可能收集最为多样的这种集合体。奥布里和劳认为,法典的精神是保护自由和平等。他们接着提出的另一个言论可能对一个"资产阶级的自由主义者"没有吸引力:为了防止发生永久性的财富不平等,对合同给予限制可能仍然是正当的。[67] 但是,这些评论都出现在他们著作的第一版中,那是他们唯一翻译的德国法学家扎卡里亚(Zacharia)对《法国民法典》所做的评注。[68] 在以后的版本中,他们就扎卡里亚的评注补充了他们自己的思考,但是没有进一步阐述据称是法典基础的自由。卓龙相信法典是第三等级为自由所作长
223 期抗争的胜利果实。[69] 但对卓龙而言,法典也代表了基督教道德对禁欲主义、[70] 公平对享乐主义[71] 的挑战。可见,一些法国法学家提到自由,但他们也提到了许多别的东西。

一直像 19 世纪的自由主义者一样写作的唯一具有代表性的《法国民法典》评论家,可能是罗让。他相信波拿巴在给法

---

〔65〕 Duranton, *supra* n. 43, i, § 2.

〔66〕 Ibid., i, §§ 11, 12, 16.

〔67〕 Aubry and Rau, *supra* n. 49, i, § 16.

〔68〕 Ibid., (1st edn.), § 16. 关于防止财富永久性不平等的评论也源自这个版本(§ 16)。

〔69〕 R. Troplong, Des Donations (Paris, 1855), i, preface, pp. iiiiv. See also Troplong, *supra* n. 47, i, preface, p. xvii.

〔70〕 Troplong, *supra* n. 47, i, preface, pp. xiiixvii.

〔71〕 Troplong, *supra* n. 69, i, preface, pp. v, lxiii.

兰西一部法典时，也给了法兰西自由。〔72〕封建主义被废除，宣告了人的自由和土地，并且有史以来首次宣告人是自由而平等的。〔73〕在罗让看来，民众被宣告自由的一个结果是，他们具有完全彻底的自由去订立合同以安排他们认为合乎其私人利益的事务，他们是自己私人利益的最好法官。〔74〕如果一个政治自由主义时代没有产生一个对法典作出的最重要的自由主义的评论，那当然是令人惊讶的。但是应当避免认为，即使是罗让也相信我们习惯于认为19世纪的自由主义者所相信的一切。罗让也认为，立法者应当把社会利益置于个人利益之前。〔75〕作为损害原则（它允许法官审查土地买卖的价格）的怀疑者，他还是相信这一原则在考虑普遍利益、公平和人道的限度内可以被正当化。〔76〕实际上，在罗让看来：

> 存在一种法律，上帝把它嵌入我们心中，而且是我们道德发展的结果，是我们生活的最高目的。立法者给人们以订立合同的充分自由，那将帮助他们完善自我。但是，这一自由根据确立它的同样目的而具有某种限度。如果立法者让人们自由缔结合同，他们就可以完善自我。作为道德进步工具的合同会变为败坏的手段吗？良知的回答是，不道德的协议必定是绝对、当然、依法（*de plein droit*）无效的，根据制定法，亦

---

〔72〕 Laurent, *supra* n. 46, i, § 1.

〔73〕 Ibid., i, § 8.

〔74〕 Ibid., i, § 37.

〔75〕 Ibid., i, § § 35, 39. 但是，他补充说，立法者在那样做时不能侵犯公民的权利。

〔76〕 Ibid., i, § 38.

复如此。[77]

因此,即使是罗让也没有把自由看作一种绝对的善,或者订立合同的绝对权利的基础。

而且,认为法官对《法国民法典》的尊重产生于一个自由主义者对民众或其代表意愿的尊重,将会是一个错误。事实上,他们关于他们所赞扬的法典为何具有如此的重要性并没有
224 共同看法。德芒特就立法者的意志为何重要给出了一个传统自然法的解说。每个社会都需要惩罚违法行为的根据,颁布法律可以使所有人理解这一点,并使普遍正义适合于具体个人的角色。[78] 迪朗东是《格拉提安教会集》的解述者,写下了颇具历史感的诗篇,记载了立法者将法律予以简化并系统化的功绩:最初,巴库斯在恒河流域,萨顿在拉丁姆,墨丘利在埃及,以及米诺斯在克里特岛;后来,莱库格斯在斯巴达以及梭伦在雅典;再后来是优士丁尼;最后,是法国的立法者。[79] 德莫隆伯对于立法者如何调和对个人自由的尊重与公共秩序和社会道德和谐之间的关系,只做了少许评论。[80] 罗让为此前描述的自由写下了颂歌,并补充说,《法国民法典》试图调和罗马法的严苛与精密、德国人的情感与衡平。[81] 奥布里和劳把习惯法和立法看作将自然法原则转换成确定规则的替代方法。[82]

于是,在法国法学家中间,不是去寻求拉努伊所谈到的法

---

〔77〕 Ibid. ,xv, § 456.

〔78〕 Demante and Colmet de Santerre, *supra* n. 44, i, § 5(written by Demante).

〔79〕 Duranton, *supra* n. 43, i, § § 1—7, paraphrasing *Decretum* D. 7, c. 1.

〔80〕 Demolombe, *supra* n. 45, i, § 4.

〔81〕 Laurent, *supra* n. 46, i, § § 1—7.

〔82〕 Aubry and Rau, *supra* n. 49, i, § 2.

律的个人主义哲学——我们看到，她自己也引用古诺的吁求，对所有那些哲学的、形而上学的、自然法的以及法的一般原理的东西表示本能的不信任（*défiance*）。[83] 尽管她相信法学家们受到康德学说的鼓舞，但她自己还是指出，他们并没有如康德那样去描述意志（will）；实际上，他们似乎从未读过康德（的作品）。[84] "意思自治"是康德的表述，但是，她指出，[85]除了1891年一篇文章外，[86]那一表述是由惹尼（Gény）——一位19世纪学说的批评者——在1899年首次在私法中加以使用。[87] 19世纪的法学家，像茹尔当（Jourdan）和福依里（Fouillée）等人，对意思自治做了激进的强调，[88]但是，她说，意思理论家们自己没有做这种表述。拉努伊认为，他们使用意思自治概念 225
"就像儒尔丹（Jourdain）使用散文体一样：并没有理解它"。[89] 但是和儒尔丹不同，他毕竟还是在谈散文，而法国法学家说的全都是合同是当事人意思的产物，并且就合同法本身来讲，当事人可以就他们所选择的任何条款订立合同。很难相信他们认为这些命题是建立在他们并未提及的更为根本的观念，即意

〔83〕 Ranouil, *supra* n. 5, p. 79 n. 59, quoting E. Gounot, *Le Principe de l' autonomie de la volonté en droit privé: contribution a l' étude critique de l' individualisme juridique* (thesis, Paris, 1912), 8.

〔84〕 Ibid., 9, 53—5.

〔85〕 Ibid., 17.

〔86〕 R. Worms, *De la volonté unilatérale considerée comme source d' obligations* (thesis, Paris, 1891), 191.

〔87〕 F. Gény, *Méthodes d' interprétation et sources en droit privé positif* (Paris, 1899), 144, 173.

〔88〕 A. Jourdan, *Le Droit français, ses règles fondamentales, ses rapports avec les principes de la morale, avec l' économie politique et avec l' utilité générale* (Paris, 1875); A. Jourdan, *Cours analytique d' Economie politique* (Paris, 1882), 88—9; also by A. Fouillée, *La Science sociale contemporaine* (Paris, 1880), 89—90.

〔89〕 Ranouil, *supra* n. 5, p. 70.

思自治或法律的个人主义基础之上。

乍一看,德国似乎是我们所看到的英国、美国和法国样式的一个例外。在德国法学家之间存在广泛的法律哲学解说。这一解说更多应归功于康德和黑格尔。它给予自由概念以中心地位。悖谬的是,这一解说留给法学家们的地位与法国和英美两国的情况基本相同。法学家并不费心去考虑自由之类概念的哲学意义。他的任务是对权威性的法律文本进行注释,他实施这项工作时并没有利用哲学的帮助。

这一解说首先由萨维尼提出来。萨维尼不相信存在所有社会可以共同适用并对法学家肯定足够有用的自然法原则。[90] 他也对那种试图把法律解释为是"每个人放弃其部分自由以确保其余更多自由的理性协议"表示怀疑。[91] 他认识到自由对于人不可或缺,法律必须保障自由。实际上:

> 自由人要在合同中共同存在,相互帮助且不妨碍他们自己的发展,只有在认识到一个无形界限的情况下才是可能的,在此界限之内,个别的存在和效力赢得了可靠的自由空间。确定这些界限和这一自由空间的规则就是法律。[92]

但是,无法从自由概念开始通过推导过程或者理性协议而

---

〔90〕 F. C. von Savigny, *System des heutigen Römischen Rechts* (Berlin, 1840—8), i, § 8, 20—1. 为此,《法国民法典》的起草者错误认为法典可以根据自然公平来解释。[F. C. von Savigny, *Vom Beruf unsrer Zeit für Gesetzgebung und Rechtswissenschaft* (Heidelberg, 1840), 74—6.]

〔91〕 Savigny, *System*, *supra* n. 90, i, § 52, 332—3.

〔92〕 Ibid., 331—2.

确定这些界限。法律具有完全不同的来源。 226

这个来源是"民众的一般信念、内在需要的同源意识、排除所有随机和随意渊源的观念"。[93] 这一"内在需要的意识"属于一个具体的民族,仅仅是因为具有这种共同信念的具体民族要足够"强大"和"具有民族性"。[94] 它属于民族精神(Volksgeist),即那个民族的民众无意识的心理或精神。[95] 它由"内部默默起作用的力量"发展而来。[96] 作为民众的"民族倾向"和文明进化的程度,法律被以规模庞大的富有科学性或系统性的细节详细阐释。这一阐释在一个法学家阶层出现之后才有可能,他们代表了这个社会并对其法的意识给予正式表述。萨维尼认为,法与民众意识之间的关联是它的"政治因素",而法学家对法的阐释则是它的"技术因素"。[97] 德国法学家通过解释曾执行了超过三个世纪的罗马法文本来实施这一任务。德国民众在精神上欣然接受了这些文本,并以明显德国化的方式对它们加以阐释。[98]

于是,德国法学家的任务是以"技术性"的方法阐释罗马法文本,把业已在法律渊源中存在的价值揭示出来。维亚克尔描述这一方法时说,法律"只能在法律科学的制度、概念和原则命题中"找到,"而不把产生或变更法律的力量归诸法律之外的价值或目的,不管它们是宗教的、社会的还是科学的"。

---

〔93〕 Savigny, *Vom Beruf*, *supra* n. 90, p. 8.

〔94〕 Ibid., 11.

〔95〕 Savigny, *System*, *supra* n. 90, i, § 8, p. 19.

〔96〕 Savigny, *Vom Beruf*, *supra* n. 90, p. 14.

〔97〕 Ibid., 12.

〔98〕 See J. Whitman, *The Legacy of Roman Law in the German Romanic Era: Historic Vision and Legal Change* (Princeton, 1990), 125—31.

他引用温彻沙依德的名言:“伦理的、政治的和经济的考虑并非法学家的事情。”〔99〕

因此,就法学家为什么应把自己限制在注释而无须考虑哲学的问题,萨维尼曾做了哲学性的解释。他从哲学家那里借鉴的观点仅仅是要让哲学与法学家的任务无关。他从黑格尔那里借鉴了民族精神(*Geist*)概念。但是对萨维尼来说,无法从这个概念出发去得出对法学家有帮助的结论。德意志民族精神
227 创造了它的法律,是因为它就是这一精神,而不是因为哲学分析明明白白摆在那儿的某种理性或原则。如维亚克尔所说,萨维尼从康德那里拿来自由及其与法律秩序的关系概念。〔100〕但和康德不同,他并不试图从那个概念通过分析而得出结论。实际上,在讨论意思表示错误、欺诈和胁迫的效果时,他解释说,那种分析不属于法学家的工作范围:

> 在法的范围内,我们并不忙于对自由概念作困难的思考。对我们来说,自由简单地建立在表象(*Erscheinung*)之上,即建立在从几种选择中作出一个选择的能力基础上。〔101〕

他随后提出德国意思理论的核心信条,其中没有什么取自

〔99〕 Wieacker, *supra* n. 6, p. 431, quoting Windscheid, "Die Aufgabe der Rechtswissenschaft", in B. Windscheid, *Gesamte Reden und Abhandlungen* (Leipzig, 1904), 101. 技术性的法律方法因此和这些考虑分离开来,尽管如此,如卡佩里尼所说,萨维尼的民族精神理论仍是一个从“纯粹理论体系的层面”到“现实体系的层面”的运动,这个现实体系是“真正妥当的生活体系”(*Lebenssystem*)。[P. Cappellini, *Systema* iuris(Milan, 1985), ii. 338.]

〔100〕 Wieacker, *supra* n. 6, pp. 353, 397, 431.

〔101〕 Savigny, *System*, *supra* n. 90, iii, § 114, p. 102.

于康德或黑格尔,也并未考虑人类自由的重要性。

由此,英、美、法、德等国的法学家没有将他们的法律学说建立在任何确定的哲学或政治原则、自由或别的什么基础之上。他们希望避免哲学或政治介入。波洛克或法国法学家的观点仅仅要求最低限度的政治介入:承认法律的任何权威来源,不管它们是什么,都是具有权威的。把这些来源看作是自足的,可以避免为解释它们而引入任何哲学原则。德国关于法律的观念的确要求相信存在民族精神并且是德意志民族精神。但是,法学家的政治和哲学介入在此不起作用。在政治上,他不赞成自由主义或君主制、政治统一,或者任何关于经济学的确定看法。在哲学上,他仅仅赞成民族精神(Volksgeist)产生法律。哲学不告诉他会产生什么样的法律。19 世纪的意识形态,无论是自由主义还是社会主义或马克思主义,都是世俗宗教。但是,法学家找到了一种世俗的不可知论。

悖谬的是,正是这一对政治和哲学介入的拒绝本身使政治和哲学的介入成为必要。讨论合同法时不考虑交换正义,并因此不考虑分配正义或者政治或经济领域的公平性,这在政治上并不是中立的。这样做暗示了,尽管法学家可以客观地讨论合同法,但对其他这些事项却不能这样。如此结论具有政治后果——尽管对自由主义者与对保守主义者而言有着不同的后果。对自由主义者而言,分配正义与合同法无关的问题是相信 228
政府应将经济决定留给市场,并由它自己考虑这些问题的一个理由。实际上,意思理论对经济自由主义者如此有用,以致毫不奇怪历史学家会认为它们受到过自由主义的启示。对保守主义者而言,特别是在德国,政治领域的公平不是法学家考虑事项的观点具有吸引力的原因在于,它保护统治阶层不受批评。

意思理论也使哲学的介入成为必要。特别明显的是,它们把意思概念作为理论前提,而不使用建立在后期经院哲学基础之上的形而上学和道德原则。

那一前提几乎是 18 世纪后期和 19 世纪早期的意思理论家和哲学家的唯一假设。哲学家相信,想要在自然中发现道德秩序的亚里士多德和阿奎那哲学努力已经失败。他们不是试图在自然中,而是在自由或人的选择中找到道德根源,尽管他们以非常不同的方式思考人的选择问题。边沁谈到快乐和痛苦的计算,康德谈到为自己立法的真正自由意志,黑格尔谈到为不断实现自由而工作的精神(*Geist*)。

历史学家曾因为法学家像哲学家一样试图建构关于人的选择理论的事实,认为法学家受到这些哲学家们的启发。实际上,他们都回应了一个共同问题。亚里士多德哲学传统在 17、18 世纪的崩溃没有为法律和道德的解释留下任何别的途径。人们不再认为,人类能够通过推理选择那些通往自始属于他的目的的行动。如果不能在理性中找到法律和道德的来源,那么来源似乎就必然是意志。

但是,哲学家以与法学家不同的方式回应了这个问题。哲学家试图解释选择或期望意味着什么。他们试图解释这种道德可能性,在人类意志之外不能发现任何可理解的道德秩序。法学家并不费心考虑这些问题。他们很少借用哲学家的思想。相反,如我们所见,他们从自然法学家的学说开始,并清除其中他们所不理解的古老的亚里士多德概念,得出他们的意思理论。意思是留下来的唯一重要概念。

229 法学家希望以这种方式避免哲学介入。不过,正是这一尝试使他们像哲学家一样,仅仅在意思概念之上建立他们的理论。如我们所见,这样的事业使他们挣扎于他们不可能解决的困难之中。

第九章　结　论

230 哲学曾两次使法学家的工作发生转变。16 世纪,后期经院哲学家围绕取自亚里士多德和阿奎那的哲学概念重新组织了罗马法,使合同法首次成为一个系统的学说整体。17 世纪,现代批判哲学的奠基者们对后期经院哲学的基础概念提出了质疑。此后很长一段时期,法学家们虽然保留了他们的学说,但抛弃了曾启发过他们的亚里士多德和阿奎那哲学。19 世纪,他们重新构造了合同理论,取消了那些现代哲学家所不赞同的概念。结果便是合同意思理论的提出。

如果要将意思理论运用于法律领域,那么,将它运用于合同法可能是再好不过的了。然而,意思理论家没有成功。他们抛弃了古老的亚里士多德哲学概念,但是,在没有这些概念的情况下,他们从来无法使自己的学说仍然保持和谐连贯。在这些古老概念曾发挥作用的地方,(意思理论)在每一点上都引致了不可消解的矛盾。

意思理论的反对者们指出了这些难题,以此对意思理论予以置疑。"客观理论"的支持者们指出,意思概念没有解决要约和承诺、错误、欺诈、胁迫或者默示条款等问题。实际上,这一概念的各种使用都导致了自相矛盾。后来的批评者认为,法律确实并且应当考虑合同的公平问题,就此存在许许多多的例证,但对于这些情形,意思理论不能予以解释。

今天,我们没有任何获得一般认同的合同理论。客观理论曾一度获得了法学家的支持,但这种支持目前已不复存在。客观理论把合同看作法律赋予当事人外部行为的一系列后果,但由于它无法解释法律为何赋予合同以某些而非其他后果,因而这一理论对前述难题的解决也毫无助益。任何切实可行的合同理论都应当考虑合同的公平问题,就此存在广泛一致的看法,但关于如何做到这一点的问题,却不存在一致意见。

现在,是否可以发现某种普遍原则或学说,能够对实证法 231
规则或者绝大多数人认为公平的结果加以解释,许多法学家对这种可能性都抱持悲观态度。他们的悲观是可以理解的。尝试建立一贯性学说的努力似乎业已失败。

本研究与其说对建立一贯性学说的努力提供了救治方案,倒不如说是仅仅提供了一个诊断结论。历史方面的诊断结论是,意思理论存在缺陷之处,正是意思理论家试图抛弃古老的亚里士多德哲学概念之处。由于存在这些缺陷,我们拒绝接受意思理论。但是,我们还没有自己的概念去替代这些古老概念曾从事的智识工作。

那些赞同上述诊断结论的人,对于如何加以救治的问题可能有非常不同的看法。对一些人来说，建构一个普遍性的合同理论和一套连贯的学说本身可能就是错误的。这项事业是由现在被怀疑的哲学激发出来的。我们可能最终会发现这项任务是不可能完成的。

非常令人奇怪的是，这一建议可能对两种持有相反立场的人都具有吸引力：传统主义者和激进主义者。对传统主义者来说，不要普遍性的理论是件让人非常高兴的事情。一个传统主义者最为惬意的是，他通过对先例和制定法加以实用性而非教条主义的运用就可以得出结论。当其被要求对他得出结论的方法或者它们赖以建立的智识前设给予解释时，他会感到极不自在。他的信念是，没有一套理论法律也可以运作得很好。寻求合同一般理论的努力明显徒劳无功，将会进一步强化这种信念。直到后期经院哲学时代为止，罗马法并没有理论；在 19 世纪以前普通法也没有理论。而且，在每种情况下，寻求理论对实际有效的规则没有什么影响。传统主义者可能据此得出结论说，错误在于哲学家曾侵入法律人的工作，或者是法律人沉迷于哲学之中。做我们自己该做的事情吧！

激进主义者可能也同意，后期经院哲学家和 19 世纪的法学家为自己设定的任务是不可能完成的。但是，他可能得出不同的结论。他可能会认为，我们从中学到的教训是，法律本身就不是一贯性的。它不能建立在中立的原则基础之上。因此，普遍性的原则或学说不过是用来掩盖强者欺凌弱者事实的障眼法。传统主义者仅仅主张没有一般理论也可以得出结论，这是不够的。问题的关键是，那些结论是否建立在中立并一贯的原则基础之上。救治办法不仅仅是放弃对一般理论的寻求，而是要抛弃那种认为法律和法律分析应当管制我们生活如此众

多方面的看法。美国批判法学运动中的一些人得出的结论或 232
许就是这样的。[1]

另外有一些人可能同意本文的主题,并提出不同的补救办法。对于我们所面临的困难,救治的办法是继续我们的努力,直至我们另外找到一个正确的合同理论。但是,这样一个理论不能建立在已被怀疑的亚里士多德哲学基础之上,而是要以某些可行的现代哲学为根基——比如康德主义或者功利主义原则。意思理论的错误在于它们忽视了现代哲学。这是约翰·罗尔斯[2]和查尔斯·弗雷德(Charles Fried)[3]所采取的进路,他们试图把合同法理论建立在康德哲学原则基础之上。这也是法和经济学运动的支持者所采取的方法,他们试图把合同法建立在增进效率的功利主义原则基础之上——其中,理查德·波斯纳(Richard Posner)作出了最为全面的尝试。[4]

我自己的看法有所不同。我们可以拥有一个一贯性的合同理论,要做到这一点,我们需要使用被 19 世纪的法学家抛弃了的那些概念。如果仔细考虑我们的诊断结论,可以看到,这正是提出救治办法的必由之路。

我知道,不对我们看待世界的方式进行重大改变,我们就

---

[1] 不过,我并不认为批判法学运动的支持者或 19 世纪意思理论的反对者必定得出这一结论。休·科林斯(H. Collins)对 19 世纪合同法的许多批评,与从古老自然法角度所做的批评就是一致的。换言之,与考虑当事人之间的公平和信任以及国民(citizens)之间分配正义的需要一致;与对一般公平标准而非精确的技术规则的需要一致。[H. Collins, *The Law of Contract* (London,1986).]

[2] J. Rawls, *A Theory of Justice* (Cambridge, Mass., 1971; Oxford paperback edn. 1973).

[3] C. Fried, *Contract as Promise: A Theory of Contractual Obligation* (Cambridge, Mass., 1981).

[4] R. Posner, *Economic Analysis of Law*, 2nd edn. (Boston, 1977).

无法复兴这些概念。我也知道,要弄清楚应当如何运用这些概念需要进行大量困难的思考。尽管我们可以学习后期经院哲学家的经验,但我们不能对他们简单地照抄照搬。有一些问题他们并没有成功解决。还有一些有价值的现代性重要问题和分析技术应被整合到更大的合同理论中。

然而,要是不使用这些古老的亚里士多德和阿奎那哲学概念,我看不出一个更大的理论如何可能。如果我们反思意思理论所面临的困难,就会看出对这些概念的需要。那些困难不能依靠康德主义或功利主义方法来解决。就那些寻求人类选择之中法律或道德最终根源的任何理论而言,这些概念似乎与之密不可分。

233 我们看到,意思理论家无法解释合同为什么具有约束力,这是意思理论面临的一个难题。他们仅仅根据当事人的意思订立一个具有约束力的合同。由于不能解释合同约束力的根据,他们在分析合同规则应当是什么的问题时就受到阻碍。例如,他们不能判断一项要约是否已被承诺,或者它在何时被承诺。取而代之的是,他们把要约应经承诺的需要纳入合同的定义之中,并试图由此推导出合同何时成立的结论。

不对允诺为什么不是仅仅由于允诺人期望受约束而具有约束力的事实给出理由,这个问题就无法解决。尽管允诺人作出了允诺,但允诺并不仅仅是负担义务或选择的问题,而在于允诺人有义务为受诺人做某事。我们所检视的法律制度中没有一个对每一项义务或选择都予以强制执行,我们也不希望它这样去做。要解释法律为什么对允诺做不同处理,必须确定允诺使允诺人达到的结果。托马斯·阿奎那是这样做的:允诺使允诺人能够实施有利于另一个人利益的行为。确定了这一点后,阿奎那和后期经院哲学家问道,要达到这一结果,允诺是否必须传达给受诺人,它是否须被受诺人承诺,受诺人的承诺是否以及何时须传达给允诺人,如此等等。

相反,对允诺为什么并非出于允诺人选择让自己负担义务而具有约束力的事实,看不出康德哲学或功利主义哲学能够给出什么理由。在康德看来,要实施合乎道德的行为,一个人必须依从于这样的律法,即理性人自由选择作为自己行为准则的律法。因此,康德得出了所有道德行为必须与之一致的"绝对律令"(categorical imperative):一个人必须依循那些可以指望成为普遍律法的规则而行为。[5] 他说,允诺具有约束力是因为,作为普遍律法,一个人不能指望违反允诺。于是,允诺成了一个无用的语词。[6] 因此,绝对律令把我们带回到意思理论家所在之处,在他们之前是沃尔夫,再前面是霍布斯和洛克:允诺之所以具有约束力,是因为根据定义,允诺就是有约束力的。对于为什么不能把所有自愿承诺都界定为具有约束力的问题,他们并没有给出任何理由。

在后来的著作中,康德描述了"通过合同获得概念的先验推导",并进一步指出:一个合同要具有约束力,须不仅存在允诺,而且须存在对外表示出来的要约和承诺。原因在于,一方 234
当事人权利的丧失和另一方当事人权利的取得是一个单一行为,它只能通过对外表示的同意加以实施。既然一方当事人的同意表示必须以另一方当事人及时的同意表示为必要,两个表示之间就存在一个时间间隔,在此期间行为尚未实施完毕,要

[5] I. Kant, *Grundlegung* (Leipzig, 1947), 44.

[6] I. Kant, *Grundlegung* (Leipzig, 1947), 46.

约可以被撤销。[7] 跟意思理论家以及沃尔夫一样,要约和承诺的需要再次被纳入合同定义之中。他从不解释为什么不能以别的方式去考虑要约问题,比如,除非且直到另一方当事人表示拒绝时要约都是具有约束力的。

罗尔斯尽管尊崇康德,但"不把允诺看作依据定义而合乎公平的实践行为",[8]这和康德截然相反。罗尔斯并不试图从道德哲学的更高原则推导出规范允诺表示的规则。他认为,"允诺是依据公共规则体系加以界定的行为",依据"一套基本习俗"(如"博弈规则")加以界定。[9] 道德哲学可以解释的最多是,允诺人为何有义务服从他所处社会中任何一套"公平"规则。答案是,根据"公平原则",如果制度是公平的,当事者也自愿享受了制度所带来的好处,那么,他就应当遵守制度确定的规则。[10] 公平原则因此看上去像一个衣钩,在它被制造出来之后,其他人就可以把合同法制度这件衣服挂上去。但是,"公平原则"仍然没有解释规则应当是什么。

弗雷德以与罗尔斯相同的方式解释允诺的约束效力问题:"个人在道德上有信守诺言的义务,因为允诺人在允诺时有意援引了一项习俗,该习俗为受诺人关于允诺人将履行允诺的期望提供了道德基础。"[11]在试图解释合同法规则(例如,允诺需要一个受诺人和一项承诺)时,弗雷德的解释听起来则更像康德。我们关于允诺表示的直觉显示,"允诺是本质上需要向某

[7] I. Kant, *Metaphysik der Sitten* (Hamburg, 1986), § § 18—19, pp. 78—81.

[8] Rawls, *supra* n. 2, 342—5.

[9] Ibid., 344.

[10] Ibid., 111—12, 342—5.

[11] Fried, *supra* n. 3, p. 16.

人表示的东西”,“允诺表示的道德关系”是“它对双方都是自愿的”。[12] 但弗雷德应当解释,为什么在康德哲学中一个人应当恰好具有这些直觉,为什么人们不能仅仅由于期望那样做而使自己受约束。如果弗雷德不能给出理由,那么他就同样是将结论装进合同的定义之中。 235

对于功利主义者(如边沁)或法和经济学运动的坚定支持者(如波斯纳),他们也面临着同样的难题。他们着力于提高人的福利,并把人们所做选择看成是福利的最佳或唯一准则。边沁认为,人类的福利原则上可以用名为“效用”的快乐和痛苦的单位加以测量。[13] 人们无法知道什么会增加以及会增加多少他方的效用,因为“角色的不同是无法理解的,没有两个人所处的境况是相似的”。[14] 但是,通过允许人们自己作出选择,人们通常会最大化人类福利。“因为,就什么能够给他快乐和不快,没有人可以成为像他自己那样好的判断者。”[15] 现代的经济学家们在谈及效率时利用了这一洞见。依据严格意义上的效率定义,如果一个人的境况可以改善而不使其他任何人境况更坏,结果就是有效率的。经济学所称的“改善境况”是指,人们可以改变到一个相对于他人而选择的更好境况。因此,他们谈及效率而无须像边沁那样去费心考虑,是否可以凭借效用单位的比较去测量人们所体验到的快乐。

但是,如果人们所作选择是他们福利的最好或唯一准则,

---

〔12〕 Ibid. ,42,43.

〔13〕 J. Bentham, *Principles of Morals and Legislation* (London, 1970), I. i—iv. 11—12;IV. i—vi. 38—40.

〔14〕 J. Bentham, *Principles of the Civil Code* (Edinburgh, 1859), I. vi, in Works, i. 305.

〔15〕 Bentham, *supra* n. 13, xiii. iv. 159.

似乎就不可能解释法律为何对不同的选择或承诺有不同对待。如波斯纳指出的那样,“从经济学的立场看令人迷惑的是”,一个丈夫为何不能订立一个在妻子的葬礼上把自己烧死的合同,夏洛克为何不能强制执行他与安东尼奥订立的合同,或者一个人为何不能把自己卖身为奴。〔16〕 退一步说,法律乐意强制执行某些允诺(promises)而不愿意执行其他承诺(commitments),也一样是让人迷惑不解的。

就像意思理论家无法解释为何允诺要和别的承诺区别对待一样,他们也同样无法解释为何不同允诺应不同对待。不过,相对于交换允诺而言,我们所检视的每一个法律制度都较不愿意强制执行赠与允诺;相对于其他情形,更愿意或更不愿意强制执行某些赠与或交易。意思理论家就法律制度为何如此规定没有给出解释,甚至在界定赠与跟交换之间的区别时,他们也面临困难。

意思理论家没有根据赠与人希望达到且法律会给予尊重
236 的某种好的结果从正面定义赠与。他们试图从反面界定赠与:在法国和德国,根据不寻求任何回报的事实定义赠与;在英国和美国,根据不存在交易来定义赠与。我们看到,这些定义产生了自相矛盾的结果。消极地定义一个有意实施的行为的确难办,在赠与情形,这样做产生了与不当得利法的冲突。而且,消极定义无法解释法律对赠与存在不同对待的方式。即使在法官声称所有的允诺原则上都是可以强制执行的时候,非正式的将来生效的赠与允诺通常也不被执行。对慈善机构以及近亲属所做的非正式的将来生效的赠与允诺,在德国、法国和英

〔16〕 Posner, *supra* n. 4, p. 187.

美两国的法院都被强制执行,尽管存在被认为有效的相反规则。于是,问题在于赠与人的允诺是否已被慎重考虑过,以及受赠人是否值得接受赠与。阿奎那和后期经院哲学家就这种情况曾给出非常浅显的解释:如亚里士多德所述,一个人应"在适当的时间对适当的人给予适当的数量"。当意思理论家抛弃了古老的慷慨概念之后,解释就变得完全不可能了。

相似地,意思理论家试图不考虑交换正义或等价交换去定义交易。他们因此发现难以将交换与赠与区别开来。而且,他们给出的定义也不能解释,即使是在他们自己所处的时代,当合同不公平时法律也给予救济的原因。自 19 世纪以来,法国法院已将对损害(Lésion)的救济扩大到交易中存在欺诈、错误或胁迫的情形,即使仅有的真正瑕疵是交换价值的不等。德国法院根据法典中最为一般性的条款即第 138 条(禁止不道德和压制性的合同)以及第 242 条(规定诚实信用原则)给予救济。在美国,《统一商法典》第 2—302 条以及《第二次合同法重述》第 208 条对"显失公平"提供了一般性救济。[17] 我在其他地方已经论证了,当存在价格不公平时,不回到公平价格、等价交换以及交换正义的概念,就不可能解释这种救济。[18]

相反,依据康德哲学或功利主义原则似乎不可能解释法律要执行什么样的允诺。如果像康德所说,允诺具有约束力是因为,作为普遍律令,一个人不能指望违反诺言,那么,所有的允 237
诺都应当被相同对待。康德自己就像德国和法国法学家那样

---

〔17〕 关于法国、德国和美国法律对单边交易(onesided bargains)的救济,请参见 Gordley,"Equality in Exchang",*California Law Review*,69(1981),1587 at 1645—55。

〔18〕 Ibid.

以消极方式定义无偿合同：在无偿合同中，一方当事人不能获得一项权利；在交换关系中，每一方当事人都获得权利。[19] 我们看到，他没有处理这一定义所产生的难题。他就无偿允诺为何应被不同对待所做的唯一解释是，法院不应推定允诺人希望受诺人享有强制执行允诺的权利。[20]

实际上，弗雷德就康德原则得出的结论是，对价学说不该存在。他说，这一学说建立在两个相对立的观念基础之上：一个是允诺要能够强制执行必须要存在对价，另一个是对价的充分性无关紧要。第二个命题"强调了自由主义者的原则，即理性人所作的自由安排应予尊重"。因此，它与第一个命题相冲突，后者"认为个人的自决不是法律义务的充分根据"。[21] 一个后期经院哲学家会同意存在冲突的说法。但原则上，他不希望执行愚蠢的赠与或不公平的交易。弗雷德则认为，法律应执行所有的"个人自决"行为。

弗雷德真的想要执行奢侈愚蠢的赠与或者压制性的交易吗？如果事情是那样，尽管他持有康德原则，他也不大可能那样认为。他说，赠与必须"理性地、审慎地"作出。并且，不应使"第三人的合法利益"落空。他改换朗·富勒(Lon Fuller)的话并表示赞同，暗示对价学说的一个好的结果是它"排除了较为可疑且华而不实的赠与类型，那种赠与对陌生人开出空头支票，却损害了配偶和子女们的利益"。[22] 看起来，套用亚里士

〔19〕 Kant, *supra* n. 7, § 21a, p. 85.

〔20〕 Ibid., § 37, pp. 110—11.

〔21〕 Fried, *supra* n. 3, p. 35.

〔22〕 Ibid., 38.

多德的话来说,就是当允诺人在错误的时间对错误的人给予了错误数量的赠与时,配偶和子女们的怨言就是正当的。而且,在弗雷德看来,“某些交易尽管通过了我所设置的所有测试,但仍然由于过于苛刻而不能被强制执行”。[23] 比如,救助者不被允许对被救助的受难船舶货物索要过多报酬。那是因为一个偶然事件导致了弗雷德所称的“履行职能的社会制度”——一个“社会再分配的政治制度”——运转失灵,交易在这一制度中本该正常发生。[24] 可以把这种制度称为交换和分配正义的制度吗?与其宣称所有个人的自决行为都应被执行的康德 238
原则,然后再寻找例外,不如称信守诺言是一种德性,而且慷慨和交换正义也是一种德性——这样要更为简便一些。但真若如此,我们就离开了康德的世界。

对于一个功利主义者和一个法和经济学的坚定支持者来说,要解释法律为何不以同样的方式对待所有允诺是同样困难的。但是,波斯纳并不比弗雷德更多希望法律这样去做。因此,和弗雷德一样,他试图找到一条绕开他的原则似乎具有的明确后果的道路。在某处,他暗示赠与通常不被强制执行,因为它“不是通过一系列交换导向更有价值的用途这一过程的组成部分”。[25] 但是,依波斯纳的前提,仅仅因为所有人的选择,任何财产处分行为都被认为是有价值的,不管他是选择自

---

〔23〕 Ibid. ,109.

〔24〕 Kant, *supra* n. 7, § 21a, p. 85, 109, 110.

〔25〕 Posner, *supra* n. 4, p. 69.

己使用它还是抛弃它,或者是毁灭它。[26]

对法律的确执行的某些赠与(如一个人报答救过他性命的人而给出的赠与允诺),他提出一个替代但不一致的解说。这一次他从看上去跟他的前提更为协调的原则开始:在理想的情况下,所有的允诺都应当执行。但是,赠与允诺由于"证据原因"不被执行——既然这种允诺很少,通常难以证明作出了这些允诺。然而,对救命恩人的报答是可以强制执行的,因为这一情况表明允诺人可能作出过这种允诺。[27] 我们没有被告知,除了别的因素之外,即使是一个稀有类型的交换允诺为何也可以被强制执行;即使受赠人的占有没有倾向于显示他是作为受赠而接受这项财产的,一项已经履行的赠与为何也不能要求收回;即使是在允诺人承认作出过允诺时,一项赠与允诺为何也常常不被强制执行;即使是在是否发生过救助和是否作出
239 过允诺同样有争议时,对救助者的赠与允诺也可以被强制执行;或者,明显愚蠢或奢侈但至少和报答救助者一样寻常的无偿允诺为何不被强制执行。

就某些单边交易(如在海难救助中唯一能够实施救助的船只的船长要求并得到极为过分的报酬允诺)为何不被强制执

〔26〕 因此,波斯纳认为,对无偿允诺而言,"除非它给允诺人带来了效用,允诺人是不会作出这种允诺的"。[Posner,"Gratuitous Promises in Economics and Law", *Journal of Legal Studies*, 6(1977), 411.]在这篇文章中,他思考的问题是,相对于仅仅作出自己不受约束的赠与允诺,为什么赠与人作出有约束力的赠与允诺会获得更多效用。他得出的答案是,有约束力的赠与允诺增加了允诺的确定性,使受赠人相信赠与人会实际履行赠与。既然这种确定性对受赠人具有价值,那么,赠与人如果不能作出有约束力的允诺,在赠与时赠与人将不得不作出更大金额的赠与允诺,使受赠人也从赠与人处拿走某种价值(即增加额作为赠与允诺约束力减低的补偿——译者注)。我无法肯定这一分析会有怎样的帮助,因为它似乎仅仅是用经济学的术语说,允诺人可能想要使受诺人确信,允诺的履行不是不可预期的。不管怎样,它并没有解释法律为什么对不同无偿允诺作不同处理。

〔27〕 Posner, *supra* n. 4, pp. 188—9.

行,他给出了另一个解释。通过仅允许以一个合理价格执行这个合同,法院阻止船舶所有人在安全和救助设施方面的过度投资。他们因而达到了竞争性市场会达到的经济效果——如果存在竞争性市场的话。波斯纳承认法官心里并没有意识到这个目标。他们"无意中"达到了这一结果。[28]

类似这些解释并不派生于经济理论建立其上的核心洞见:当事人实际作出的选择是他们福利的最好或唯一准则。通过不认真对待效率观念,就像在把赠与说成是资源不太具有价值的利用时那样;通过发现允许不顾原则而达到某个结果的实际考虑,就像在证据考虑被说成是防止执行除了那些值得给予赠与的人(如救命恩人)之外的赠与时那样;以及通过确定缔约过程中阻止当事人为自己作出选择并因此为法庭替他们作出选择提供了正当根据的瑕疵,就像在救助者要价过高时那样对它们作出解释。不过,这些解释被当成是合同经济分析的成果,其中尊重当事人实际作出的选择是中心原则。

当然,任何理论都必定承认它的中心原则常常不能直接作为处理实际问题的理由。而且,就其本身而言,这些"经济解释"中的任何一个都可以做得似乎有道理。但是,当每一次都遇到这种解释时,当解释不是经济原则的明显结果时,当这些深奥的解释被说成是潜在地作为立法者的动机时,当一个这样的解释中被察觉的瑕疵立刻导致经济学家去寻找另一个被说

〔28〕 Landes and Posner, "Salvors, Finders, Good Samaritans and Other Rescuer: An Economic Study of Law and Altruism", *Journal of Legal Studies*, 7(1973), 83 at 128. 与此相对,他在关于法律的经济分析的著作中说:"经济学的分析至少表明,除欺诈、无能力和胁迫(在最狭窄的含义上)之外,再无其他理由可以让一方当事人否认一项他通过订立合同所实施的交易。"(Posner, *supra* n. 4, p. 87.)

240 成是潜在地作为立法者动机的解释时，人们就失去了自信。

弗雷德和波斯纳设计了这些解释以表明可以信任康德或“经济”原则，并仍然得出大多数人认为合乎情理的结果。但是，对大多数人来说，他们的解释听起来很奇怪。我认为，大多数人会认为相对合情合理的是，法律不执行“那些较为可疑且华而不实的赠与，对陌生人开出的空头支票”，因为这种允诺是愚蠢的，陌生人不值得给予这样的赠与。法律执行报答救命恩人的允诺，是因为允诺人应当表示他的感激，而且他已接受了一项不给予报酬就可能不公平的服务。法律不执行过高要价的允诺，因为它是不公平的。这些解释很像亚里士多德、阿奎那或后期经院哲学家曾给出的解释。它们不容易跟弗雷德和波斯纳的原则保持一致，后者因此尽力寻求康德哲学或经济学的理由，以达到依前辈思想家的看法，有德之人会表示赞同的结果。对我来说，似乎更可能的是，弗雷德和波斯纳受一个未予承认的德性之爱驱动，而不是这些前辈思想家“无意中”受他们所发明的解释驱动。

19 世纪法学家的合同理论以意思概念为中心建立起来，它不能解释允诺之间和承诺之间的这些差别。不过，在使用意思概念时，他们遇到了最大的困难。他们承认，除非当事人有某种最低限度的同意，合同因错误可被宣告无效。如果他们这样做了，则他们不仅受到他们表示同意的条款的约束，而且也受到许多其他条款的约束。不过，就这个最低限度由什么构成，或者这些补充义务如何与之相关，法学家们没有作出任何连贯的解说。

为了解释这些问题，阿奎那和后期经院哲学家认为，如同在其他人类行为的情形中那样，合同的本质依其目的加以界定。尽管这些条款可能看上去有些奇怪,不关注它们,我看不出意思理论家的问题如何可以被避免。一旦我们说交易的某些特征如此关键,以致当事人要是没有理解它们就没有表示同意,不管我们是否在使用这番表述,我们都是在谈论交易的本质。或许,这些特征由于它们与当事人的目的之间的关系而尤显重要;不过,一方当事人具有许多目的,仅仅因为其中一个没有达到,他并不能因此就获得救济。于是,我们似乎必须选取当事人的某个特殊目的,以界定这些关键特征。这个目的必须和别的目的区别开来——在这种交易中,当事人可能具有也可能不具有这些目的。

如果当事人实施交易以获得某个标的物,我们因此必须选 241
取某个目的以界定合乎交易目的的标的物,并且我们必须把这个目的和当事人别的目的区别开来。如果可以做到这一点,界定标的物的特征方面的错误就是它的同一性的错误,一个被界定为所属标的物类型的错误,一个对于实施这种交易的当事人目的具有关键性的特征错误。我们因此可以注意到 19 世纪法学家认为重要的所有那些考虑,当他们对其做个别考虑时并不存在他们所经历过的那些问题。

而且,如果条款不是随意写入合同之中的,在这些条款和界定某种类型交易的特征之间必定存在某种关系,当事人必定实际对其达成了合意。事实上,我们看到,意思理论家与温和的客观主义者最后都做到了这一点。当事人希望建立某种正常关系,意思理论家称其为"法律"关系,他们的反对者称其为"经验性的"或"经济的"关系。规范他们合同的条款不是被明确期望的,而是产生于这一关系。但是,除非这些条款是达到界定这一关系的目的的手段,并且当事人是出于对它的考虑才订立合同的,否则将难以理解这些条款如何由这一关系产生出来。

相反,试图依据康德原则解决这些问题似乎是无望的。实际上,它们触及康德伦理学中最为脆弱之点:绝对律令所规定的义务和受这些义务约束的当事人所处情形相关的方式。对康德来说,信守诺言是关乎普遍律法的事情,但具有某个内容的允诺即使是碰巧作出的也无关普遍律法。因此,当事人应为某个具体标的物而订立合同,那是“完全经验性的”“习俗性的”,与“形而上学的法律原则”毫不相干。[29] 由此,在错误情形,问题是当事人想要给予或得到的是什么,似乎不存在可以澄清他们允诺内容的标准。绝对律令大概没有谈到一头牛是否可以受孕,或者戒指是否可以是铜质的,并且在一个具体交易中仍然是允诺给予的标的物。习俗性的惯例也没有帮助,因为,就像讨论意思理论时提到的那样,习俗并不是为解决错误问题而建立起来的。求助于当事人自己的信念或意思也同样没有帮助。在任何错误情形下,一个当事人就其所给予或获得
242 之物可能会有某个错误信念,并且可以假定,关于当事人在那时本来应当如何行为,他们并没有达成一致意见。

就当事人没有相反约定却对他们有约束力的那些条款也产生了类似困难。难以看出这些条款如何可以从普遍律法的概念中推导出来。康德偶尔试图这样做,也牵涉到前面说过的那种把结论装进定义中去的技术。比如,他从动产物权概念推导说,仅仅被允诺将被给予某物的人还没有成为该物的所有

〔29〕 I. Kant, *supra* n. 7, § 21a, pp. 86—7.

人,并因此不承担它毁损灭失的风险。[30] 大概并非所有的条款都是以这种方式派生出来的。对康德而言,源于“先验权利”的“形而上学的法律原则”,通过作“逻辑和理性的分类”,可以确定几个“简单纯粹的合同类型”。“但是,从经验上讲”,类型的数量是“不计其数的”,并且其内容是“法律认可的”且“合乎习俗的”。[31] 不过,即使在合同条款被法令或习俗明确规定的场合,建构合同理论的法学家也需要就这些条款为什么是恰当的给出理由。绝对律令或许并没有提供一个理由。那些没有就这些条款形成合意的具体当事人的意思也是如此。

弗雷德的方法再次表明了这些困难。对弗雷德来说,允诺的内容只是当事人意识到的东西。在当事人的想法存在差异或含混不清时,或者在需要一个他们并没有约定的条款时,就没有办法澄清其内容。在这些情形下,既然当事人并没有表示同意,实际上法庭就必须把某个协议强加给他们。通过考虑当事人“在所有可能的情况下可能会同意但实际没有同意”的条款是什么,或者“其他人,比如一个正常人以这种协议词句意指的可能是什么”,或者“外在的公平标准”要求的是什么,法庭就把某个协议强加给了当事人。法庭必须询问这些问题,因为它必须找到解决办法,但没有人试图“把这些情形纳入允诺原则中”。[32]

“允诺原则”似乎是康德哲学可能对合同法所做的一个贡献,但如果弗雷德是对的,允诺原则就不能解释合同法中的大多数规则。大多数这些规则的目的,是判定在疑难案件中当事

---

〔30〕 I. Kant, *supra* n. 7, § 21, pp. 82—4.

〔31〕 Ibid., § 21a, pp. 84—5.

〔32〕 Fried, *supra* n. 3, pp. 60, 61, 63, 69.

人是否达成了合意，以及合意的结果是什么。实际上，如果弗
243 雷德是正确的，人们想知道是否存在“允诺原则”可以解决的案件。很难想象有某个案件，合同的履行跟当事人有意识的想法和期望是完全一致的。

相反，我认为，法和经济学运动的拥趸已经发展出一个有助于解决问题的分析方法。问题在于，这一解决办法还不完全。

跟许多意思理论家一样，他们通过询问如果当事人考虑到了这个情况将会如何行事，去着手解决错误问题，并把某些条款纳入协议之中。跟意思理论家不同，他们有一个方法，不是去分析当事人实际上将会如何做（那将取决于他们的想象力、教育水平，等等），而是分析当事人本来应当如何做。当事人本应将交易的成本与风险分配给能够以最低代价承担它们的当事人。于是，这些法学家就可以调整价格以补偿承担成本和风险的每一个当事人，以使他们都对这个分配而不是其他任何分配感到满意。关于相互错误、瑕疵责任和履行不能的问题，波斯纳就是用这个方法来分析的。[33]

我相信，后期经院哲学家可能也富有成效地使用过这个方法。他们认为，应根据交易的目的界定交易，在缺乏明确同意时，纳入到合同中的条款是那些最适于达到该目的的条款。不过，我们看到，他们常常发现自己无法判定哪个条款是最合适的。他们通常是简单地采纳罗马法规则，并为此设计出一个有道理但不是决定性的解释。在这里，现代经济学的技术可以帮助他们找到一组条款，能够以最低成本和当事人自己也认为公

〔33〕 Posner, *supra* n. 4, pp. 73—79.

平的价格实现当事人的目的。

但是,这个方法的使用假定存在双方当事人都追求的一个目的,如后期经院哲学家所说,它界定了交易的本质。当合同条款是达到那一目的的成本最低的手段时,它们就被纳入合同之中;如果它们是达到当事人碰巧可能追求的其他目的的成本最低的手段时,就不被纳入合同。例如,波斯纳会把货物具有瑕疵的风险加于出卖人,因为他有最好的办法得知货物的信息。[34] 他不会把与交易无关但出卖人碰巧是最佳承担者的风险分配给出卖人。于是,在条款被纳入协议之前,当事人必须订立把这些条款作为手段的协议。因此,当事人协议的本质不 244
是仅仅知道谁能够更好地承担风险与成本就可以确定的。

这一点可以用波斯纳在 *Sherwood* v. *Walker* 案[35]中的分析来阐释。在这个案件中,一头有着一流血统的被认为不会受孕的母牛,在出售时受孕了。如他提到的那样,“这个方法把合同分解为两个不同的协议:关于基本履行的协议(母牛的转让)和关于与转让相关的风险的协议(母牛被证明与当事人所相信的情况不同)”。[36] 那是十分正确的。实际上,不管谁来使用这一分析方法,都必须在分配与实现“基本交易”相关的风险与成本之前,确定这样一种“基本交易”。“基本交易”由什么构成不能仅仅依据技术本身来判定。如果我们要思考究竟是什么构成了“基本交易”的问题,我认为,我们需要回到交易具有根据当事人共同目的来界定的本质的观点。

因此,合同法的康德哲学和功利主义或经济学方法似乎产

〔34〕 Ibid. ,74.

〔35〕 66 Mich. 568,33 NW 919(1987).

〔36〕 Posner, *supra* n. 4, p. 73.

生了跟意思理论一样的困难。最终,这些困难有着共同的来源。不能单独围绕选择或承诺的思想构造合同理论。应当解释法律为什么不把同样的价值赋予所有承诺,或者以相同的方式对待它们。这曾经是亚里士多德关于忠诚、慷慨和交换正义的德性所履行的任务。而且,应当解释当事人承诺了什么以及承诺牵涉到什么。不能够仅仅诉诸当事人自己的想法或期望,它们是含糊的且通常是不相同的。这曾经是由依据其目的加以界定的行为本质的思想所承担的任务。

在离开亚里士多德哲学世界之后,无法构造一个连贯的合同理论的事实,不会让大卫·休谟感到意外。事实上,在其对霍布斯和洛克所做的批评中,他提出了类似我们刚刚谈到的那些难题。霍布斯和洛克认为可以构造如合同之类的一般道德概念,然后根据演绎逻辑从中推演出结论。履行合同的义务产生于合同的定义;从社会契约的定义中产生出公民的权利和义
245 务。休谟指出,如果定义本身是武断的,结论也就会是武断的。除非存在某种独立于下定义者的既存关系,把定义的要素联结起来,并从中推导出结论,定义也将是武断的。[37] 这一论辩同样可以用于反对康德。除非在具体规则和普遍律令的概念之间存在某种既存关系,就无法从绝对律令推导出规则来。在康德世界中,难以看出既存关系的存在。因此,如康德的批评者不断提出的那样,似乎没有办法从普遍律令的概念得出具体的行为规则。

而且,依据霍布斯和洛克的看法,由于不能谈论人的终极目的,就必须转而谈论个人偏好、喜好和厌恶、对快乐的追求和

---

〔37〕 See Ch. 5, pp. 118—19.

对痛苦的逃避。休谟先于边沁指出，由此可以根据这些偏好界定“公共利益”。但是，休谟对于合同法能够在多大程度上依据“公共利益”来解释表示怀疑。在没有本质的世界中，合同是一个“无限复杂”的概念，即使“一百卷法律和一千卷评论也不足以”对它进行界定。极为可能的是，大多数法律是建立在假定和想象的基础之上。[38]

在亚里士多德的传统中，由于可以谈论人的目的因，因此并没有产生这些问题。德性和道德行为依据它们和人的目的因的关系来界定的。因此，道德行为的定义就不依赖于下定义者的武断选择。人们不仅可以谈及偏好，而且可以谈论德性的实践。

由于那个原因，如不回到谈论人的目的因被认为合理的亚里士多德的哲学世界中，就难以看出这些问题如何可能被解决，合同法建立其上的古老概念如何可能被复兴。的确，现代哲学家就是否存在古老的哲学世界提出了需要认真加以思考的问题。但是，就一个人自身之外是否存在任何世界，以及实际上一个人是否自我存在，他们也同样提出了难题。尽管这些问题可能是重要的，没有哪个心智健全的人在这些难题被解决之前会暂不相信自己或者其他人的存在。在这些难题被解决前，法学家停止自己的工作将是同样愚蠢的。而且，如果他这样做的话，他或许会等待很长时间。在三个半世纪里，现代哲 246
学家们已经生活在一个法学家不能工作的世界中。

许多法学家已经对构造一个具有一贯性法律学说的可能性越来越表示怀疑。但是，很少有人是由于具有像休谟那样就

---

〔38〕 See Ch. 5, pp. 120—1.

知识的可能性所持的哲学论断而表示怀疑的。他们中大多数人是在回应作为法学家的历史经验——大量失败经验中的一个。长期以来,法学家在纸牌游戏中无法赢得现代哲学家所出的牌。他们开始认为,不可能赢的原因存在于纸牌游戏的本质之中。美国牛仔会更快得出一个完全不同的结论。

他们的怀疑由于他们解释历史经验的方式而被进一步加强。对某些法学家来说,可以得出怎样的理论的怀疑被一个夸大了的认识加强了,即认为非学说性的经验性法律方法取得了重大成功。在梅特兰的时代,这一看法似乎很有道理。"最为基本的概念,所有权、占有、合同、侵权行为等"似乎并未受益于理论,而是从强调实践和具体问题的英国法律传统中产生出来的。但正如我们所见,它并不是以那种方式产生的。合同法最为基本的概念来自于希腊哲学传统,它由道德哲学家嫁接到罗马法。不做抽象思考,就没有办法在今天理解或使用那些概念。对传统感兴趣的法学家依据理论和实践方法的结合关系,会有更好的认识。

一些法学家对理论和实践方法都持有怀疑态度。他们的怀疑被另一个对我们历史经验的解释所加强。他们倾向于依据经济学或意识形态的影响解释学说的变化。实际上,一个对理论和实践方法的价值有着彻底怀疑的人几乎不会转向任何别的地方。既然这些方法一定会失败,他就不能写作关于他们已取得成就的历史。因此,理论和原则就必定基于与他们所做解释无关的原因而兴盛。一个原因是它们服务于某人的物质利益。另一个原因是它们合乎某个更大的思想结构,这一结构基于与它的解释力无关的原因影响了法学家。激进的批评者喜欢把这两种解释合在一起:物质利益培育了导致学说变化的意识形态。

但是，它仍然不是以那种方式发生的。我们看到，合同法中最重大的学说变化不是对经济需要或阶级的经济利益的回应。它们极少具有经济效应。后期经院哲学家变革了合同法的知识结构，但对规则却只做了极少的改变。他们的理论可能激发了某些变革——具有最重大意义的是对不执行无名合同的规则的变革。不过，如巴尔多鲁在14世纪和莫里纳在16世纪提到的那样，即使是这样的规则也只具有极低的重要性。再一次，当19世纪的法学家重构合同法理论时，也很少发生经济方面的重要变化，即使在系统学说被认为是一项革新的英国和美国亦如此。在法学家抛弃等价交换学说时，企业家也没有得到明显好处。劳伦斯·弗里德曼是对法律规则的社会经济意义最为敏感的法史学家之一。但如他所说，在19世纪： 247

> 被称为合同法的法律部门……似乎不值得大惊小怪。合同法基本是消极性的。其学说给予个人选择以或多或少的自由行为空间。当事人自愿同意了什么，法院就执行什么。[39]

总的来说，如果法院适用阿库修斯注解的优士丁尼法典或格劳秀斯阐释的自然法，他们就会这样去做。[40]

---

[39] L. Friedman, *A History of American Law*, 2nd edn. (New York, 1985), 532—3.

[40] 这不是说，对学说变迁负有责任的法学家不考虑这些学说的经济后果。他们当然希望达到经济上合理的结果。因此，如前所述，阿库修斯之所以以那种方式提出价格学说，部分是因为他不希望颠覆成千上万被认为正常的交易。尽管自然法学家抱有所有允诺都是有约束力的信念，他们也不坚持认为所有非正式的赠与允诺都要执行。19世纪的法律人把他们的理论旨趣限制在寻求要约和承诺的规则，以对受要约人提供保护。但是，极少有哪个法学家会为了达到某个新的经济效果而构造一种学说。他们基本上总是试图去领会那些几乎对每个人而言都是正确的经济结果。

也不能根据意识形态，或者根据各种观念体系来解释学说的变化。这些观念体系基于独立于它们的解释力的原因而影响了法学家。我们只看到一个例子，有一派法学家系统性地构造其学说，使之与他们从别处吸收的思想相一致——当后期经院哲学家围绕阿奎那的原理建构他们的学说时就是这样做的。由于他们的目标不典型，因而他们的工作也是不典型的——它是复兴一个具体的哲学并发掘其意蕴的自觉尝试。别的法学
248 家仅仅吸收了那些对他们自己完全不同的目标有助益的思想。巴尔多鲁和巴尔杜斯像后期经院哲学家一样赞同亚里士多德和阿奎那的学说。由于他们的目标是解释罗马法文本的含义，因此他们以不同的方式运用这些原理。自然法学家的目标是以人文主义的学问进行人类的道德启蒙。他们从后期经院哲学家以及现代哲学家那里借鉴了那些仅仅对他们的工作似乎有用的东西。19 世纪的法学家希望解释他们所继承的学说，而不诉诸哲学，也不使用这些学说曾利用过的亚里士多德哲学概念。他们提出意思理论时有选择地借鉴了传统学说，而没有利用当代哲学思想或意识形态。

不理解这些思想对这些法学家所从事的工作所具有的作用，就不能理解它们被借鉴的方式。一个彻底的怀疑主义者不能理解这些作用，他们相信所有的目标都同样是不可能的，不管它们是如何被提出来的。要理解我们的历史经验，我们必须能够领会成功的程度，能够理解成功或失败怎样受制于一个目标固有的难题，以及用于提出它的思想的解释力。若能够做到这一点，我们将不仅可以理解其他人建构的理论，而且可以建构我们自己的理论。

参考文献

有关亚里士多德的资料在任何现代版本中都可以找到。本书的引用取自麦克莱昂(R. Mckleon)编辑的《亚里士多德主要著作》(*The Basic Works of Aristotle*)。除非另外指明,引用的法律、哲学和神学(不包括当代著述)的资料均见下列版本。

Medieval Philosophers and Theology

Albertus Magnus, *Commentarii in quattuor libros sententiarum Petri Lombardi*, *in Opera*, xxv, ed. A. Borgnet(Paris, 1890).

——, *Ethica*, in *Opera omnia*, vii, ed. A. Borgnet(Paris, 1890).

Angelus Clavasius (Angelo Carletti), *Summa angelica de casibus conscientialibus* (Venice, 1525).

Antoninus of Florence, *Summa theologica*

(Verona, 1740; repr. Graz, 1959).

Baptista Trovamala de Salis (Baptiste de Sale), *Summa roselle de casibus conscientiae* (Strassburg, 1516).

Bartholomaeus de Pisis (Bartolommeo de San Concordio, Pisano), *Summa pisana* (Venic, 1481).

Gabriel Biel, *Epitoma pariter et collectorium circa quattuor sententiarum libros* (Lyons, 1514).

John Duns Scotus, *Questiones in quattuor libros sententiarum* (*Opus oxoniense*), in *Opera omnia*, viiixxi, 2nd edn., ed. L. Wadding (Paris, 1893—1894).

——, *Reportata parisiensia in quattuor libros sententiarum*, in *Opera omnia*, xxiixxiii, 2nd edn., ed. L. Wadding (Paris, 1894).

John of Freiburg, *Summa confessorum* (Augsburg, 1476).

Jean Gerson, *De contractibus*, in *Oeuvres complètes*, ix. 385 (Paris, 1973).

——, *Summa theologica et canonica* (Venice, 1587).

Sylvester Prierias (Sylvestro Mazzolini da Prierio), *Summa sylvestrina, quae summa summarum, merito nuncupatur* (Venice, 1591).

Thomas Aquinas, *De malo*, in *Opera omnia*, ed. P. Fiaccadori, viii. 219 (Parma, 1852—1873).

——, *In decem libros ethicorum Aritotelis ad Nicomachum expositio*, ed. A. Pirotta (Turin, 1934).

——, *In duodecim libros metaphysicorum Aritotelis expositio*, ed. M. R. Cathala and R. M. Spiazzi (Turin, 1950).

——, *Scriptum super libris magistri sententiarum* (Parma,

1868; repr. New York, 1950).

——, *Summa theologica* (Biblioteca de autores cristianos, 3rd edn (Madrid, 1963) (Leonine text).

William of Ockham, *Expositio super primum librum Perihermenias*, cap 1, *in Traditio*, iv. 320—335, ed. P. Boehner (1946).

——, *Questiones in librum secundum sententiarum* (*Reportatio*), in G. Gal and R. Wood (eds.), *Opera philosophica et theologica*: *Opera theologica*, v (St. Bonaventure, NY, 1981).

——, *Questiones variae*, in G. Etzkorn, F. Kelley, and J. Wey (eds.), *Opera philosophica et theologica*: *Opera theologica*, viii (St. Bonaventure, NY, 1984).

——, *Quodlibeta septem, in J. Wey (ed.)*, *Opera philosophica et theologica*: *Opera theologica*, ix (St. Bonaventure, NY, 1981).

——, *Scriptum in librum primum sententiarum ordinatio*, in G. Gal, S. Brown, G. Etzkorn and F. Kelley (eds.), *Opera philosophica et theologica*: *Opera theologica*, iiv (St. Bonaventure, NY, 1970—1979).

——, *Summa logicae*, in P. Boehner, G. Gal and S. Brown (eds.), *Opera philosophica et theologica*: *Opera theologica*, i (St. Bonaventure, NY, 1974).

Medieval Jurists

Accursius, *Glossa ordinaria* (Venice, 1581).

Albericus de Rostate, *Commentaria in primam Digesti veteris partem* (Venice, 1585; repr. *Opera iuridica rariora*, xxi, Bologna, 1974).

Anonymous, *Brachylogus* (FrankfurtonMain, 1743).

Anonymous, *Distinctiones*, *Collectio Senesis*, *in Scripta anecdota glossatorum*, ii. 152; in A. Gaudentius (ed.), *Bibliotheca iuridica medii aevi* (Bologna, 1913).

Azo Portius, *Summa Codicis*, in Azo Portius, *Summa aurea* (Lyons, 1557; repr. FrankfurtonMain, 1968), fo. 2rd.

——, *Summa Institutionum*, in Azo Portius, *Summa aurea* (Lyons, 1557; repr. FrankfurtonMain, 1968), fo. 267v.

——, *In Decretalium volumen commentaria* (Venice, 1595; repr. Turin, 1971).

——, *Tractatus de pactis*, *printed at the end of the Commentaria in Digestum Novum of the Commentaria Corpus iuris civilis* (Venice, 1577).

Bartolus de Saxoferrato, *Commentaria Corpus iuris civilis in Omnia quae extant opera* iix (Venice, 1615).

——, *Tractatus de alveo*, *in Omnia quae extant opera*, x (Venice, 1615), fo. 141r.

Cinus de Pistoia, *in Codicem commentaria* (Frankfurton Main, 1578; repr. Turin, 1964).

Hostiensis (Henricus de Segusio), *Summa aurea* (Venice, 1574).

Hugolinus de Presbyteris, *Diversitates sive dissensiones dominorum super toto corpore iure civilis*, ed. G. Haenel (Leipzig, 1834).

Iacobus Butrigarius, *Lectura super Codice* (Paris, 1516; repr. *Opera iuridica rariora*, xiii, Bologna, 1973).

Iacobus de Ravanis, *Letura super Codice* (publ. under the

name of Petrus de Bellapertica) (Paris, 1519; repr. *Opera iuridica rariora*, i, Bologna, 1967) [On the autorship, see E. M. Meijers, *Etudes d' historie du droit*, iii, *Le Droit romain au moyen age* (Leiden, 1959), 72—77].

——, *Super Institutionibus commentaria* (publ. under the name of Bartolus de Saxoferrato in *Omnia quae extant opera*, Venice, 1615) [On the autorship, see E. M. Meijers, *Etudes d' historie du droit*, iii, *Le Droit romain au moyen age* (Leiden, 1959), 68—69].

Odofredus, *Letura super Codice* (Lyons, 1552; repr. *Opera iuridica rariora*, vi, Bologna, 1968).

Petrus de Bellapertica, *Commentaria in Digestum novum Repetitiones variae* (FrankfurtonMain, 1571; *Opera iuridica rariora*, x, Bologna, 1968).

——, *In aliquot Digesti veteris leges commentaria* (FrankfurtonMain, 1571; repr. Petrus de Bellapertica, *Digestum novum Repetitiones variae*, *Opera iuridica rariora*, x, Bologna, 1968).

——, *Lectura Institutionum* (Lyons, 1536; repr. *Opera iuridica rariora*, vii, Bologna, 1972).

——, *Questiones vel distinctiones* (Lyons, 1517; repr. *Opera iuridica rariora*, xi, Bologna, 1970).

Raymond of Penafort, *Summa de poenitentia, et matrimonio* (Rome, 1603; repr. Farnborough, Hants., 1967).

Rogerius, *Summa Codicis*, *in Scripta anecdota glossatorum*, in A. Gaudentius (ed.), *Bibliotheca iuridica medii aevi*, i. 47 (Bologna, 1913).

——, *Summa trecensis*, publ. as *Summa Codicis des Irnerius*, ed. H. Fitting (Berlin, 1894).

Vacarius, *Liber pauperum*, ed. F. Zulueta (London, 1927).

Late Scholastics and their Contemporaries

Cajetan (Tomasso de Vio), *Commentaria* to *Thomas Aquinas*, *Summa theologica* (Padua, 1698).

F. Connanus, *Commentariorum juris civilis libri X* (Naples, 1724).

Conradus Summenhart, *De contractibus licitis atque illicitis tractatus, compendium* (Venice, 1580).

D. Covarruvias, *Variarum ex iure pontificio, regio et caesareo Resolutionum* (Lyons, 1569).

P. Decius, *Consilia* (Venice, 1570).

L. Lessius, *De iustitia et iure, ceterisque virtutibus cardinalis libri quatuor* (Paris, 1628).

I. Medina, *De poenitentia, restitutione, et contractibus* (Ingolstadt, 1581).

L. Molina, *De iustitia et iure tractatus* (Venice, 1614).

P. Parisius, *Consilia* (Venice, 1543).

J. Rubeus, *Consilia* (Lyons, 1540).

D. Soto, *De iustitia et iure libri decem* (Salamanca, 1553).

Modern Philosophers

J. Bentham, *An Introduction to the principles of Morals and Legislation*, ed. J. H. Burns and H. L. A. Hart (London, 1970).

——, *Principles of the Civil Code*, in *The Works of Jeremy Bentham*, ed. J. Bowring, i. 297 (Edinburgh, 1859).

R. Descartes, *Méditations touchant la première philosophie*, in *Oeuvres philosophiques de Descartes*, ed. F. Alquié ii. 375 (Paris, 1967).

T. Hobbes, *Leviatham or the Matter, Forme and Power of a Commwealth, Ecclesiaticall and Civill*, ed. A. R. Waller (Cambridge, 1935).

D. Hume, *An Enquiry Concerning the Principles of Morals*, in D. Hume, *Essays Moral, Political, and Liberary*, ed. T. H. Green and T. H. Grose (London, 1882; repr. Aalen, 1964).

——, *A Treatise of Human Nature Being an Attempt to Introduce the Experimental Method of Reasoning into Moral Subjects*, ed. T. H. Green and T. H. Grose (London, 1886; repr. Aalen, 1964).

I. Kant, *Grundlegung zur Metaphysik der Sitten*, ed. K. Vorländer (Leipzig, 1947).

——, *Metaphisische Anfangsgründe der Rechtlehre Erster Teil Metaphysik der Sitten*, ed. B. Ludwig (Hamburg, 1986).

J. Locke, *Essay on Human Understanding*, in *The Works of John Locke* iiii (London, 1823; repr. Aalen, 1963).

——, *Two Treatises of Government*, in *The Works of John Locke*, v. 207 (London, 1823; repr. Aalen, 1963).

Northern Natural Lawyers and their Contemporaries

J. Barbeyrac, *Le Droit de la gurre et de la paix par Hugues Grotius: Nouvelle tradiction par Jean Barbeyrac... avec les notes de l' auteur même . . . et de nouvelles notes du traducteur* (Amsterdam, 1729).

——, *Le Droit de la nature et des gens, ou système général des principes les plus importants de la morale, de la jurisprudence, et de la politoque par le baron de Pufendorf, traduit du latin par Jean Barbeyrac . . . avec des notes du traducteur; et une préface, qui sert d' introduction à tout l' ouvrage*, 5th edn(Amsterdam, 1734).

J. Domat, *Les Loix civiles dans leur orfre naturel*, in J. Domat, *Les Loix civiles dans leur ordre naturel: Le droit public, et Legum delectus*, 2nd edn(Paris, 1713) (The treatise proper begins on p. 1, and is cited, Les Loix civiles'. Preceding it and beginning on p. i is an introduction. "Traité des loix", cited by that title).

H. Grotius, *De iure belli ac pacis libri tres*, ed. B. J. A. de Kantervan Hetting Tromp(Leiden, 1939).

——, *Inleiding tot de Hollandsche Rechtsgeleertheyd*, ed. and Trans. by R. W. Lee as *The Jurisprudence of Holland* (Oxford, 1926).

R. Pothier, *Traité des obligations, in Oeuvres de Pothier annotée et mises en corrélation avec le Code civil et la législation actuelle par M. Bugnet*, ii. 1, 2nd edn(Paris, 1861).

——, Traité du contrat de vente, in *Oeuvres de Pothier annotée et mises en corrélation avec le Code civil et la législation actuelle par M. Bugnet*, iii. 1, 2nd edn(Paris, 1861).

S. Pufendorf, *De iure naurae et gentium libri octo* (Amsterdam, 1688).

C. Thomasius, *Dissertationum academicorum varii inprimis iuri-*

dici argumenti (Halleon Saal 2,1777).

C. Wolff, *Ius naturae methodo scientifica pertractatum* (Frankfurton Main,1764).

The Nineteenth and Early Twentieth Centuries

French Jurists

C. Aubry and C. Rau, *Cours de droit civil français d' après la méthode de achariae*, 4th edn(Paris,1869—1871).

A. M. Demante and E. Colmet de Santerre, *Cours analytique de Code Civil*, 2nd edn(Paris,1883).

C. Demolombe, *Cours de Code Napoléon* (Paris, 1854—1882).

M. Duranton, *Cours de droit français suivant la Code civil*, 3rd edn(Paris,1834—1837).

E. Glasson, *Eléments du droit français considéré dans ses rapports avec le droit naturel et l' economie politique*, 2nd den(Paris, 1884).

M. L. Larombière, *Théorie et pratique des obligations ou commentaire des titres III & IV, livre III, du Code Napoléon art.* 1101 *à* 1386 (Paris,1857).

F. Laurent, *Principes de droit civil français*, 3rd edn (Paris, 1869—1878).

V. Marcadé, *Explication théorique et pratique du code Napoléon*, 5th edn(Paris,1859).

C. B. M. Toullier, *Le Droit civil français suivant l' ordre du Code*, 4th edn(Paris,1824—1837).

R. Troplong, *De la vente ou Commentaire du Titre VI du Livre III du Code Napoléon* (Paris, 1837).

——, *Des donations entrevifs et des testaments ou Commentaire du Titre II du Livre III du Code Napoléon* (Paris, 1855).

A. Valette, *Cours de Code Civil* (Paris, 1872).

German Jurists

A. Bechmann, *Der Kauf nach Gemeinem Recht* (Erlangen, 1884).

A. Brinz and P. Lotmar, *Lehrbuch der Pandekten*, 2nd edn (Erlangen, 1892).

C. Bruns, *Kleinere Schriften* (Weimar, 1882).

H. Dernburg, *Pandekten*, 4th edn. (Berlin, 1894).

W. Endemann, *Handbuch des deutschen Handels, See, und Wechselrechts* (Leipzig, 1882).

L. Enneccerus, *Rechtsgeschäft, Bedingungen und Anfangstermin* (Marburg, 1889).

R. von Holzschuher, *Theorie und Casuistik des gemeinen Civilrechts* (Leipzig, 1864).

F. von Keller, *Pandekten* (Leipzig, 1861).

G. F. Puchta, *Pandekten*, 2nd edn. (Leipzig, 1844).

F. Regelsberger, *Pandekten* (Leipzig, 1893).

——, *Die Vorverhandlungen bei Verträgen* (Weimar, 1868).

F. C. von Savigny, *System des heutigen Römischen Rechts* (Berlin, 1840—1848).

S. Schlossmann, *Der Irrtum über wesentliche Eigenschaften der Person und der Sache nach dem Bürgerlichen Gesetzbuch Zugleich in*

Beitrag zur Theorie der Gesetzesauslegung (Jena, 1903).

——, *Der Vertrag* (Leipzig, 1876).

J. Seuffert, *Praktisches Pandektenrecht*, 3rd edn (Wurzburg, 1852).

J. Unger, *Systen des osterreichischen allgemeinen Privatrechts*, 5th edn (Leipzig, 1892).

K. von Vangerow, *Leitfaden für PandektenVorlesungen* (Marburg, 1847).

C. von Wächter, *Pandekten* (Leipzig, 1881).

B. Windscheid, *Lehrbuch des Pandektenrechts*, 7th edn (FrankfurtonMain, 1891).

E. Zitelmann, *Irrtum und Rechtsgeschäft: Eine psychologischjuristische Untersuchung* (Leipzig, 1879).

English and American Jurists

C. Addison, *A Treatise on the Law of Contracts*, 11th edn. (London, 1911).

W. Anson, *Principles of English Law of Contract and of Agency in its Relation to Contract*, 8th edn (London, 1898).

C. Ashley, *The Law of Contracts* (Boston, 1911).

E. Batten, *A Practical Treatise on the Law relating to the Specific Performance of Contracts* (London, 1849).

J. Bishop, *Commentaries on the Law of Contracts*, 2nd edn (Chicago, 1907).

W. Blackstone, *Commentaries on the Law of England* (London, 1766; repr. Chicago, 1979).

J. Chitty, *A Practical Treatise on the Law of Contracts Not un-*

der Seal and Upon the UsualDefences to Actions Thereon (London, 1826).

S. Comyn, *A Treatise on the Law relative to Contracts and Agreements Not under Seal* (Flatbush, 1809).

A. Cobin, *Contracts* (St Paul, Minn., 1963).

E. Fry, *A Treatise on the Specific Performance of Contracts*, 3rd edn(London, 1892).

L. Hammon, *The General Principles of the Law of Contract* (St. Paul, 1912).

O. W. Holmes, *Jun.*, *The Common Law* (Boston, 1881).

J. Kent, *Commontaries on American Law*, 13th edn. (Boston, 1884).

C. C. Langell, *A Summary of the Law of Contracts*, 2nd edn. (Boston, 1880).

S. Leake, *The Elements of the Law of Contracts* (London, 1867).

T. Mtecalf, *Principles of the Law of Contracts As Applied by Courts of Law* (New York, 1878).

J. Newland, *A Treatise on Contrtacts Within the Jurisdiction of Courts of Equity* (Philadelphia, 1821).

T. Parsons, *The Law of Contracts*, 4th edn(Boston, 1860).

F. Pollock, *Principles of Contract: Being a Treatise on the General Principles concerning the Validity of Agreements in the Law of England*, 4th edn(London, 1885).

J. Pomeroy, *A Treatise on the Specific Performance of Contracts as it is Enforced by Courts of Equitable Jurisdiction in the United*

States of America, 2nd edn (New York, 1897).

J. Powell, *Essay upon the Law of Contracts and Agreements* (London, 1790).

J. Smith, *The Law of Contracts in a Course of Lectures Delivered at the Law Institution* (Philadephia, 1847).

J. Story, *Commentaries on Equity Jurisprudence as Administered in England and America*, 14th edn (Boston, 1918).

W. W. Story, *A Treatise on the Law of Contracts Not under Seal*, 3rd. edn (Boston, 1851).

W. Taylor, *A Treatise on the differences Between the Laws of England and Scotland Relating to Contracts* (London, 1849).

S. Williston, *The Law of Contracts* (New York, 1920).

索 引*

* 索引中的页码为英文原著页码,即本书页边码。——译者注

译后记

记得第一次看到本书，是在徐涤宇博士的寓所里。徐涤宇博士对该书的高度评价，激发了我阅读的兴趣。我几乎是一口气读完全书的，尽管从时间上看，这口气还是显得过于长了些。因为，即使不论及阅读该书需要具备的背景知识的广与深，单单几个亚里士多德哲学基本概念，就足以让我只有在重新“补课”之后才能继续阅读下去。在本书中，詹姆斯·戈德雷教授运用他广博的法学和哲学知识，透彻并极具说服力地分析了现代合同理论的哲学起源，以及合同理论如何受到哲学观念和理论的影响发生变迁的过程，包括这种变迁导致法律理论面临的危机。同时，詹姆斯·戈德雷教授在分析论证中，不仅涉及大量英美法系合同问题，而且同样针对大陆法系相同的法律领域。其间既充满着具体合同法规则的例证，对两大法系相关的学说观点也如数家珍。正是由于这样的特点,无论是从阅读法哲学的著作角度,还是从阅读比较合同法著作的角度来看,本书都能够深深吸引读者。

詹姆斯·戈德雷教授认为,哲学曾两次使法学家的工作发生转变。16 世纪,后期经院哲学家围绕取自亚里士多德和阿奎那的哲学概念,重新组织了罗马法,使合同法首次成为一个系统的理论整体。我们所熟悉的私法基本概念和理论就是他们这种综合工作的简化,也是当今合同法理论的哲学起源。但是,这种哲学和法学的"联姻"随着 17、18 世纪新哲学的兴起被打破了。在 17 世纪,现代合同理论立基其上的道德和形而上学观念被笛卡儿、霍布斯、洛克、休谟等人质疑,他们所展开的抨击最终破坏了亚里士多德的权威。但整个 17、18 世纪的法律理论却仍然保持着后期经院哲学时代的状况,它们被切断了与古老哲学的联系,却又和传播它们的职业法学家的哲学信念没有真正结合,成了无根漂流之物。

这些理论最终在 19 世纪被重构,结果是导致了所谓的合同"意思理论"。但这些学说与那时流行的边沁、康德及其他思想家的哲学鲜有联系。毫无疑问,现代哲学创造了一个知识场景,意思概念在其中看起来完全可以接受,而其他概念则不被接受。但是,那似乎正是现代哲学对 19 世纪理论重构所作贡献的局限所在。没有哪个学派的法学家像后期经院哲学家利用阿奎那那样利用康德或边沁的哲学原理去构造自己的学说,并且康德和边沁本人所做的尝试也往往被忽视了。事实上,哲学家之间缺乏一致的情况,使法学家变得更为谨慎。他们试图做自己的事情,不忠实于任何哲学。他们声称他们并非提出哲学问题,而只是在解释他们自己的实证法。

结果,在抛弃了亚里士多德和阿奎那哲学概念的情况下,却没有自己的概念去替代那些古老概念一度承担的智识任务。无论是合同的"意思理论"还是作为其批评者的"客观理论",都无法消解自身相对于合同法规则而存在的融贯性难题。最终,这导致了现代的合同法体系大厦如吉尔莫所说的那样已"支离破碎"。

合同理论的融贯性难题,产生于意思理论所抛弃的古老哲学概念的缺席;而要恢复融贯性,需要使用被19世纪的法学家抛弃的那些概念。这正是提出救治办法的必由之路。合同法最为基本的概念来自希腊哲学传统,它由道德哲学家嫁接到罗马法。不作抽象思考,就没有办法在今天理解或使用那些概念。"要理解我们的历史经验,我们必须能够领会成功的程度,能够理解成功或失败怎样受制于一个目标固有的难题,以及用于提出它的思想的解释力。但是,如果我们能够做到这一点,我们将不仅能够理解其他人建构的理论,而且能够建构我们自己的理论。"

正是在这种试图修复被新哲学所破坏的亚里士多德哲学与法学之间"婚姻"的努力过程中,詹姆斯·戈德雷教授重新捍卫了"亚里士多德学派的合同法"。他的这一工作业已引起西方学术界的广泛关注,当然也受到从各种不同理论视角对其理论的批判,他本人则在对这些批判的辩驳中捍卫了自己的理论。

詹姆斯·戈德雷教授曾是佛罗伦萨大学比较法研究所的成员;1978之前,是哈佛大学 Ezra Ripley Thayer 研究机构成员;此后开始担任加州大学伯克利分校 Shannon Cecil Turner 法理学讲席教授。1999年,他当选美国艺术与科学院院士。

本书的译出,始于去年三四月间,但那时我并无出版的打算,只想“自娱自乐”,练习翻译;后来得到学友们的鼓励,才有出版的念头。出于对学术的怵惕之心,自觉信心不足,尽管完成了正文的翻译,前后又做了三四次通读修订,还是没有认真去联系出版事宜。要不是仰赖法律出版社徐雨衡编辑的鼓励(还有她的督促),我可能会让这本翻译书稿一直默默躺在我的个人电脑之中,而我自己对它也最多生发稍许“敝帚自珍”的感慨吧!所以,我首先对徐雨衡编辑表示最深挚的谢忱。徐涤宇博士原本答应担任本书的审校,但由于时间原因未能如愿,但他还是拨冗帮我校阅了本书第一、三章和索引,还为我译出了若干拉丁文短句,以及拉丁法律术语和法文词汇。由于他的帮助,我得以避免不少错讹。高情厚谊,永当铭怀!我一直也想要表达的,是对于谢兄鸿飞博士的感激。自 1997 年元旦我们相识以来,他给我的帮助和关心就总是让我感动。我在阅读兴趣和思维方面都受惠于他不少,他对我来说,是真正的亦师亦友。本书的翻译亦得到他的帮助。还有其他许多给我关爱和帮助的人们,我只能在这里道一声:谢谢你们!

本书有 3 至 5 处引文,曾参考甚至援引了国内已有译著。初译时由于无出版打算,所以并未注明。现在由于时间和当初参引的版本原因,无法详考,但廖申白翻译的《尼各马可伦理学》应当在内。在此特予说明,并对这些译者表示歉意和谢意!

译事不易!虽竭尽所能亦无免谬错多有,谨望贤达教正为谢!本书的翻译倘能对我国合同法理论研究的深入尽些许积土之功,幸甚之至!

张家勇

2006 年春于成都

2024 年版译者说明

借本次再版之机，重校了 2006 年平装版的译文，修正了若干错讹之处。原来的译本未将所有的人名译为中文，此次在出版社编辑的协助下，尽量参照相关规范，将书中所涉人名全部翻译。另外，第五章所引的德赖登的诗，作者戈德雷教授在英文原著中的引用有误，此次予以重译。

特此说明。

张家勇

2024 年春